KB266310

세대 갈등은 구조의 문제다

MZ와 기성세대를 잇는 설계의 기술

[세대 갈등은] 구조의 문제다

신장철 지음

좋은땅

우리는 왜 이렇게 서로를 이해하지 못할까?

강의실과 회의실, 그리고 상담실이라는 현장에서 제가 가장 자주 마주하는 질문들은 놀라울 정도로 닮아 있다. 요즘 젊은 세대는 왜 그렇게 참을성이 부족한지 묻는 기성세대의 한숨과, 왜 윗세대는 논리적인 설명을 거부하고 권위로만 찍어 누르려 하는지 이해할 수 없다는 후배 세대의 분노가 공존한다. 이제 세대 갈등은 우리 사회의 특수한 단면이 아니라, 일상의 평범한 대화 속에서 가장 흔하게 소비되는 주제가 되었다. 점심시간 식당가에서는 요즘 애들의 책임감 없음을 성토하는 목소리가 들리고, 퇴근길 메신저 창에는 상사의 무신경한 말투를 비판하는 불만이 켜켜이 쌓인다. 서로를 도저히 모르겠다는 한탄은 곳곳에 넘쳐 나지만, 정작 우리는 타인을 어떻게 이해해야 하는지에 대해 단 한 번도 체계적으로 배워 본 적이 없다.

흥미로운 사실은 세대 갈등을 표현하는 문장들이 십 년 전이나 지금이나 거의 박제된 것처럼 똑같다는 점이다. 요즘 세대는 너무 예민하다거나, 기성세대는 지나치게 권위적이라는 말, 그리고 우리 때는 결코 그러지 않았다는 회고와 이제는 시대가 변했다는 반박은 시대를 막론하고 반복되는 수사들이다. 구성원이 바뀌고 세월이 흘러도 갈등의 문법이 바뀌지 않는다는 것은, 이 문제가 새로운 현상이 아니라 늘 같은 구조 속에서 반복되는 본질적인 결함임을 의미한다. 결국 문제의 핵심은 특정 개인의 성격이나 태도에 있는 것이 아니라, 그 사람을 둘러싼 시스템과 그가 학습해 온 인식의 방식에 있는 것이다.

우리는 갈등이 생기면 너무나 쉽게 사람을 탓하곤 한다. 요즘 세대가 문제라거나 기성세대가 꼰대라는 식의 규정은 매우 편리한 해결책처럼 보인다. 모든 잘못을 상대의 인성이나 가치관 탓으로 돌리면 나는 바뀔 필요가 없기 때문이다. 하지만 수년간 다양한 조직 현장에서 코칭과 교육을 진행하며 제가 깨달은 진실은 전혀 달랐다. 실제 갈등의 도화선은 사람의 본성보다 그들이 사용하는 소통의 구조와 언어의 형식에 있었다. MZ세대는 이기적인 것이 아니라 그들이 처한 환경 속에서 가장 합리적인 기준을 따르는 것뿐이며, 기성세대는 고집스러운 것이 아니라 그들이 살아온 방식대로 최선의 책임을 다하고 있을 뿐이다.

우리는 서로 다른 언어를 쓰면서도 같은 말을 하고 있다고 착각하며, 내 해석과 다른 상대의 반응을 틀린 것으로 규정해 왔다. 사람은 상대의 말을 있는 그대로 받아들이지 않고 언제나 자신의 경험이 빚어낸 해석 필터를 거쳐 수용한다. 상사가 업무 보완을 지시할 때 후배는 그것을 인격적인 무시로 오독할 수 있고, 후배가 명확한 근거를 요구할 때 상사는 그것을 권위에 대한 도전으로 느낄 수 있다. 이것은 선의의 문제가 아니라 해석 구조의 비극이다. 같은 문장이라 할지라도 어떤 인지적 토양을 거치느냐에 따라 전혀 다른 의미의 열매를 맺게 되는 것이다.

아이러니하게도 우리는 사회생활의 필수 덕목인 소통에 대해 정규 교육 과정에서 제대로 배워 본 적이 없다. 읽고 쓰고 발표하는 기술은 익혔지만, 정작 갈등이라는 거친 파도가 몰아칠 때 어떻게 말해야 하는지는 누구도 가르쳐 주지 않았다. 그래서 우리는 소통의 실패를 늘 성격이나 감정의 영역으로 밀어 넣는다. 특정인이 원래 말이 거칠다거나 내가 유독 상처를 잘 받는 체질이라는 식의 설명은 갈등을 임시로 봉합할 뿐 근본적인 해결책이 되지 못한다. 만약 동일한 유형의 갈등이 같은 장소에서 다른 사람들에 의해 반복되고 있다면, 그것은 개인의 인성 문제가 아니라 명백한 시스템의 문제이다.

최근 유행하는 세대 프레임은 문제를 선명하게 보여 주는 듯하지만, 동시에 갈등을 고착화하는 부작용을 낳는다. MZ세대 기성세대라는 구도 속에서 개인은 더 이상 고유한 존재가 아니라 세대를 대표하는 상징물이 되어 버린다. 한 개인의 사소한 의견은 세대의 공식 입장이 되고, 건전한 논쟁은 소속 집단의 자존심을 건 정체성 싸움으로 변질된다. 이 시점부터 대화는 상대의 마음을 여는 설득이 아니라 자신의 진영을 지키는 방어가 된다. 이 책의 목적은 특정 세대를 옹호하거나 이해시키려는 데 있지 않다. 대신 세대라는 거대한 프레임을 넘어 사람과 사람 사이에 흐르는 소통의 구조를 다시 설계하는 데 그 목적이 있다.

우리는 흔히 갈등을 제거해야 할 악으로 규정하지만, 사실 갈등 자체는 가치중립적인 에너지이다. 중요한 것은 그 에너지를 다루는 방식이다. 감정으로 접근하면 관계의 둑이 터지지만, 구조로 접근하면 서로를 향한 신뢰라는 새로운 물길이 생긴다. 이 책에서 제안하는 소통은 무조건 착해지거나 참으라는 윤리적인 훈계가 아니다. 갈등의 양상을 미리 예측하고 정교하게 대응하는 일종의 설계 기술에 가깝다. 현장에서 즉

세대 갈등은 구조의 문제다

각적인 변화를 이끌어 낼 수 있도록 모든 장은 '이 상황에서 나는 어떤 말을 해야 하는가?'라는 실천적인 질문을 중심으로 구성되었다.

이 책을 읽는 동안 당신이 완벽한 소통 전문가가 될 필요는 없다. 다만 변화는 사소한 곳에서 시작될 것이다. 갈등이 닥쳤을 때 즉각적인 감정의 폭발을 잠시 멈추고, 상대를 이해 못 할 외계인이 아니라 나와는 다른 구조를 가진 인간으로 바라보기 시작하는 것만으로도 충분하다. 이 책을 덮을 때쯤이면 세대 갈등이 마법처럼 사라지지는 않겠지만, 적어도 왜 이런 일이 벌어지는지 그 설계도를 읽을 수 있는 눈을 갖게 될 것이다. 그리고 다음번에는 분명히 이전과는 다른 단어를 선택할 수 있는 지혜를 얻게 될 것이다. 이것은 세대를 바꾸는 책이 아니라, 세대를 대하는 당신의 말의 구조를 혁신하는 책이다.

이 책을 통해 독자분들이 세대라는 높은 벽을 넘어, 서로의 진심이 온전히 전달되는 소통의 기술을 습득하시길 기대한다.

차례

$$\left[\; \begin{array}{c} \text{Part 2} \\ \textbf{MZ와 기성세대, 무엇이 다른가} \end{array} \;\right]$$

Part 2
MZ와 기성세대, 무엇이 다른가

Chapter 3. MZ세대 이해하기

Chapter 4. 기성세대 이해하기

Part 3
세대 갈등의 실제 모습

Chapter 5. 우리가 매일 겪는 세대 갈등

Chapter 6. 세대 갈등 자가 진단

Part 5

가장 어려운 것, 피드백과 갈등 대화

Chapter 9. 피드백이 갈등이 되는 이유

Chapter 10. 갈등 상황 대화 매뉴얼

Part 6

조직에서 세대를 연결하는 법

Chapter 11. 세대 공감 조직문화 만들기

Chapter 12. 리더십은 세대를 어떻게 바꿀까

Part 1

왜 우리는 서로를
이해하지 못하는가

Chapter 1

세대 갈등은 왜 생기는가

세대란 무엇인가?

우리는 일상에서 세대라는 단어를 공기처럼 흔하게 사용한다. 식당에서 옆자리의 대화를 엿듣거나 직장 내 탕비실에서 오가는 가벼운 푸념 속에서도 "요즘 세대는 확실히 달라"라거나 "우리 때는 상상도 못 할 일이지"라는 문장은 단골 메뉴처럼 등장한다. 하지만 이 평범한 문장들 뒤에는 무서운 전제가 깔려 있다. 세대를 마치 혈액형이나 MBTI 같은 성격 유형의 확장판으로 여기며, 특정 연령대에 속한 수만 명의 개인을 하나의 거대한 성향 집단으로 묶어 버리는 것이다. 이러한 접근은 세상을 명쾌하게 설명해 주는 것처럼 보이지만, 실상은 상대를 이해하려는 노력을 멈추고 판단의 감옥에 가두는 행위에 가깝다.

본질적으로 세대는 성격의 영역이 아니다. 개인의 타고난 본성이나 기질을 설명하는 도구가 아니라, 특정한 시대가 개인의 삶에 남긴 '경험의 흉터'이자 '흔적'을 설명하는 사회학적 개념이다. 비슷한 시기에 태어나 동일한 사회적 격변을 겪고, 같은 기술적 진보를 목격하며 성장한 사

세대 갈등은 구조의 문제다

람들은 자연스럽게 세상을 바라보는 공통의 렌즈를 갖게 된다. 따라서 우리가 목격하는 세대 차이는 사람 자체의 결함이나 인격의 차이가 아니라, 그들이 살아온 환경의 차이가 빚어낸 인식 구조의 어긋남이다. 세대를 성격으로 오해하는 순간 소통은 단절되고, 상대의 행동은 '교정해야 할 대상'으로 전락하고 만다.

우리는 흔히 MZ세대는 자유분방하고 개인주의적이며, 기성세대는 보수적이고 조직 중심적이라는 이분법적 틀을 사용한다. 하지만 이런 단순화는 복잡한 인간의 내면을 납작하게 누르는 편견에 불과하다. 세대는 사람을 규정하는 틀이 아니라, 그 사람의 말과 행동이 나오게 된 맥락을 이해하기 위한 배경 정보로 쓰여야 한다. 1990년대 이후 디지털 혁명을 공기처럼 마시며 자란 이들이 정보를 검색하고 비교하며 합리성을 따지는 습관을 지닌 것과, 산업화의 파고 속에서 직관과 장기적 생존 전략을 최우선으로 학습한 이들이 안정성을 중시하는 것은 각자의 전장에서 살아남기 위한 가장 지성적인 선택이었다.

이러한 배경의 차이는 조직과 사회에서 필연적으로 의미의 충돌을 일으킨다. 동일한 상황을 마주하더라도 각 세대는 자신들이 가진 경험의 데이터베이스를 바탕으로 전혀 다른 가치를 부여한다. 누군가에게는 업무의 효율과 속도가 정의이지만, 다른 누군가에게는 절차의 정당성과 지속성이 더 중요한 정의가 될 수 있다. 같은 언어를 사용하고 같은 공간에 머물고 있음에도 불구하고, 서로가 서로를 향해 '무책임하다'거나 '꼰대 같다'는 날 선 반응을 보이는 이유는 그들의 머릿속에 설치된 판단의 기준표 자체가 다르기 때문이다.

세대는 개인이 쌓아 온 경험의 축적물이다. 검증된 체계와 조직의 질서를 유지하는 장치로서 권위를 받아들여 온 세대에게 책임은 개인의 도덕적 가치와 직결되는 숭고한 영역이다. 반면 데이터 기반의 즉각적인 피드백에 익숙한 세대에게 책임은 약속된 결과물을 합리적인 과정을 통해 증명해 내는 관리의 영역이다. 이처럼 사고의 구조 자체가 평행선을 달리고 있음을 인지하지 못하면, 사소한 업무 지시 하나조차 권위에 대한 도전이나 인격적인 무시로 변질되어 불필요한 감정의 소모를 야기하게 된다.

갈등의 핵심은 의도에 있는 것이 아니라 해석의 불일치에 있다. 상사가 던진 "이 부분은 다시 검토해 보게"라는 말은 경험이 부족한 후배를 돕고 조직의 실수를 방어하려는 선의일 수 있지만, 결과 중심적인 후배에게는 자신의 과정 전체를 부정당하는 무시의 언어로 들릴 수 있다. 반대로 후배가 던진 "이 일을 왜 제가 해야 하나요?"라는 질문은 업무의 맥락을 정확히 이해하여 효율을 높이려는 열정의 표현일 수 있으나, 위계질서를 존중하는 상사에게는 명백한 하극상으로 비춰진다. 우리는 서로를 공격하려 한 적이 없으나, 각자의 해석 필터가 상대의 말을 공격으로 치환해 버리는 것이다.

안타깝게도 우리는 이러한 해석의 차이를 조정하는 법을 배운 적이 없다. 정규 교육 과정에서 읽고 쓰는 법은 가르쳤지만, 서로 다른 가치관이 충돌할 때 감정을 다치지 않으면서도 합리적인 접점을 찾는 기술은 가르쳐 주지 않았다. 결과적으로 조직 내의 갈등은 시스템의 보완이 아닌 '성격 문제'로 치부되어 방치된다. "저 사람은 원래 말이 저래" 혹은 "나는 원래 예민해"라는 식의 설명은 갈등을 해결하는 것이 아니라 체념하게 만들 뿐이다. 반복되는 갈등은 개인의 인성 문제가 아니라 소통 방

　　　　　　　　　세대 갈등은 구조의 문제다

식의 구조적 결함이며, 이를 해결하려면 성격을 고치는 것이 아니라 구조를 다시 설계해야 한다.

또한 'MZ세대 기성세대'라는 식의 프레임은 문제를 해결하기보다 갈등을 고착화하는 부작용을 낳는다. 이 구도 안에서 개인은 고유한 자아를 잃어버리고 특정 세대를 대변하는 대표 선수로 소환된다. 한 개인의 의견은 '세대 입장'이 되고, 사소한 논쟁은 소속 집단의 자존심을 건 정체성 싸움으로 변질된다. 이 시점부터 대화는 중단되고 오직 자신들의 논리를 정당화하기 위한 방어와 공격만 남게 된다. 세대라는 이름의 낙인이 찍히는 순간, 우리는 상대방의 눈을 바라보는 대신 상대방의 이마에 붙은 라벨을 읽게 되는 것이다.

이 책이 지향하는 바는 명확하다. 상대를 억지로 이해하거나 설득하려는 감정적 호소가 아니라, 세대라는 프레임을 걷어 내고 사람과 사람 사이의 소통 구조를 근본적으로 재편하는 법을 익히는 것이다. 누가 옳은지를 가려내는 재판관의 시선이 아니라, 어떻게 말해야 오해를 줄이고 협력을 이끌어 낼 수 있는지에 대한 실천적 기술을 안내하고자 한다. 갈등을 감정으로 다루면 관계는 파열되지만, 이를 구조로 다루면 비로소 서로를 신뢰할 수 있는 토대가 마련된다. 착한 사람이 되는 기술이 아니라, 갈등을 지성적으로 설계하는 기술이 필요한 시점이다.

이 여정을 끝내고 나면 세대 갈등이 마법처럼 사라지지는 않을 것이다. 하지만 적어도 우리는 상대방을 '이해할 수 없는 괴물'이 아니라 '나와는 다른 구조를 가진 사람'으로 바라볼 수 있는 여유를 갖게 될 것이다. 즉각적인 감정 반응을 멈추고, 다르게 말할 수 있는 선택지를 쥐게 되는 것만으로도 소통의 질은 혁명적으로 변화한다. 세대는 우리가 바꿀 수 없는 기상 조건과 같지만, 그에 맞는 옷을 입고 우산을 준비하는 것은 우리의 몫이다. 이제 세대 차이는 극복해야 할 장애물이 아니라, 세밀하게 조정하고 관리해야 할 기술의 영역으로 들어오게 된다.

▶ 사회학이 말하는 세대의 의미

사회학적 관점에서 세대를 정의한다는 것은 단순히 같은 해에 태어난 인구 집단을 통계적으로 분류하는 작업 그 이상의 의미를 지닌다. 사회학은 세대를 하나의 유기체처럼 움직이는 인지적 공동체로 바라보며, 이들이 공유하는 특정한 '사고의 틀'이 어떻게 형성되고 작동하는지에 주목한다. 우리가 흔히 사용하는 세대라는 개념의 뿌리를 깊게 파고들면, 그곳에는 개인이 선택할 수 없었던 거대한 시대적 환경과 그 환경 속에서 살아남기 위해 체득해야 했던 필사적인 생존 논리가 자리 잡고 있음을 발견하게 된다.

인간은 자신이 태어난 시대의 공기를 호흡하며 그 시대가 허용하는 범위 안에서 세상을 해석하는 법을 배운다. 이것을 사회학에서는 생애 주기적 관점과 역사적 관점의 결합으로 설명한다. 즉, 자아 정체성이 형성되는 청소년기와 청년기에 겪은 강렬한 사회적 사건은 한 개인의 내면에 지워지지 않는 낙인을 남기며, 이것이 훗날 세상을 바라보는 고정된 렌즈가 되는 것이다. 전쟁을 겪으며 절대적 빈곤을 경험한 세대에게는 자원의 축적과 위계적 질서가 생존을 위한 최고의 선이 될 수밖에 없으며, 반대로 정보의 과잉과 민주적 가치 속에서 성장한 세대에게는 수평적 소통과 자아의 실현이 무엇보다 중요한 가치가 된다. 이러한 차이는 선악의 문제가 아니라, 각자가 처한 생태계에서 가장 합리적으로 적

  세대 갈등은 구조의 문제다

응한 결과물이다.

사회학이 말하는 세대의 핵심은 결국 공유된 경험의 질감에 있다. 같은 시기에 태어났더라도 그들이 통과한 역사의 터널이 다르다면 결코 같은 세대적 동질성을 가질 수 없다. 예를 들어, 동일한 경제 성장기를 보냈더라도 누군가는 그 성장의 혜택을 온전히 누리며 낙관주의를 학습한 반면, 다른 누군가는 성장의 그늘에서 소외와 경쟁의 비정함을 먼저 배웠다면 이들의 인식 구조는 판이하게 달라진다. 세대는 단순히 물리적 시간의 띠가 아니라, 특정한 사회적 보상 체계와 위험 요소가 결합하여 만들어 낸 거대한 인지적 뼈대인 셈이다.

우리가 흔히 목격하는 세대 갈등은 사실 서로 다른 지도를 가진 탐험가들이 한 길에서 만났을 때 발생하는 필연적인 혼란이다. 기성세대는 과거의 성공을 견인했던 경험이라는 지도를 신뢰하며 속도와 효율, 그리고 조직에 대한 헌신을 강조한다. 반면 후속 세대는 디지털이라는 새로운 지형지물에 최적화된 지도를 들고 공정과 투명성, 개인의 자율성을 요구한다. 이들이 서로를 향해 꼰대 혹은 무책임한 요즘 애들이라고 비난하는 이유는 상대방의 지도가 틀렸다고 믿기 때문이다. 그러나 사회학적 시각으로 보면 이들의 지도는 모두 각자의 시대라는 전장에서는 완벽하게 작동했던 승전의 기록들이다.

이러한 세대적 인식의 격차는 조직 내에서 언어의 불일치로 나타난다. 책임이라는 단어 하나를 두고도 기성세대는 끝까지 자리를 지키는 인내를 떠올리는 반면, MZ세대는 명확한 과업의 완수와 합리적인 자원 배분을 떠올린다. 권위라는 개념 역시 과거에는 직급과 연차에서 자연스럽게 발생하는 것이었다면, 지금의 세대에게 권위는 실력과 논리적인 설득 과정을 통해 획득해야 하는 전유물이 되었다. 이러한 의미 구조의 차이를 무시한 채 소통하려 드는 것은 서로 다른 외국어를 사용하는 사람들이 목소리만 높여 대화하려는 것과 다름없다.

한국 사회의 세대 지형은 압축 성장이라는 특수한 배경 탓에 세계 어느 곳보다 역동적이고 복잡하다. 반세기 만에 최빈국에서 선진국의 반열에 오른 기적 같은 시간 속에서, 우리 사회는 세대 간의 점진적인 변화가 아닌 단절에 가까운 도약을 거듭해 왔다. 부모 세대는 농경 사회의 공동체 의식을 가지고 산업화의 파도를 넘었으며, 자녀 세대는 초연결 사회의 개인주의를 장착하고 글로벌 시장에서 경쟁한다. 이 거대한 시차는 우리 사회의 엄청난 에너지가 되기도 하지만, 동시에 서로를 도저히 이해할 수 없는 타자로 인식하게 만드는 깊은 골을 만들어 냈다.

사회학적 통찰이 우리에게 주는 진정한 위안은 타인의 행동을 개인의 인성 문제로 치부하지 않게 해 준다는 점에 있다. 상사가 부당하게 권위를 내세울 때 그것을 그 사람의 고약한 성질로만 보는 것이 아니라, 그가 젊은 시절 생존하기 위해 학습해야 했던 처절한 위계질서의 산물로 이해하기 시작할 때 우리는 비로소 감정의 늪에서 벗어날 수 있다. 마찬가지로 후배의 질문이 당돌하게 느껴질 때 그것을 버릇없음이 아니라, 불확실한 미래 속에서 자신의 자원을 낭비하지 않으려는 합리적인 방어기제로 해석할 때 우리는 소통의 실마리를 찾을 수 있다.

결국 세대를 공부한다는 것은 나를 규정하는 프레임을 깨고 타인의 세계로 들어가는 가장 지적인 문을 여는 행위다. 우리는 누구나 각자의 세대라는 감옥에 갇혀 있지만, 그 감옥의 벽이 어떻게 세워졌는지를 이해함으로써 역설적으로 그 벽을 넘어설 수 있다. 세대 갈등의 해결은 서로가 같아지는 것이 아니라, 서로의 다름이 어디에서 기인했는지를 명확히 인지하고 그 간극을 메울 수 있는 공용어를 설계하는 데서 시작된다. 상대를 이해하려는 노력은 착해지기 위한 도덕적 결단이 아니라, 복잡한 현대 사회를 함께 살아가기 위한 가장 실천적이고 영리한 생존 기술이다.

이 책은 세대를 단순히 구분하고 정의하는 것에 그치지 않고, 우리 사회가 겪고 있는 소통의 단절을 구조적으로 진단하며 그 대안을 모색하고자 한다. 세대라는 렌즈를 통해 타인을 바라보는 순간, 우리는 비난을 멈추고 관찰을 시작하게 된다. 관찰은 이해를 낳고, 이해는 다시 공존의 가능성을 열어 준다. 우리가 마주한 갈등은 결코 해결 불가능한 재앙이 아니라, 서로 다른 시대적 경험이 만나 새로운 문화를 빚어내기 위한 진통일 뿐이다. 서로의 지도를 맞대어 보고 공통의 목적지를 향해 나아갈 때, 우리는 비로소 세대의 벽을 넘어 진정한 연결의 시대로 진입할 수 있을 것이다.

▶ 세대는 어떻게 만들어지는가

세대는 자연스럽게 생기는 것이 아니다. 사람은 단순히 나이를 먹는다고 새로운 세대가 되는 것이 아니다. 세대가 형성되기 위해서는 특정한 조건과 경험이 겹쳐야 한다. 역사적 사건, 기술 환경, 그리고 교육과 조직 경험은 서로 맞물리며 사람들의 사고 구조를 비슷한 방향으로 형성한다. 이러한 조건이 동시에 작동할 때, 우리는 비슷한 인식과 판단 방식을 가진 세대 집단을 발견하게 된다.

경제 위기나 정치적 변화와 같은 사회적 충격은 세대 형성에 강력한 영향을 준다. 갑작스러운 실업, 금융 붕괴, 사회적 격변은 개인에게 무엇이 안전하고 무엇이 위험한지를 깊이 각인시킨다. 예를 들어 IMF 외환위기와 대규모 구조 조정을 경험한 세대는 안정과 지속성을 최우선 가치로 내재화한다. 위기의 상황에서 살아남기 위해 무엇을 선택해야 하는지, 어떤 행동이 안전한지, 어떤 실수가 치명적인 결과를 가져오는지를 체득했다.

기술 환경 또한 세대 형성에 중요한 역할을 한다. 통신과 정보 접근 방식이 달라지면 사고와 행동 패턴이 달라진다. 아날로그 환경에서 성장한 세대는 정보가 제한적이었기 때문에 신뢰할 수 있는 출처와 검증된 방법에 의존하는 습관을 갖는다. 반면 디지털 환경에서 성장한 세대는 정보가 무한히 열려 있고, 빠르게 비교하고 선택할 수 있기 때문에 즉각적 판단과 실험적 시도를 당연하게 여긴다. 기술 환경이 바뀌면서 소통 방식, 학습 방식, 협업 방식이 모두 달라지고, 이는 세대별 사고의 기본 설정값으로 자리 잡는다.

교육과 조직 경험 역시 세대를 정의하는 요소다. 경쟁 중심의 교육과 조직 경험은 사람에게 성취와 인내를 기본값으로 학습시킨다. 기성세대는 자원이 제한된 환경에서 경쟁과 생존을 일상으로 경험하며, 노력과 인내를 생존 전략으로 받아들였다. 조직은 보호막이자 동시에 경쟁 장이었다. 높은 연차와 경험을 통해 성과를 입증하고, 검증된 방법을 반복하며 조직 내 위치를 확보하는 것이 자연스러운 생존 방식이었다.

반대로 MZ세대는 선택지가 많고 정보 접근이 자유로운 환경에서 성장했다. 이동과 전환이 자연스러운 선택지였고, 실패해도 재도전이 비교적 쉬운 구조를 경험했다. 이들에게 중요한 능력은 '버티는 것'이 아

　　　　세대 갈등은 구조의 문제다

니라 '조정하고 선택하는 능력'이었다. 단순히 참고 견디는 것이 아니라, 다양한 옵션을 비교하고 자신의 환경과 상황을 최적화하는 방식이 일상적 생존 전략이 된 것이다.

세대는 단순히 가치관의 차이가 아니라, 환경에서 반복적으로 경험한 '당연함'의 차이로 만들어진다. 사람은 옳다고 배운 것보다, 반복적으로 체험하며 자연스럽게 습득한 기본 설정값에 더 강하게 반응한다. 기성세대가 신중함과 책임감을 당연하게 여기고, MZ세대가 유연함과 선택권을 당연하게 여기는 이유도 여기에 있다. 세대 차이는 이 당연함의 차이가 일상과 업무 속에서 충돌할 때 명확히 드러난다.

세대는 또한 사회적 사건과 기술 변화뿐 아니라, 제도와 조직 경험의 반복 속에서도 형성된다. 조직의 평가 방식, 승진 구조, 팀 내 역할 분배, 권한 위임 방식 등이 세대별 사고 패턴에 깊은 영향을 준다. 예를 들어, 위계적 조직에서 성장한 세대는 명령과 지시 체계를 자연스럽게 받아들이며, 책임과 권한의 비대칭을 당연하게 여긴다. 반대로 수평적이고 유연한 조직 환경에서 성장한 세대는 협업과 합의, 자율적 결정 과정을 기본값으로 받아들인다.

세대 형성의 과정은 사람에게 특정 사상을 강제로 주입하는 것이 아니다. 대신, 반복된 환경과 경험이 자연스럽게 사고의 기본값을 세운다. 무엇이 옳은지보다는 무엇을 당연하게 받아들여야 하는지를 체득하게 되는 것이다. 이러한 반복 경험은 무의식적으로 사고를 안내하며, 개인의 선택과 판단을 구조화한다.

세대의 차이를 이해하려면 행동이나 말만 볼 것이 아니라, 그 뒤에 있는 경험 구조를 살펴야 한다. 같은 상황을 놓고 서로 다른 반응을 보이는 이유는 성격이나 의지 때문이 아니다. 그것은 그들이 살아온 환경과 체험한 사건이 다르기 때문이다. 기성세대가 안정과 검증을 중시하고, MZ세대가 빠른 실행과 유연함을 중시하는 이유는 단순한 성향이 아니라, 그들의 경험 설정값에서 비롯된 것이다.

세대는 따라서 단순한 연령 집단이 아니라, 공유된 경험으로 만들어진 사고 패턴의 집합이다. 이 패턴은 세대를 이해하고, 세대 간 충돌을 관리하며, 조직과 사회의 협업 구조를 설계하는 핵심 열쇠가 된다. 같은 메시지를 받아도 다르게 해석하고 행동하는 이유, 같은 과제를 주어도 다르게 수행하는 이유가 바로 여기에 있다. 세대를 이해하면 우리는 개인을 바꾸려 하지 않고, 서로 다른 경험 구조를 가진 사람들이 함께 작동할 수 있는 구조를 설계할 수 있게 된다.

세대 형성의 핵심은 반복적 경험이다. 사람은 단순히 배운 것을 따르지 않고, 반복된 환경에서 자연스럽게 체득한 기본값에 반응한다. 따라서 세대 차이는 의식적 판단이 아니라, 무의식적 사고 필터의 차이로 나타난다. 세대를 이해한다는 것은 이러한 필터의 차이를 이해하고, 조직과 사회가 어떻게 반응하고 설계되어야 하는지에 대한 구조적 통찰을 제공한다.

세대를 이해하면 우리는 단순한 의견 차이를 넘어, 경험 구조의 차이를 조정하고, 세대 간 협업과 소통의 토대를 마련할 수 있다. 세대는 사람을 바꾸는 도구가 아니라, 사람이 행동하는 환경과 조건을 설계하는 지도다. 이 시각이 바뀌는 순간, 세대 간 갈등은 개인적 문제가 아니라 구조적 해결 가능성이 있는 과제로 전환된다.

세대의 의미를 이해하는 것은 단순한 학문적 관심이 아니다. 그것은

   세대 갈등은 구조의 문제다

현대 조직과 사회에서 발생하는 반복적 충돌과 갈등을 읽고, 예측하며, 구조적으로 해결할 수 있는 출발점이다. 세대를 이해하면 우리는 상대방이 틀렸다고 판단하는 대신, 왜 그렇게 행동하는지를 이해할 수 있고, 더 나아가 적절한 환경과 구조를 설계할 수 있게 된다.

세대는 자연스럽게 만들어지지 않는다. 역사적 사건, 기술 환경, 교육과 조직 경험이라는 세 요소가 반복적으로 작동할 때, 사람들은 비슷한 사고 패턴과 행동 방식을 가지게 된다. 이를 이해하는 순간, 우리는 세대 차이를 단순한 갈등이나 태도의 문제로 보지 않고, 조직과 사회를 설계할 수 있는 구조적 도구로 활용할 수 있다.

▶ 세대 차이는 능력 차이가 아니다

세대 갈등이 불거지는 현장의 목소리를 가만히 들여다보면, 그 기저에는 상대의 행동을 '부족함'이나 '결함'으로 규정하려는 위험한 유혹이 도사리고 있음을 발견하게 된다. 기성세대는 젊은 세대의 거침없는 자기주장을 보며 조직인으로서 갖춰야 할 인내심과 책임감이 결여되었다고 판단하고, 반대로 젊은 세대는 기성세대의 신중함을 변화에 뒤처진 무능함이나 고집으로 치부하곤 한다. 그러나 우리가 사회학적 지수와 조직 심리학의 궤적을 따라가며 확인해야 할 가장 본질적인 사실은, 세대 차이가 결코 개인의 역량이나 지적 능력의 우열을 가르는 척도가 아니라는 점이다.

우리가 세대 차이라고 부르는 현상의 실체는 사실 서로 다른 환경에서 학습된 '최적화된 생존 전략'의 충돌이다. 인간의 뇌는 자신이 처한 환경에서 가장 보상이 크고 위험이 적은 행동 양식을 선택하도록 설계되어 있다. 과거 고도성장기라는 특수한 시공간을 통과한 이들에게는 조직에 대한 무조건적인 헌신과 성실함이 신분 상승과 생존을 보장하는 가장 강력한 무기였다. 이 시기의 '능력'이란 개인의 창의성보다는 집단의 목표를 위해 자신을 얼마나 잘 통제하고 조율하느냐에 달려 있었다. 반면, 성장이 정체되고 정보가 투명하게 공개된 시대를 살아가는 이들에게 '능력'의 정의는 완전히 달라진다. 이들에게는 주어진 자원을 효율적으로 관리하고, 부당한 권위에 의문을 제기하며, 자신의 가치를 시장 논리에 맞게 입증해 내는 것이 가장 합리적인 생존 방식이다.

따라서 기성세대가 강조하는 '책임감'과 젊은 세대가 추구하는 '공정성'은 서로 다른 가치관의 우열이 아니라, 각자가 살아온 시대가 요구했던 서로 다른 정답지일 뿐이다. 기성세대가 늦은 시간까지 사무실을 지키는 것은 일을 못 해서가 아니라, 그것이 그들이 배운 신뢰를 쌓는 가장 확실한 언어였기 때문이다. 마찬가지로 젊은 세대가 업무의 맥락과 이유를 집요하게 묻는 것은 반항하기 위해서가 아니라, 불필요한 에너지 낭비를 줄이고 최선의 결과물을 내놓기 위한 그들만의 치밀한 공정 설계이다. 이 두 세계가 만났을 때 발생하는 불협화음은 한쪽이 무능해서 발생하는 것이 아니라, 서로 다른 사전을 들고 같은 단어를 해석하기 때문에 생기는 구조적 오해에 가깝다.

우리는 흔히 경험의 양을 능력과 동일시하는 오류를 범하기도 한다. 오랜 시간 현장을 지킨 기성세대의 직관과 노하우는 분명 대체 불가능한 자산이지만, 그것이 변화된 시대의 모든 문제를 해결하는 만능열쇠가 될 수는 없다. 반대로 새로운 기술과 트렌드에 민감한 젊은 세대의 감각이 뛰어나다 한들, 그것이 조직 전체를 지탱하는 위기관리 능력과 인간관계의 깊은 통찰까지 대신해 주지는 못한다. 결국 조직이 필요로 하는 진정한 역량은 한 세대의 특정한 강점이 아니라, 서로 다른 강점들이 어떻게 맞물려 돌아가느냐에 달려 있다. 기성세대의 안정감이라는 닻과 젊은 세대의 유연함이라는 돛이 함께 작동할 때, 조직이라는 배는 비로소 거친 파도를 넘을 수 있는 추진력을 얻게 된다.

이러한 맥락에서 세대 차이를 능력의 문제로 치환하는 행위는 조직 내에서 가장 경계해야 할 태도다. 상대방을 '가르쳐야 할 대상'이나 '바뀌지 않는 벽'으로 규정하는 순간, 소통은 단절되고 정체성 싸움만 남게 된다. 능력을 평가하는 잣대는 시대와 상황에 따라 끊임없이 변한다. 어제의 정답이 오늘의 오답이 될 수 있고, 오늘의 혁신이 내일의 적폐가 될 수도 있는 변화무쌍한 환경 속에서 특정 세대의 방식만이 옳다고 주장하는 것은 오만한 착각이다. 우리는 각 세대가 가진 고유한 판단의 필터를 존중해야 하며, 그 필터가 형성된 배경에 존재하는 거대한 사회적 맥락을 읽어 낼 줄 알아야 한다.

사회학적으로 볼 때, 세대는 집단적인 인지 습관의 체계이다. 이 체계는 교육이나 훈련을 통해 단기간에 교정될 수 있는 것이 아니며, 한 인간의 삶을 지탱해 온 거대한 가치관의 뼈대이다. 젊은 세대가 워라밸을 중시하는 것을 두고 '열정이 부족하다'고 평가하는 것은, 그들이 마주한 고용 불안과 삶의 질에 대한 근원적인 갈등을 무시하는 처사다. 반대로 기성세대의 위계 중심적 사고를 '독단'으로만 몰아세우는 것은, 그들이 조직을 지키기 위해 감내해야 했던 수많은 희생과 질서의 무게를 외면하는 일이다. 두 세대 모두 각자의 전장에서 최선을 다해 승리해 온 영웅들이며, 다만 그들이 싸웠던 전쟁의 성격이 다를 뿐이다.

이 장이 독자에게 전하고자 하는 핵심은 명확하다. 세대 차이를 능력의 결핍으로 보지 말고, 다른 종류의 능력이 만나는 '다양성'의 기회로 보라는 것이다. 타인의 행동이 이해되지 않을 때, 우리는 "왜 저렇게 무능할까?"라고 묻는 대신 "저 사람은 어떤 환경에서 저런 판단 기준을 자신의 무기로 삼게 되었을까?"라고 질문의 방향을 틀어야 한다. 이 작은 질문의 전환이 비난의 화살을 멈추게 하고, 비로소 상대의 진짜 역량을 발견하게 만드는 관찰의 시작점이 된다.

결국 세대 갈등의 해법은 서로를 동화시키거나 한쪽의 능력을 폄훼하는 데 있지 않다. 서로의 역량이 출발한 지점이 다름을 인정하고, 그 차이가 빚어내는 빈틈을 서로의 강점으로 채워나가는 설계의 기술이 필요하다. 우리는 모두 각자의 시대라는 파도를 타고 여기까지 온 항해사들이다. 나이가 많든 적든, 우리가 가진 능력의 본질은 시대에 적응하기 위해 애써 온 성실함의 결과물임을 잊지 말아야 한다. 그 성실함의 방향이 서로 다르다는 것을 인정하는 순간, 세대 차이는 갈등의 불씨가 아니라 조직의 저력을 키우는 가장 강력한 동력이 될 것이다.

▶ 세대는 고정된 성격이 아니다

세대라는 개념을 다룰 때 우리가 빠지기 쉬운 가장 위험하고도 달콤한 함정은 그것을 마치 혈액형이나 MBTI처럼 고정된 성격 유형으로 취급하는 것이다. 특정 연령대에 속한다는 이유만으로 그 사람의 성격과 가치관, 심지어 행동의 동기까지 이미 결정되어 있다고 믿는 순간, 세대는 사람을 이해하는 창이 아니라 사람을 가두는 창살이 된다. 사회학적으로 세대는 집단적인 경험의 경향성을 설명하는 유용한 도구일 뿐, 한

　　　　　　　　　　　　　　세대 갈등은 구조의 문제다

개인의 내밀한 우주를 모두 담아낼 수 있는 절대적인 공식이 아님을 우리는 분명히 인지해야 한다.

현실 속의 개인은 세대라는 거대한 파도 위에 떠 있는 독립된 섬과 같다. 같은 1990년대에 태어나 디지털 환경을 공유하며 성장한 이들이라 할지라도, 그들이 처했던 구체적인 가정환경, 교육적 배경, 지역적 특성, 그리고 개인적으로 겪은 삶의 결정적 사건들은 제각기 다를 수밖에 없다. 어떤 밀레니얼 세대는 기성세대보다 더 보수적이고 안정적인 가치를 지향할 수 있으며, 어떤 베이비붐 세대는 그 누구보다 변화에 유연하고 혁신적인 감각을 유지하기도 한다. 이처럼 세대 내의 다양성이 세대 간의 차이보다 더 클 수 있다는 사실은 세대라는 프레임이 가진 태생적 한계를 명확히 보여 준다.

세대를 성격으로 치환하여 사용하려는 유혹이 강한 이유는 그것이 인지적 에너지를 아껴 주기 때문이다. 복잡한 한 사람의 인생 서사를 들여다보는 대신 'MZ세대니까 이기적일 거야' 혹은 '기성세대니까 고집이 셀 거야'라고 단정 짓는 방식은 빠르고 명쾌한 결론을 제공한다. 하지만 이러한 편리함의 대가는 가혹하다. 개인의 고유한 개성과 구체적인 맥락은 집단이라는 이름 아래 증발해 버리고, 우리 앞에는 실재하는 인간이 아닌 '세대적 고정관념'이라는 허상만 남게 된다. 대화는 실종되고 오직 선입견과 편견이 부딪히는 소음만이 공간을 채우게 되는 것이다.

진정한 소통은 상대방을 세대의 대표 선수가 아닌, 한 명의 고유한 인격체로 대면할 때 시작된다. 세대라는 정보는 그 사람을 판단하는 종착지가 아니라, 그가 왜 그런 선택을 했을지 유추해 보는 출발점이 되어야 한다. "이 사람은 젊으니까 이럴 거야"라는 단정은 폭력이 될 수 있지만,

"이 사람은 이런 시대적 배경 속에서 성장했으니 이런 가치를 중요하게 여길 가능성이 있겠구나"라는 열린 가설은 깊은 이해를 향한 징검다리가 된다. 세대는 예측의 도구가 아니라 이해를 돕는 배경지식으로 기능할 때 비로소 그 가치를 발휘한다.

조직 내에서 발생하는 수많은 오해의 뿌리는 사람을 집단의 이미지로 재단하는 낙인찍기에서 기인한다. 상사가 후배의 정당한 질문을 세대적 반항으로 읽어 버리거나, 후배가 상사의 진심 어린 조언을 세대적 꼰대질로 치부해 버리는 순간, 그 관계는 회복하기 어려운 냉소의 단계로 진입한다. 개인의 말과 행동을 그 사람의 의도와 상황적 맥락 속에서 해석하려 노력하지 않고 세대라는 편리한 필터를 씌우는 것은, 상대를 이해하기를 포기하겠다는 선언과 다름없다. 집단 지성보다 중요한 것은 집단 속에 숨겨진 개인의 목소리를 경청하는 자세이다.

또한 세대 담론은 시간의 흐름에 따라 끊임없이 변주된다는 점을 잊지 말아야 한다. 오늘의 신세대는 내일의 기성세대가 되며, 그들이 가졌던 고유한 성향 역시 시대의 요구와 역할의 변화에 따라 변모한다. 고정된 성격이란 존재하지 않으며, 오직 환경에 반응하며 적응해 나가는 유동적인 자아들만 있을 뿐이다. 그렇기에 우리는 세대를 고착된 명사가 아닌 역동적인 동사로 이해해야 한다. 한 사람을 세대라는 틀에 가두어 박제하는 대신, 그가 시대를 건너오며 어떻게 자신의 가치관을 조율해 왔는지를 살피는 것이 훨씬 더 생산적인 접근이다.

결국 독자들에게 전하는 메시지는 '세대라는 안경을 벗고 사람을 보라'는 것이다. 세대는 우리가 타인이라는 낯선 대륙을 여행할 때 참고하는 지도와 같다. 지도가 대륙의 모든 굴곡과 꽃향기까지 알려주지 않듯,

   세대 갈등은 구조의 문제다

세대론 역시 한 인간의 모든 진실을 담아낼 수 없다. 지도를 보되 눈앞의 풍경을 신뢰해야 하듯이, 세대라는 지식을 활용하되 우리 곁에 있는 실재하는 개인의 표정과 숨결에 더 집중해야 한다.

세대를 성격으로 오용하지 않는 지혜는 조직과 사회의 건강함을 유지하는 최소한의 안전장치다. "쟤는 MZ라서 그래"라는 말이 금지된 공간에서야 비로소 "너는 어떤 생각을 하고 있니?"라는 진짜 질문이 싹틀 수 있다. 개인을 집단으로부터 해방시키고 그 고유성을 복원할 때, 세대 갈등은 비로소 끝이 나고 사람과 사람 사이의 진정한 연결이 시작된다. 우리는 세대라는 거대한 구조 속에 살고 있지만, 그 구조를 해석하고 소통의 길을 내는 것은 결국 구조 너머에 있는 개인의 몫이기 때문이다.

세대라는 개념은 본래 타인의 낯선 행동 뒤에 숨겨진 시대적 배경을 조명함으로써 서로의 거리를 좁히기 위한 가교로 고안되었다. 특정 시대를 관통하며 형성된 집단적 기억과 그로 인한 사고방식의 차이를 설명해 주는 지도로서, 우리가 서로 다른 기준을 가졌음을 인정하게 만드는 유용한 장치였다. 그러나 오늘날 이 지도는 엉뚱한 곳에 쓰이고 있다. 상대의 맥락을 읽어 내기 위한 이해의 도구가 아니라, 타인을 성급하게 재단하고 서열화하는 판단과 평가의 칼날로 변질된 것이다. "역시 MZ라 어쩔 수 없네"라거나 "기성세대는 원래 저러니까"라는 말이 일상의 대화 속에 자연스럽게 스며드는 순간, 세대는 학술적 관찰의 대상이 아닌 낙인의 언어로 전락한다.

낙인으로 변질된 세대 개념이 초래하는 가장 치명적인 부작용은 실재하는 개인을 지우고 그 자리에 박제된 집단 이미지를 세워 둔다는 점이다. 누군가가 용기를 내어 던진 제안이나 고심 끝에 표현한 불편함이 그 사람만의 독특한 삶의 궤적이나 논리적 근거로 읽히지 않고, 오직 그가 속한 세대의 전형적인 특성으로만 해석된다. 발언의 구체적인 맥락은 휘발되고 발언자의 연령대라는 꼬리표만 남게 되는 것이다. 한 개인의 선택을 세대의 대표성을 띤 행동으로 규정하는 순간, 대화의 본질은 문제 해결에서 집단 간의 세력 싸움으로 변질된다. 논의 테이블에 올라와야 할 핵심 안건은 사라지고, 각자의 세대적 정체성을 방어하기 위한 소모적인 논쟁만이 공허하게 울려 퍼진다.

세대 개념이 판단의 잣대가 되면 우리 사회는 메시지 자체보다 '누가 말했는가'에 과도하게 집착하게 된다. 생산적인 회의 자리에서도 제안된 아이디어의 합리성이나 실현 가능성을 따지기에 앞서 발언자의 세대적 배경을 먼저 살피는 기현상이 벌어진다. "MZ세대다운 발상"이라거나 "기성세대의 전형적인 방식"이라는 식의 평가는 내용에 대한 진지한 검토를 원천적으로 차단하며 논의의 구조를 고착화한다. 이러한 환경에서는 아무리 혁신적인 대안이 나와도 세대라는 필터를 거치며 왜곡되고, 결국 갈등의 골만 깊어지는 악순환이 형성된다.

집단적 이미지의 고착화는 세대라는 이름 아래 개별적인 다양성을 말살하는 결과를 낳는다. 우리는 흔히 MZ세대는 자유분방하고 창의적이며, 기성세대는 보수적이고 권위적이라는 일반화된 도식에 익숙해져 있다. 그러나 이러한 단순한 분류는 한 개인이 살아온 역사적 경험과 직업적 전문성, 그리고 고유한 삶의 맥락을 완전히 무시하는 처사다. 세대라는 판단 기준이 우선시되면 그 사람이 가진 독특한 배경과 전문적인 식견은 집단의 평균치에 묻혀 버리고, 오직 재단된 이미지에 맞춰 해석될 뿐이다.

이러한 상황 속에서 소통은 불가능에 가까워진다. 설득을 위해 던진 말들이 상대방의 귀에 닿기도 전에 '세대 필터'에 걸려 다른 의미로 변질되기 때문이다. 상대가 특정 세대라는 사실을 인식하는 순간 우리는 무의식적으로 그에 걸맞은 부정적인 편견을 덧씌운다. 젊은 세대의 정당한 권리 주장은 '이기심'으로 치부되고, 기성세대의 질서 유지 노력은 '압박'으로 오독된다. 발언의 진심이나 상황적 절박함은 사라지고 오직 세대적 틀 안에서만 의미가 규정되기에, 모든 대화는 내용이 아닌 정체성 방어 기제로 작동하며 갈등을 증폭시키는 원인이 된다.

더욱 심각한 문제는 발언자를 강제로 세대의 대표자로 만드는 사회적 압력이다. 조직 내에서 개인의 돌출된 행동이나 불만 섞인 발언은 곧바로 그가 속한 세대 전체의 목소리로 일반화되곤 한다. 한 명의 젊은 사원이 표출한 작은 불만은 '요즘 애들의 태도'로 규정되어 집단적인 비난의 대상이 되고, 한 명의 관리자가 강조한 원칙은 '구세대의 고집'으로 낙인찍힌다. 이 과정에서 개인은 자신의 의견을 가진 주체가 아니라 집단의 상징물로 전락하며, 그의 발언은 논의의 대상이 아니라 공격과 방어를 위한 무기가 되어 버린다.

또한 현재의 세대 담론은 시간의 흐름에 따른 변화와 개인의 성장을 철저히 배제하고 있다. 세대는 공유된 역사적 경험으로 정의되지만, 같은 세대 안에서도 누군가는 끊임없이 새로운 기술을 학습하고 누군가는 과거의 방식에 머물러 있을 수 있다. 그러나 낙인으로 작동하는 세대 개념은 이러한 개별적 성취와 변화를 무시하고 모든 이를 집단적 정체성이라는 감옥에 가둔다. 같은 연령대라도 서로 다른 교육과 직업적 사건을 겪으며 형성된 수많은 차이점이 '세대'라는 거대한 단어 아래에서 지워지는 현상은 심각한 소통의 왜곡을 야기한다.

오용된 세대 개념이 만드는 정체성 싸움의 현장에서는 논리적인 설득이나 합리적인 조정을 기대하기 어렵다. 서로의 행동을 세대적 공격이나 방어로 인식하는 순간, 대화의 목표는 공통의 해답을 찾는 것이 아니라 소속 집단의 정통성을 지켜 내는 경쟁으로 변모하기 때문이다. 감정적 대립과 방어적인 언어만이 가득한 공간에서 문제 해결을 위한 생산적인 에너지는 고갈될 수밖에 없다.

따라서 우리는 세대라는 개념을 판단의 칼날이 아닌 이해의 등불로 되살려야 한다. 한 개인의 발언이 그만의 고유한 경험에서 우러나온 것임을 먼저 인정하고, 세대적 배경은 그 발언을 조금 더 깊이 있게 이해하기 위한 보조적인 맥락으로만 활용해야 한다. 세대를 이해의 배경으로 삼을 때 비로소 우리는 발언의 진의를 왜곡 없이 받아들일 수 있으며, 불필요한 감정 소모와 갈등의 확산을 막을 수 있다.

세대 개념은 그 자체로 목적이 될 수 없다. 우리의 최종적인 지향점은 사람과 사람 사이의 진실한 소통과 조직 내의 원만한 문제 해결에 있다. 세대를 판단의 도구로 휘두르는 순간 본래의 목적은 사라지고 상처만 남게 되지만, 그것을 이해의 가교로 삼는다면 서로 다른 관점을 연결하는 강력한 힘이 된다. 상대를 집단으로 규정하지 않고 그가 가진 고유한 관점을 존중할 때, 조직은 세대 갈등의 늪을 건너 협력의 토대를 구축할 수 있다. 세대라는 프레임을 넘어 사람과 사람 사이의 구조를 명확히 설계하고 소통 방식을 조정할 수 있을 때, 비로소 갈등은 소모적인 논쟁이 아닌 관리 가능한 기술의 영역으로 전환될 것이다.

현대 조직의 풍경은 거대한 시차를 가진 여러 세계가 하나의 사무실이라는 물리적 공간에 응축되어 있는 형상과 같다. 겉으로 보기에는 모든 구성원이 동일한 사원증을 목에 걸고 같은 근태 관리 시스템과 규정을 따르는 것처럼 보이지만, 그들의 내면에서 작동하는 심리적 기제와 업무를 대하는 기본값은 결코 단일하지 않다. 조직에서 세대 개념을 깊이 있게 통찰해야 하는 이유는 단순히 나이 차이를 배려하기 위함이 아니라, 보이지 않는 곳에서 충돌하는 서로 다른 '기준표'를 조정하여 조직의 실질적인 운영 동력을 확보하기 위함이다. 이러한 인식의 부재는 결국 조직 내 모든 갈등을 개인의 성격 결함이나 의지의 문제로 치부하게 만들며, 시스템으로 해결할 수 있는 문제를 소모적인 감정싸움으로 전락시킨다.

조직 내 세대 차이는 단순한 경험의 양적 차이가 아니라 질적인 해석의 차이에서 발생한다. 예를 들어 '존중'이라는 가치를 대할 때, 산업화의 위계 속에서 성장한 세대는 상급자의 권위를 인정하고 질서를 따르는 것을 최고의 미덕이자 존중의 표현으로 여긴다. 그러나 디지털 정보의 수평성을 기본값으로 삼는 세대에게 존중은 자신의 의견이 합리적으로 검토되고 발언의 맥락이 경청되는 과정을 의미한다. 이처럼 같은 단어를 사용하면서도 서로 다른 사전을 펼치고 대화하는 상황은 조직 내에서 끊임없는 오해를 생산한다. 상사는 후배가 의견을 개진하는 것을 권위에 대한 도전으로 느끼고, 후배는 상사의 지시를 소통이 단절된 독단으로 느끼는 비극은 바로 이 기준의 불일치에서 시작된다.

'책임'이라는 개념 역시 조직 내에서 가장 빈번하게 오독되는 지점 중하나다. 기성세대에게 책임이란 조직의 목표를 위해 개인의 희생을 감내하고 끝까지 자리를 지키며 헌신하는 태도를 포괄한다. 반면 새로운 세대에게 책임은 자신이 맡은 직무의 범위를 명확히 하고 약속된 시간 내에 최선의 결과물을 실현해 내는 관리 능력을 뜻한다. 헌신과 관리라는 서로 다른 관점이 충돌할 때, 조직은 심각한 효율 저하를 겪는다. 늦게까지 남아서 일하는 모습을 통해 책임을 증명하려는 상사와, 정해진 시간 내에 효율적으로 일을 끝내고 퇴근하는 것이 책임 있는 행동이라 믿는 부하 직원은 서로를 향해 헌신하지 않는 사람 혹은 불필요하게 집착하는 사람이라는 꼬리표를 붙이게 된다.

조직에서 세대 개념을 명확히 인식하는 것은 이러한 인식 구조의 차이를 전제로 조직의 프로세스를 재설계할 수 있는 기회를 제공한다. 평가 기준부터 의사 결정 구조, 소통 방식에 이르기까지 조직의 모든 시스템은 구성원 각자가 당연하게 여기는 '기본값'을 반영해야 한다. 세대별 특징을 고려하지 않은 채 일방적인 메시지를 전달하는 것은 마치 주파수가 맞지 않는 라디오를 켜 두는 것과 같다. 기성세대가 선호하는 명확한 하향식 지시와 젊은 세대가 요구하는 충분한 배경 설명 및 맥락 공유 사이에서 적절한 균형점을 찾는 소통 구조의 설계는 이제 선택이 아닌 생존의 문제다.

많은 경영자와 관리자들이 범하는 실수는 세대 갈등을 특정 개인의 인성 문제로 환원하는 것이다. "저 친구는 원래 이기적이다"라거나 "부장님은 원래 고집불통이다"라는 결론은 문제를 해결하는 것이 아니라 갈등을 영구히 고착화할 뿐이다. 사람을 문제로 규정하면 구조를 개선할 동력이 사라지며, 그 사람이 떠난 자리에 새로운 사람이 들어와도 동일한 패턴의 갈등은 반복된다. 조직은 표면적인 문화 캠페인에 그칠 것이 아니라, 서로 다른 세대가 성과를 바라보는 관점과 피드백을 수용하

   세대 갈등은 구조의 문제다

는 방식이 근본적으로 다를 수 있음을 인정하고 이를 수용할 수 있는 유연한 평가 체계를 구축해야 한다.

세대 개념은 조직 내 소통의 효율을 극대화하는 강력한 설계 도구이기도 하다. 메시지의 내용만큼이나 중요한 것이 메시지가 전달되는 방식이다. 설명과 근거를 중요시하는 세대에게 "그냥 시키는 대로 해"라는 식의 지시는 거대한 벽을 느끼게 하며 업무 몰입도를 급격히 떨어뜨린다. 반면 과정보다는 결과와 안정성을 중시하는 세대에게는 지나치게 추상적인 자율성 부여가 오히려 혼란과 방임을 불러올 수 있다. 각 세대의 언어와 문법을 이해하고 그에 맞는 소통 채널을 가동할 때, 조직은 비로소 의도와 해석 사이의 간극을 좁히고 하나의 방향으로 나아갈 수 있다.

결국 조직이 세대 개념을 수용한다는 것은 갈등을 관리 가능한 시스템 내부로 끌어들이는 지성적인 선택이다. 세대라는 렌즈를 통해 구성원의 행동을 해석하기 시작하면, 우리는 비로소 비난을 멈추고 관찰을 시작할 수 있다. 각 세대가 가진 고유한 강점과 판단 기준을 조직의 자산으로 통합하는 과정은 장기적으로 안정적이고 협력적인 운영 구조를 확보하는 핵심 열쇠가 된다. 세대는 소통을 가로막는 장애물이 아니라, 서로 다른 경험을 연결하여 더 나은 의사 결정을 이끌어 내는 다리 역할을 해야 한다.

조직 내에서 세대 개념을 올바르게 적용하는 최종 목적지는 사람을 바꾸는 것이 아니라 사람이 행동하는 환경을 조정하는 것이다. 개인의 행동 이면에 자리 잡은 시대적 경험과 구조적 배경을 읽어 낼 때, 조직은 불필요한 오해를 예방하고 관리 가능한 기술의 영역에서 신뢰를 구축할 수 있다. 세대 차이를 걸림돌이 아닌 디딤돌로 삼는 조직만이 변화하는 시대에 발맞춰 지속 가능한 성장을 이룰 수 있다. 세대를 이해하는 것은 단순히 서로 친하게 지내기 위한 감성적인 노력이 아니라, 조직의 생산성과 효율성을 결정짓는 가장 실질적이고 전략적인 경영의 핵심이다.

한국 사회의 세대 구조

한국 사회의 세대 구조가 지닌 독창성은 단순히 세대 간의 기호나 성향 차이가 크다는 점에 있지 않다. 그 핵심은 우리 사회가 통과해 온 변화의 속도가 인류 역사상 유례를 찾기 힘들 정도로 비정상적으로 빨랐다는 사실에 있다. 서구의 선진국들이 수백 년에 걸쳐 점진적으로 이룩한 산업화와 민주화, 그리고 디지털 전환이라는 거대한 문명사적 과업을 한국 사회는 단 한 세대, 즉 불과 30년 남짓한 세월 속에 압축하여 밀어 넣었다. 삶의 방식이 계단을 오르듯 차근차근 변한 것이 아니라, 마치 퀀텀 점프(Quantum Jump)와 같은 급격한 도약을 통해 이전과는 전혀 다른 세계로 강제로 이동된 셈이다. 이러한 현상을 일컫는 '압축 성장'이라는 단어는 경제적 성취의 훈장이기도 하지만, 동시에 세대 간의 경험이 공유될 수 없을 정도로 파편화되었음을 알리는 서글픈 신호탄이기도 하다.

압축 성장은 외형적인 풍요를 선물했지만, 그 대가로 심각한 사회적 골절을 남겼다. 새로운 가치관과 문화가 사회 구성원들의 내면에 뿌리내리고 적응할 시간적 여유조차 허락되지 않은 채 다음 단계로 등 떠밀렸기 때문이다. 이로 인해 한국의 부모 세대와 자녀 세대는 생물학적 혈

　　　　　　　　　　　세대 갈등은 구조의 문제다

연관계임에도 불구하고, 실제로는 서로 다른 행성에서 온 외계인처럼 이질적인 생존 문법을 장착하게 되었다. 부모 세대가 텅 빈 벌판에서 가난이라는 절대적 공포를 이겨 내기 위해 집단적 결속에 목숨을 걸었다면, 자녀 세대는 이미 견고하게 구축된 시스템 안에서 개인의 의미와 자아의 만족을 찾기 위해 고군분투한다. 이것은 단순한 취향의 차이가 아니라, 삶이라는 건물을 지탱하는 설계도 자체가 통째로 바뀐 결과다.

사회학적 관점에서 한국의 세대 구분은 베이비붐 세대부터 X세대, 밀레니얼, 그리고 Z세대에 이르기까지 촘촘하게 나뉘며 이제는 알파 세대라는 세대가 등장했고, 실제 우리 삶의 현장인 조직 내에서 체감되는 지형은 훨씬 단순하고 명확합니다. 사람들은 복잡한 학술적 정의 대신 '기성세대'와 'MZ세대'라는 거대한 두 대륙으로 서로를 인식하곤 한다. 기성세대가 전후 복구와 성장의 열매를 따기 위해 조직이라는 울타리에 신체와 영혼을 저당 잡혔던 시대를 통과했다면, MZ세대는 풍요 속의 빈곤이라 불리는 무한 경쟁과 고용 불안의 시대를 디지털이라는 무기를 들고 건너오고 있다. 이들은 서로를 바라볼 때 단순히 나이 차이를 느끼는 것이 아니라, 내가 도저히 가 보지 못한 낯선 세계의 생존자를 대하는 것과 같은 이물감을 느낀다.

기성세대가 학습한 세계관에서 회사는 단순한 직장이 아니라 삶을 지탱하는 유일한 보루이자 신성한 성소였다. 장시간의 노동과 개인 삶의 희생은 안정적인 미래와 계층 상승을 보장하는 정직한 담보물로 여겨졌다. 따라서 이들에게 권위는 질서를 유지하는 합리적인 장치였고, 위계는 효율을 극대화하는 약속된 규칙이었다. 상사의 지시에 의문을 제기하기보다 묵묵히 견디는 인내심이 곧 성숙함의 척도였으며, 조직의 성공이 곧 나의 성공이라는 등식이 종교적 신념처럼 작동했다. 이 환경에서 자라난 이들에게 '성실'이란 야근을 마다하지 않는 헌신이며, '책임'이란 폭풍우가 몰아쳐도 배를 떠나지 않는 고집스러운 수호였다.

반면 MZ세대가 마주한 한국 사회의 공식은 차갑고 냉정했다. 고학력과 치열한 스펙 쌓기가 반드시 안정된 삶을 보장하지 않는다는 것을 목격하며 자란 이들에게, 조직에 대한 맹목적인 충성은 더 이상 합리적인 선택이 아니다. 구조 조정의 칼바람과 평생직장의 붕괴를 지켜보며 성장한 이들에게 회사는 평생을 걸어야 할 공동체가 아니라, 자신의 커리어라는 거대한 프로젝트를 수행하기 위한 일시적인 정거장에 가깝다. 이들에게 중요한 것은 조직 안에서의 승진보다 조직 밖에서도 살아남을 수 있는 개인의 실질적인 역량 강화다. 따라서 이들은 보상 없는 희생을 거부하며, 나의 시간과 노력이 투입되는 이유와 그 결과가 투명하게 공개되기를 요구한다.

이러한 배경의 차이는 동일한 단어의 의미를 극단적으로 갈라놓는다. 기성세대 부모는 자녀에게 "어떻게든 직장에서 버텨라"라고 조언하지만, 자녀 세대는 "언제든 나갈 준비를 하라"는 말을 생존의 금언으로 삼는다. 기성세대에게 퇴근 시간 이후의 업무 연락은 조직인으로서 당연히 감내해야 할 '연결성'의 증거이지만, MZ세대에게 그것은 계약 관계를 위반하는 '침범'이자 사생활의 유린이다. 한쪽은 상대가 조직에 애정이 없다고 비난하고, 다른 쪽은 상대가 시대의 변화를 읽지 못하는 구시대의 유물이라며 냉소한다. 하지만 냉정하게 들여다보면 양쪽 모두 각자가 처한 시대적 압력 속에서 가장 최적화된 생존 전략을 구사하고 있을 뿐이다.

한국의 세대 갈등이 유독 파괴적인 에너지를 갖는 이유는 부모는 개발도상국의 야만을 견디며 자랐고, 자녀는 선진국의 세련된 규칙을 요구하며 자랐기 때문이다. 국가적 정체성 자체가 급변하는 와중에 한 지붕 아래 사는 두 세대의 정신적 시차는 수 세기를 가로지른다. 기성세대의 합리성이 공동체의 안녕과 질서를 수호하는 데 방점이 찍혀 있다면, MZ세대의 합리성은 개인의 효율과 공정한 분배에 초점을 맞춘다. 이 충돌은 예의의 문제가 아니라 진리의 충돌이다. 각자가 살아온 세계에서는 두 가지 정의가 모두 옳았기 때문이다.

결국 우리가 직면한 세대 갈등은 개인의 인성을 개조하거나 특정 세대를 교육한다고 해서 해결될 수 있는 성질의 것이 아니다. 이것은 사회가 급격하게 성장하며 미처 정비하지 못한 구조적 균열이 사람과 사람 사이의 관계라는 약한 고리를 통해 터져 나온 결과다. 세대 구조를 이해한다는 것은 비난의 근거를 찾는 행위가 아니라, 상대방이 왜 그런 생존 전략을 선택할 수밖에 없었는지를 규명하는 고고학적 탐구에 가깝다. 상대의 행동 뒤에 숨겨진 거대한 시대적 맥락을 읽어 낼 때, 갈등은 비로소 도덕적 심판의 대상에서 벗어나 정교한 조정과 설계가 필요한 기술적 과제로 전환된다.

우리는 이제 세대 차이를 '고쳐야 할 오답'이 아니라 '관리해야 할 상수 값'으로 받아들여야 한다. 너무 빠른 성장이 낳은 이 필연적인 불협화음을 어떻게 조화로운 화음으로 바꿀 것인가는 우리 조직과 사회의 지적 역량에 달려 있다. 상대를 집단적 이미지로 낙인찍는 대신 그가 건너온 시대의 지도를 펼쳐 보는 노력이 필요하다. 그 지도를 이해할 때 우리는 비로소 상대의 무례함이나 답답함 속에 숨겨진 절박한 생존의 언어를 들을 수 있게 된다. 세대 구조에 대한 깊은 통찰은 갈등의 종결이 아니라, 서로 다른 세계를 살아온 이들이 하나의 목표를 향해 안전하게 동행할 수 있도록 돕는 가장 강력한 소통의 설계도가 될 것이다.

조직이라는 거대한 엔진이 돌아가는 과정에서 세대 간의 인식 차이는 관념적인 담론에 머물지 않고, 매일 아침 출근길부터 늦은 저녁 회식 자리까지 아주 구체적이고 일상적인 장면에서 충돌의 불꽃을 일으킨다. 각 세대가 살아온 시대의 중력이 서로 다른 탓에, 한쪽에게는 당연한 '상식'이 다른 쪽에게는 도저히 납득할 수 없는 '비상식'으로 읽히는 시나리오들이 반복된다. 이러한 갈등의 현장을 세밀하게 들여다보는 것은 단순히 누구의 잘못인지를 가려내기 위함이 아니라, 우리 조직의 소통 구조가 어디에서 어긋나고 있는지를 정확히 진단하기 위한 필수적인 과정이다.

가장 먼저 충돌이 발생하는 지점은 조직의 질서와 개인의 자율이 맞물리는 '근태 관리'의 영역이다. 기성세대에게 출근 시간은 단순히 업무를 시작하는 시각을 의미하지 않는다. 그것은 조직에 대한 예의이자 성실함을 증명하는 가장 기본적인 척도다. "9시 출근이면 적어도 10분 전에는 자리에 앉아 업무 준비를 마쳐야 한다"는 것이 이들의 오래된 공식이다. 반면 MZ세대에게 시간은 계약에 기반한 정밀한 자원이다. "9시 출근은 9시 정각에 업무를 시작할 수 있는 상태가 되는 것"이며, 1분이라도 일찍 오는 것은 계약 외의 영역이라는 논리가 작동한다. 이 10분의 간극에서 팀장은 팀원의 태도를 '해이함'으로 규정하고, 팀원은 팀장의 기대를 '근거 없는 압박'으로 받아들이며 아침부터 보이지 않는 긴장감을 형성한다.

   세대 갈등은 구조의 문제다

업무 지시의 과정은 더욱 드라마틱한 인식의 차이를 드러낸다. 기성세대는 '맥락 공유'보다는 '실행'에 가치를 두는 시대를 살았다. 상사가 "이거 좀 알아봐"라고 모호하게 던져도, 그것을 찰떡같이 알아듣고 밤을 새워서라도 정답을 찾아오는 것을 유능함이라 믿었다. 하지만 정보의 효율성을 극대화하며 자란 후배 세대에게 이러한 지시는 불필요한 삽질을 유발하는 비합리적인 행위다. 그들은 "이 일을 왜 해야 하는지", "기한은 언제까지인지", "어떤 결과물을 원하는지"를 구체적으로 묻는다. 이 질문을 받는 상사는 자신의 권위에 대한 도전이나 일하기 싫어하는 핑계로 오해하기 쉽지만, 사실 후배는 가장 적은 자원으로 최선의 성과를 내기 위한 공학적 질문을 던지는 것뿐이다.

'책임'에 대한 해석 차이는 업무의 마무리를 앞두고 폭발한다. 기성세대 관리자는 일이 다 끝나지 않았더라도 자리를 지키며 고통을 분담하는 '태도'를 책임의 핵심으로 본다. 반면 후배 세대는 자신이 맡은 과업을 정해진 품질로 완수했다면, 그 이후의 시간은 온전히 자신의 것이라고 믿는다. 금요일 오후, 급박한 수정 사항이 발생했을 때 상사는 당연히 주말 반납을 기대하며 책임감을 운운하지만, 후배는 월요일 오전까지 끝내겠다는 대안을 제시하며 정시 퇴근을 선택한다. 여기서 상사는 '조직에 대한 애정 결핍'을 느끼고, 후배는 '비효율적인 업무 배분'에 절망한다. 두 사람 모두 일을 완벽히 끝내고 싶어 한다는 점은 같지만, 책임을 증명하는 방식이 '시간의 공유'와 '결과값의 제출'로 극명히 갈리는 것이다.

조직 문화의 상징과도 같은 '회식'은 세대 간의 정서적 시차가 가장 극명하게 드러나는 공간이다. 기성세대에게 회식은 업무의 연장선이자,

딱딱한 위계를 허물고 동료애를 다지는 '관계의 용광로'였다. 술잔을 나누며 서운함을 풀고 결속력을 다지는 행위는 그들에게 가장 익숙한 소통의 기술이다. 그러나 개인의 취향과 사생활을 존중받으며 자란 세대에게 회식은 자신의 소중한 저녁 시간을 저당 잡히는 '감정 노동'의 현장일 뿐이다. "우리가 남인가"라는 상사의 외침은 후배에게는 공허한 구호로 들리고, "개인 사정이 있어 참석이 어렵다"는 후배의 대답은 상사에게 조직의 결속을 해치는 이기주의로 비춰진다.

피드백을 주고받는 방식 역시 갈등의 도화선이 된다. 기성세대는 결과가 좋지 않을 때 "정신상태가 문제다"라거나 "열정이 식었다"는 식의 인성 중심적 피드백에 익숙하다. 그것이 상대를 자극하여 분발하게 만드는 고전적인 방식이었기 때문이다. 하지만 성과 중심의 객관적 지표 속에서 자란 세대에게 이러한 인격적 비난은 명백한 직장 내 괴롭힘이자 논리적 비약이다. 그들은 감정을 배제한 구체적인 데이터와 개선 방향을 원한다. "무엇이 잘못되었고, 어떻게 고쳐야 하는가?"에 대한 건조한 지적은 수용하지만, "요즘 애들은 이래서 안 돼"라는 식의 일반화된 비난에는 즉각적인 거부감을 보인다.

이러한 구체적인 충돌 시나리오들은 단순히 누가 더 매너가 좋은가의 문제가 아니라, 각자가 신뢰를 쌓고 성과를 입증하는 '방식'이 다르다는 것을 보여 준다. 기성세대는 관계와 태도를 통해 신뢰를 구축하려 하고, MZ세대는 논리와 결과물을 통해 신뢰를 획득하려 한다. 이 두 방식이 한 공간에서 부딪힐 때, 갈등은 필연적이다. 따라서 조직은 이러한 구체적인 장면들을 매뉴얼화하고 서로의 언어를 번역해 주는 '공용어'를 제정해야 한다. 업무 지시에는 반드시 맥락과 기한을 포함하고, 근태와 책

세대 갈등은 구조의 문제다

임의 영역에서는 태도가 아닌 결과 중심의 기준을 명확히 하는 식의 구조적 조정이 필요하다.

결국 업무 현장에서 벌어지는 모든 충돌은 상대방이 나빠서가 아니라, 상대방이 살아온 세상의 규칙을 내 세상의 규칙으로 심판하려 할 때 발생한다. 세대 차이를 구체적인 업무 시나리오로 풀어 보는 과정은 우리가 서로의 다름을 비난하기 위해서가 아니라, 그 차이를 어떻게 생산적인 협업으로 전환할 것인가를 고민하기 위한 기초 작업이다. 상대를 '이해할 수 없는 타자'로 남겨 두지 않고, 그가 가진 기준표를 내 기준표 옆에 나란히 놓아 보는 것, 그것이 바로 갈등을 설계하고 해결하는 지성적인 조직의 첫걸음이다.

세대 갈등의 진짜 원인 3가지
- 가치 · 속도 · 권위라는 세 개의 축

세대 갈등을 현상적으로만 바라보면 단순히 예의가 부족한 젊은 세대와 고집스러운 기성세대의 감정 섞인 말다툼처럼 보이기 쉽다. 하지만 그 표면 아래를 깊숙이 파고들어 가 보면, 우리는 개개인의 성격이나 인성 문제로는 결코 설명할 수 없는 거대하고 견고한 구조적 결함을 발견하게 된다. 실제로 조직과 사회 곳곳에서 발화되는 세대 갈등의 뿌리는 각 세대가 세상을 해석하고 자신의 위치를 설정하는 데 사용하는 '기본 좌표계'의 차이에서 기인한다. 사회학적으로 분석했을 때 이 좌표계는 가치, 속도, 권위라는 세 개의 축으로 구성되어 있으며, 서로 다른 시대를 통과한 세대들은 이 축의 눈금을 전혀 다르게 읽고 있다. 갈등의 본질은 결국 서로 다른 좌표 위에 서서 하나의 사건을 바라보기 때문에 발생하는 필연적인 시각차인 셈이다.

▶ 첫 번째 축: 가치의 좌표 — 무엇이 우리를 움직이게 하는가

가장 근본적인 층위에 자리 잡은 첫 번째 축은 가치의 차이다. 무엇을 삶의 중심에 두고 무엇을 위해 헌신할 것인가라는 질문은 한 개인의 삶의 방향을 결정짓는 나침반과 같다. 기성세대에게 이 나침반이 가리키는 북극점은 안정과 성실, 그리고 인내였다. 이들은 결핍이 일상이고 불확실성이 지배하던 시대를 관통하며 '버티는 것' 그 자체가 하나의 훌륭한 능력임을 몸소 체험하며 성장했다. 조직에 뼈를 묻는 것이 곧 가장 정직한 성실함이었고, 개인의 사소한 불만은 집단의 거대한 목적을 위해 기꺼이 희생해야 할 하찮은 것으로 여겨졌다. 그들에게 직장은 단순히 돈을 버는 곳을 넘어 생존을 증명하는 성소였으며, 그 안에서 인정받는 것은 존재의 의미를 획득하는 일이였다.

반면 MZ세대가 들고 있는 나침반은 의미와 공정, 성장과 균형이라는 새로운 가치를 가리키고 있다. 이들에게 일은 더 이상 생존을 위한 유일한 통로가 아니라, 자아를 실현하고 삶을 풍요롭게 만드는 여러 선택지 중 하나일 뿐이다. 중요한 것은 얼마나 오래 버텼느냐가 아니라, 그곳에서 보내는 시간이 나의 성장에 어떤 영양분을 공급하는가이다. 나의 기여가 투명하고 정당하게 평가받고 있는지, 그리고 이 조직의 목적이 나의 가치관과 일치하는지가 직장을 선택하고 머무는 핵심 기준이 된다. 이러한 가치관의 전이는 '좋은 직장'에 대한 정의마저 근본적으로 뒤바꾸어 놓았다. 안정이 최고의 복지였던 세대와 성장이 최고의 복지인 세

　　　　　　　　　　　　　세대 갈등은 구조의 문제다

대가 같은 공간에 머물 때, 야근은 누군가에게는 뜨거운 열정의 훈장이
지만 다른 누군가에게는 합리성을 상실한 비효율의 상징이 된다.

▶ 두 번째 축: 속도의 좌표 — 시간의 결을 느끼는 감각의 차이

두 번째 축인 속도의 차이는 갈등의 온도 차를 더욱 극명하게 만든다.
기성세대는 기다림을 미덕으로 배우며 자란 아날로그 세대다. 승진과
보상, 그리고 주변의 인정은 마치 나무가 나이테를 늘려가듯 시간이 켜
켜이 쌓여야만 비로소 얻을 수 있는 결실이라고 믿었다. 느리더라도 꾸
준하게 정해진 길을 가는 방식을 신뢰했으며, 즉각적인 성취보다는 장
기적인 인내 끝에 찾아오는 보상을 더 고귀하게 여겼다. 하지만 디지털
원주민인 후배 세대에게 속도는 곧 생존이자 기본값이다. 모든 정보가
실시간으로 공유되고 메신저의 숫자 1이 사라짐과 동시에 답장이 오가
는 환경에서 자란 이들에게, 불필요한 대기와 느린 의사 결정 시스템은
안정이 아니라 견딜 수 없는 비효율이자 정체로 인식된다.

이 속도감의 불일치는 일상적인 대화에서 곧바로 충돌을 일으킨다.
선배 세대가 경험을 쌓기 위해서는 시간이 필요하니 조금만 더 참고 기
다려보라고 조언할 때, 후배 세대는 더 효율적이고 빠른 지름길이 있는
데 왜 굳이 과거의 느린 방식을 고수하며 시간을 낭비해야 하는지 묻는
다. 한쪽은 이를 참을성 없는 가벼움으로 치부하고, 다른 쪽은 이를 변
화를 거부하는 답답함으로 정의한다. 하지만 이것은 성격의 급하고 느
긋함의 문제가 아니라, 각자가 적응해 온 환경적 기본값이 충돌하는 지
점이다. 아날로그의 기다림 속에서 질서를 배운 사람과 디지털의 즉시
성 속에서 효율을 배운 사람이 마주 앉았을 때, 이들의 대화는 주파수가

맞지 않는 라디오처럼 잡음만을 양산하게 된다.

▶ 세 번째 축: 권위의 좌표 — 질서의 근거는 어디에 있는가

세 번째 축인 권위의 차이는 세대 갈등을 가장 날카롭고 감정적인 영역으로 끌어들인다. 기성세대는 직급이 곧 권한이며, 연차가 곧 영향력의 크기를 결정짓는 위계적인 피라미드 구조 속에서 사회화를 마쳤다. 누가 말하느냐가 무엇을 말하느냐보다 훨씬 더 중요했던 시대를 살았기에, 상급자의 지시는 논리적 타당성을 따지기에 앞서 수용해야 할 질서였다. 그러나 수평적인 네트워크와 역할 중심의 문화를 체화하며 성장한 MZ세대에게 권위는 직함이 아니라 전문성과 논리에서 나온다. 이들에게 상사란 나를 통제하는 지배자가 아니라 업무의 완성을 돕는 조력자이자 파트너여야 한다. "상사가 시키면 일단 해 보는 것이 기본"이라는 믿음과 "왜 그렇게 해야 하는지 납득할 만한 설명이 선행되어야 한다"는 요구가 맞부딪힐 때, 갈등은 정점에 달한다.

이 세 가지 축이 톱니바퀴처럼 맞물려 동시에 작동할 때, 세대 갈등은 단순한 오해를 넘어 거대한 구조적 충돌로 비화한다. 가치 체계가 다르고, 속도의 감각이 어긋나며, 권위를 바라보는 시선조차 일치하지 않는 이들이 한 팀이 되어 성과를 내야 하는 현실은 그 자체로 거대한 도전이다. 하지만 우리가 기억해야 할 사실은 누구도 틀린 길을 걷고 있지 않다는 점이다. 기성세대는 그 시대의 척박한 땅에서 살아남기 위해 지금의 단단한 방식을 학습했고, MZ세대는 지금의 유동적인 세상에서 헤엄치기 위해 현재의 유연한 방식을 선택했다. 각 세대는 각자의 시대에 가장 최적화된 생존 전략을 구사하고 있을 뿐이다.

세대 갈등은 구조의 문제다

조직의 갈등을 해결하기 위해 단순히 "서로를 이해하자"는 구호만 외치는 것은 아무런 장치가 없는 절벽에서 뛰어내리는 것과 같다. 기성세대와 MZ세대가 가진 '가치, 속도, 권위'라는 세 개의 좌표축이 서로 다르다는 사실을 인지했다면, 이제 리더에게 필요한 것은 이 이질적인 축들을 하나의 유기적인 시스템으로 정렬시키는 구체적인 설계 능력이다. 축 조정 워크숍은 구성원들의 성격 개조를 목적으로 하지 않는다. 대신 각자가 가진 생존의 문법을 테이블 위에 올려두고, 서로의 강점이 충돌하지 않고 시너지를 낼 수 있도록 소통의 인터페이스를 재설정하는 기술적인 과정이다.

▶ 가치의 축 조정: '안정의 토대' 위에 '성장의 꽃'을 피우는 법

가장 먼저 고려해야 할 지점은 가치의 축을 정렬하는 일이다. 기성세대가 중시하는 조직의 안정과 MZ세대가 갈망하는 개인의 성장은 결코 배타적인 가치가 아니다. 리더는 조직의 목표 달성이 어떻게 구성원 개개인의 커리어 자산으로 치환되는지를 가시적으로 증명해야 한다. 이를 위해 워크숍에서는 '성장 로드맵 공유 세션'을 운영할 수 있다. 상급자는 이 프로젝트가 조직의 생존에 왜 필수적인지(안정의 논리)를 설명하고, 하급자는 이 프로젝트를 통해 자신이 어떤 역량을 구체적으로 확보하고 싶은지(성장의 논리)를 밝히는 것이다.

이 과정에서 리더는 중재자로서 '교환 가치'를 명확히 제안해야 한다. 조직에 대한 헌신을 일방적으로 요구하는 대신, 구성원이 쏟아붓는 시간이 시장에서의 가치 상승으로 이어질 수 있도록 직무 순환이나 전문 교육 기회를 구조적으로 설계하는 것이 핵심이다. 안정이라는 든든한 대지 위에서만 개인의 성장이 지속 가능하다는 점을 설득하고, 동시에 개인의 성장이 조직의 경쟁력을 강화하는 선순환 구조를 합의할 때 가치의 축은 비로소 정렬된다.

▶ 속도의 축 조정: '신중한 닻'과 '빠른 돛'의 동기화

이어서 주목해야 할 속도의 문제는 '동기화(Synchronization)'의 기술로 해결해야 한다. 아날로그의 신중함과 디지털의 즉시성이 부딪힐 때 발생하는 마찰을 줄이기 위해, 리더는 의사 결정의 '타임라인 가이드라인'을 명문화해야 한다. 모든 업무에 동일한 속도를 요구하는 것은 불가능하다. 따라서 리더는 업무를 성격에 따라 분리하여, 리스크 관리가 핵심인 업무는 기성세대의 속도(검증 중심)에 맞추고, 트렌드 대응이 핵심인 업무는 MZ세대의 속도(실행 중심)에 권한을 부여하는 유연함을 발휘해야 한다.

워크숍의 핵심 활동으로 '커뮤니케이션 대기 시간 합의'를 제안한다. 메신저 응답은 1시간 이내로 하되, 심도 있는 검토가 필요한 보고서에 대해서는 최소 24시간의 피드백 시간을 보장하는 식의 구체적인 약속이다. 속도가 다른 두 물체가 충돌하지 않고 함께 달리기 위해서는 서로의 가속도와 제동 거리를 미리 알고 있어야 한다. 리더가 이 간극을 데이터화하고 예측 가능하게 만들 때, 구성원들은 비로소 서로의 속도 차이를 '답답함'이 아닌 '상호 보완'으로 받아들이게 된다.

▶ 권위의 축 조정: '직함의 무게'를 '논리의 힘'으로 전환하기

마지막으로 권위의 축을 재설정하기 위해서는 '질문의 구조'를 바꿔

　　　　　　　　　　　　　　세대 갈등은 구조의 문제다

야 한다. 위계 중심의 기성세대와 논리 중심의 MZ세대가 충돌하는 가장 큰 이유는 권위가 발생하는 지점이 다르기 때문이다. 리더는 자신의 직급에서 권위를 찾으려 하기보다, 자신이 가진 '경험 데이터'를 후배의 '논리적 아이디어'와 결합하는 협력적 권위를 구축해야 한다. 이를 위해 워크숍에서는 '역멘토링(Reverse Mentoring)'이나 '아이디어 블라인드 테스트'와 같은 장치를 도입할 수 있다.

직함이 계급장이 아닌 '역할의 이름'으로 기능하게 하려면, 의사 결정 과정에서 "누가 말했는가"를 지우고 "무엇이 합리적인가"를 남기는 훈련이 필요하다. 리더가 먼저 자신의 오류 가능성을 인정하고 후배의 논리적 반박을 수용하는 모습을 보일 때, 권위는 강요된 복종이 아닌 자발적인 존중으로 변모한다. 권위의 축을 정렬한다는 것은 상하 관계를 없애는 것이 아니라, 상하 관계가 '성과를 내기 위한 최적의 협업 구조'로 인식되도록 언어와 문화를 리모델링하는 과정이다.

▶ Case Study1: 축 조정을 통한 업무 프로세스의 재설계

상황

신제품 런칭을 앞두고, 철저한 시장 조사를 위해 2주를 더 써야 한다는 박 팀장과, 경쟁사보다 하루라도 빨리 베타 버전을 내놓아야 한다는 최 대리

축이 어긋난 상태(감정적 대립)

박 팀장: "최 대리, 자네는 너무 가벼워. 사고라도 나면 자네가 책임질 거야? 내가 20년 해 보니 이런 건 돌다리도 두드려야 해."

최 대리:　"팀장님, 요즘 세상에 2주면 이미 상황 끝나요. 그렇게 신중하다가 기회 다 놓치는 게 더 큰 리스크 아닌가요?"

결과:　　팀장은 최 대리를 '무책임한 루키'로, 최 대리는 팀장을 '느려터진 꼰대'로 인식하며 협업이 중단됨.

축 조정을 거친 상태(구조적 합의)

박 팀장:　"최 대리의 '속도'에 대한 우려를 이해하네. 시장 선점이 중요하다는 점에 동의해. 다만 내 '경험'상 결제 시스템의 보안 오류는 조직의 생존을 위협할 수 있네(가치의 정렬)."

최 대리:　"그럼 팀장님, 전체 기능을 다 검증하기보다 보안과 직결된 핵심 기능만 3일간 집중 검증하고, 마케팅 페이지는 내일 바로 오픈하는 '단계적 런칭'은 어떨까요?(속도의 동기화)"

박 팀장:　"좋은 대안이군. 보안 검증은 내 경험을 살려 내가 직접 체크리스트를 만들겠네. 실행은 최 대리가 주도하게(권위의 역할화)."

결과:　　팀장의 리스크 관리 역량과 대리의 빠른 실행력이 결합되어, 안전하면서도 신속한 런칭에 성공함.

Case 분석

이 대화에서 리더는 자신의 신중함을 강요하는 대신, 대리의 속도감을 수용하면서도 리스크라는 자신의 좌표를 명확히 제시했다. 서로의 '축'이 다르다는 것을 인정하고 이를 '단계적 런칭'이라는 새로운 구조로 정렬했기에 가능한 결과였다.

　　　　　세대 갈등은 구조의 문제다

▶ Case Study2: 가치관의 충돌을 창조적 대안으로
― '자율'과 '책임'의 축 조정

상황

유연 근무제 도입을 두고, 눈앞에서 협업하는 효율이 중요하다는 박 팀장과, 몰입의 장소는 개인이 선택해야 한다는 '디지털 노마드' 성향의 강 주임

축이 어긋난 상태(가치관의 평행선)

박 팀장: "강 주임, 회사에 나와서 얼굴 보고 일하는 게 기본 아닌가? 집에서 하면 딴짓하는지 내가 어떻게 알아? 조직 생활은 분위기라는 게 있는 거야. 자꾸 재택 타령하는 건 애사심이 부족해서 그런 거 아닌가?"

강 주임: "팀장님, 출퇴근 길에 버리는 3시간이 너무 아깝습니다. 조용한 집에서 집중하면 사무실보다 결과물도 훨씬 잘 나오는데, 왜 굳이 자리에 앉아 있는 시간으로 저를 평가하시려나요?"

결과: 팀장은 강 주임을 '통제가 안 되는 개인주의자'로, 강 주임은 팀장을 '성과보다 근태에 집착하는 구시대 인물'로 정의하며 심리적 거리감이 극대화됨.

축 조정을 거친 상태(구조적 합의)

박 팀장: "강 주임이 출퇴근 시간을 아껴 업무 몰입도를 높이고 싶어 하는 마음을 잘 알겠네. 나 역시 주임의 높은 업무 집중력을 존중하네. 다만 내 입장에선 예상치 못한 협업 이슈가 생겼

을 때 바로 소통되지 않을까 봐 우려되는 지점이 있네(우려 사항의 투명한 공유).”

강 주임:　“그럼 팀장님, 협업이 집중되는 화요일과 목요일은 반드시 출근하여 대면 미팅을 소화하고, 월/수/금은 재택을 하되 실시간 메신저 응답 시간을 오전 10시부터 오후 4시까지 ‘코어 타임’으로 설정해 두는 건 어떨까요?(상호 이익의 접점 제안)”

박 팀장:　“합리적인 대안이군. 그럼 재택 기간 중에는 결과물 중심으로 성과를 측정하기로 하지. 대신 주간 업무 보고는 강 주임이 제안한 툴을 사용해 투명하게 공유해 주게(자율의 시스템화).”

결과:　　팀장은 소통의 부재에 대한 불안감을 해소했고, 강 주임은 자율권을 얻어 업무 만족도가 비약적으로 상승함.

Case 분석

과거의 리더십이 ‘나의 방식’을 정답으로 밀어붙이는 힘이었다면, 진화된 리더십은 서로의 ‘결핍’과 ‘욕구’가 무엇인지 파악하여 이를 연결하는 구조적 중재자의 역할이다. 이 대화에서 박 팀장은 자신의 통제권을 내려놓는 대신 ‘소통의 가용성’이라는 실리를 챙겼고, 강 주임은 ‘책임 있는 보고’라는 비용을 지불하고 ‘자율’이라는 보상을 얻었다. 갈등을 이기고 지는 게임이 아니라, 서로의 축을 교차시켜 새로운 운영 규칙을 만들어가는 과정으로 정의할 때 비로소 진정한 세대 통합이 가능해진다.

　　세대 갈등은 구조의 문제다

Chapter 2

갈등은 세대 문제가 아니라 소통 문제다

세대 프레임이라는 달콤하고 위험한 함정

우리가 조직이나 일상에서 세대 갈등의 높은 벽을 마주할 때, 가장 먼저 무의식적으로 꺼내 드는 도구는 인지적 지름길인 '요약의 문장'들이다. "요즘 애들은 원래 그래"라는 탄식 섞인 일반화나 "윗세대는 전부 고집불통 꼰대야"라는 냉소적인 규정은, 복잡하게 얽힌 갈등 상황을 단숨에 정리해 주는 마법 같은 힘을 발휘한다. 그러나 이러한 표현들은 상대의 내면을 이해하기 위한 탐색의 언어가 아니라, 상대를 특정 범주에 가두고 성급히 설명을 끝내버리는 종결의 언어다. 갈등이 발생했을 때 우리는 그 사람이 처한 구체적인 상황이나 발언의 맥락을 살피기보다, 그가 몇 년도에 태어났는지 혹은 어떤 세대라는 꼬리표를 달고 있는지를 먼저 확인하려 든다. 이처럼 살아 있는 개인을 집단의 속성으로 치환하여 해석하는 인지적 습관을 사회학에서는 '세대 프레임'이라고 명명하며, 이는 현대 조직의 소통을 마비시키는 가장 치명적인 바이러스이기도 하다.

세대 프레임이 진정으로 무서운 이유는 대화의 문을 아예 닫아버리기 때문이다. "그 사람이 무례한 것이 아니라 MZ세대라서 그런 거야" 혹은 "그 상사가 앞뒤가 막힌 것이 아니라 기성세대라서 그래"라고 단정 짓는 순간, 우리는 더 이상 상대를 이해하기 위해 지적인 에너지를 쓸 필요가 없다고 느낀다. 원인을 이미 알고 있다고 착각하는 찰나, 상대에 대한 세밀한 관찰은 멈추고 입체적인 분석은 마비된다. 결국 세대 프레임은 우리에게 '가짜정답'을 제공함으로써 진짜 문제를 들여다볼 기회를 박탈하며, 대화의 주체를 눈앞에 실재하는 '너와 나'가 아닌 실체 없는 '집단 대 집단'의 대립으로 변질시킨다.

이러한 세대 프레임의 고착화는 필연적으로 책임 전가와 체념이라는 부작용을 낳는다. 조직 내 대부분의 갈등은 사실 업무 방식의 불일치, 불투명한 의사 결정 경로, 혹은 미흡한 피드백 시스템과 같은 구조적 결함에서 기인한다. 그러나 세대 프레임은 이 모든 복잡한 원인을 '세대적 성향'이라는 편리한 바구니에 한데 몰아넣어 본질을 흐린다. 시스템을 점검하고 보완해야 할 관리자들은 "세대가 달라서 어쩔 수 없다"는 말로 자신의 운영 미숙을 교묘히 가리고, 소통 방식의 변화를 시도해야 할 구성원들은 "말해도 통하지 않는다"는 단념으로 입을 닫는다. 여기서 나타나는 "어쩔 수 없다"는 표현은 현상을 정확히 파악했다는 통찰의 선언이 아니라, 문제 해결을 포기하겠다는 무책임한 선언에 가깝다.

심리학적으로 우리는 타인의 행동 원인을 분석할 때 상황적 요인은 과소평가하고 기질적 요인은 과대평가하는 '기본적 귀인오류'를 범하곤 하는데, 세대 프레임은 이 오류를 사회적 수준으로 극대화한다. 특정 개인의 실수를 시스템의 부재가 아닌 '그 세대 특유의 무책임함'으로 몰아세우는 원인 착각과, 구조적 문제를 개인의 태도 탓으로 돌리는 책임 착각이 동시에 작동하는 것이다. 이러한 인지적 왜곡은 구성원들에게 문제 해결에 대한 무력감을 강화하며, 갈등을 성찰과 개선의 귀한 데이터가 아닌 피할 수 없는 숙명처럼 받아들이게 만든다. 결국 조직은 갈등을 구조적으로 해결할 수 있는 회복 탄력성을 잃게 되고, 갈등의 파편들은 조직 내부에 독소처럼 쌓여 냉소주의와 깊은 불신을 양산하게 된다.

우리가 이토록 쉽게 세대 프레임의 유혹에 빠지는 이유는 우리의 뇌가 본능적으로 '인지적 단순화'를 선호하기 때문이다. 한 인간의 복잡한 서사와 그를 둘러싼 방대한 맥락을 이해하는 데는 엄청난 에너지가 소모되지만, "그는 ~세대니까 저렇다"라고 범주화하는 것은 매우 빠르고 효율적인 뇌의 지름길이다. 여기에 언론과 SNS에서 쏟아 내는 자극적인 세대 담론들이 더해지면서 우리의 편견은 일종의 확신으로 굳어진다. 하지만 세대 프레임을 깨뜨리는 것은 단순히 "서로 좋게 지내자"는 도덕적 권유가 아니다. 그것은 갈등을 체념의 늪에서 건져 올려 생산적인 논의의 테이블로 가져오는 지적인 결단이다. 상대의 행동을 보고 세대부터 떠올리지 않았는지, 갈등의 원인을 사람 대신 시스템에서 찾으려 노력했는지를 끊임없이 자문해야 한다.

▶ Case Study1: "요즘 애들"이라는 프레임 뒤에 숨은 진짜 문제

상황

매주 월요일 아침 회의 준비를 자꾸 놓치는 신입 사원 최 주임을 보며 "요즘 애들은 기본이 안 되어 있다"고 생각하는 박 팀장

프레임에 갇힌 대화(체념과 비난)

박 팀장: "최 주임, 오늘도 회의록 준비가 안 됐네? 요즘 젊은 친구들은 자기 일에 대한 책임감이 너무 부족한 것 같아. 우리 때는 상상도 못 할 일인데 말이야."

최 주임: (속마음) '책임감이 없어서가 아니라, 월요일 아침마다 다른 급한 보고서 업무가 겹쳐서 그런 건데… 어차피 세대 차이라고 생각하시니 말해 봐야 뭐해.'

결과: 팀장은 최 주임을 '게으른 세대'로 낙인찍고, 최 주임은 팀장을 '말 안 통하는 꼰대'로 규정하며 업무 효율은 계속해서 하락함.

프레임을 깨고 구조를 보는 대화(분석과 해결)

박 팀장: "최 주임, 월요일 회의 준비가 반복적으로 지연되는 이유가 궁금하네. 혹시 내가 모르는 업무 과중이 있거나 시스템상에 병목 현상이 있는 건가?(프레임 대신 상황 질문)"

최 주임: "팀장님, 사실 월요일 오전 9시까지 제출해야 하는 타 부서 협조 업무가 회의 준비 시간과 항상 겹칩니다. 업무 우선순위를 조정해 주시거나 회의 시간을 1시간만 늦춰주시면 완벽히 준비할 수 있습니다."

결과: 팀장은 업무 분장의 구조적 결함을 발견하여 조정하고, 최 주임은 자신의 고충을 이해받았다는 느낌에 더욱 몰입하게 됨.

Case 분석

우리가 '세대적 특성'이라고 치부했던 많은 문제의 실체는 사실 '업무

세대 갈등은 구조의 문제다

프로세스의 충돌'인 경우가 많다. 사람의 인성을 탓하기 전, 그 사람이 제대로 작동할 수 없는 구조 속에 놓여 있는 것은 아닌지 질문하는 것. 그것이 세대 프레임이라는 함정에서 벗어나 조직의 실질적인 변화를 이끄는 리더의 진짜 실력이다.

▶ Case Study2: 소속감의 강요와 기여 방식의 오해
― '회식'에서 '기여'로

상황

팀워크를 다지기 위해 정기적인 저녁 회식을 제안하는 박 팀장과, 업무 시간 외의 강제적 만남은 오히려 피로감만 준다는 이 대리

프레임에 갇힌 대화(집단주의 대 개인주의)

박 팀장: "이 대리, 요즘 친구들은 참 개인주의적이야. 같이 밥 한 끼 먹으며 속 깊은 이야기도 나눠야 팀워크가 생기는 법인데, 왜 자꾸 빠지려고만 해? 조직 생활은 그렇게 혼자 하는 게 아니야."

이 대리: "팀장님, 저는 업무 시간 내에 최선을 다해 협업하고 있습니다. 퇴근 후의 개인 정비 시간이 확보되어야 내일 더 집중할 수 있는데, 왜 회식 참여 여부로 제 소속감을 판단하시나요?"

결과: 팀장은 이 대리를 '조직 융화가 안 되는 이기적인 사원'으로, 이 대리는 팀장을 '사생활을 존중하지 않는 강권형 리더'로 치부하며 감정적 거리가 멀어짐.

프레임을 깨고 구조를 보는 대화(심리적 안전감과 업무적 연결)

박 팀장: "이 대리가 저녁 회식을 부담스러워하는 근본적인 이유가 궁금하네. 혹시 내가 '회식'이라는 방식을 통해서만 팀워크를 확인하려 해서 불편함을 느낀 걸까?(프레임 대신 의도 공유)"

이 대리: "네 팀장님, 저는 팀워크를 중요하게 생각하지만, 저녁 술자리보다는 업무 중의 투명한 정보 공유와 명확한 피드백을 통해 동료애를 느낍니다. 퇴근 후에는 자기계발 시간이 저에게는 꼭 필요합니다."

박 팀장: "그렇군. 내가 원한 건 '술'이 아니라 우리 팀이 서로 돕고 있다는 '연결감'이었네. 그렇다면 매주 금요일 오후에 가볍게 티타임을 하며 서로의 성과를 칭찬하고 애로사항을 나누는 '러닝세션'으로 전환해 보는 건 어떨까?(구조적 대안 제시)"

결과: 팀장은 팀워크를 다지는 새로운 현대적 방식을 도입했고, 이 대리는 자신의 라이프스타일을 존중받으면서도 조직에 기여할 방법을 찾아 업무 만족도가 높아짐.

Case 분석

많은 리더가 '조직에 대한 애착'을 과거의 방식인 '회식'이나 '사적인 친밀함'에서 찾으려 한다. 하지만 MZ세대에게 소속감은 '나의 전문성이 존중받고, 업무적으로 명확하게 연결되어 있다'고 느낄 때 발생한다. 인성을 탓하며 "요즘 애들은 차갑다"고 비난하기 전에, 우리가 팀워크를 확인하는 '방식(Structure)'이 낡은 것은 아닌지 점검해야 한다. 친목이라는 명분 아래 개인의 시간을 점유하는 구조를 업무적 성장을 돕는 구

세대 갈등은 구조의 문제다

조로 리모델링할 때, 세대 갈등은 사라지고 '원팀'의 시너지가 시작된다.

개인차와 세대차: 갈등 담론의 또 다른 함정

우리가 조직 내 갈등을 마주할 때 빠지는 가장 흔하고도 치명적인 함정은, 눈앞에 있는 한 사람의 고유한 개별성을 '세대'라는 거대한 집단적 속성으로 확장하여 해석하는 것이다. 현장을 면밀히 관찰해 보면 같은 세대 안에서도 사람들은 저마다의 우주를 품고 있을 만큼 상이하다. 소위 MZ세대라고 불리는 이들 중에서도 보수적이고 위계적인 가치를 중시하는 이들이 존재하며, 기성세대 중에서도 그 누구보다 수평적이고 혁신적인 사고를 지향하는 이들이 적지 않다. 그럼에도 불구하고 갈등의 순간이 오면 우리는 이러한 개인의 다채로운 스펙트럼을 무시한 채, 상대의 모든 말과 행동을 세대라는 좁은 프레임 안에 억지로 끼워 넣곤 한다.

이러한 집단화의 사고방식은 갈등 상황에서 뇌의 에너지를 아껴 주는 인지적 편의를 제공하지만, 문제 해결의 관점에서는 치명적인 독이 된다. 같은 세대라 하더라도 개인이 선호하는 소통의 방식, 반응하는 언어의 온도, 업무를 대하는 태도는 개인의 기질과 성장 환경에 따라 무수히 갈라진다. 이를 무시하고 모든 현상을 세대 문제로 치환하는 순간, 사소한 성격 차이조차 '역사적이고 사회적인 세대 전쟁'으로 격상되며 갈등은 걷잡을 수 없이 증폭된다. 결국 세대 프레임은 사람을 집단이라는 추상적 공간에 유배시키고, 진실한 이해의 기회를 영영 박탈하는 기제로 작동하게 된다.

실제 사례를 통해 이 인식의 함정을 구체적으로 들여다볼 필요가 있다. 가령 30대 사원인 A가 회의 시간에 유독 침묵을 지키고 있는 상황을 가정해 보자. 세대 프레임에 익숙한 상사는 이를 두고 "요즘 젊은 친구들은 자기 의견을 내는 데 소극적이고 책임감이 부족하다"며 세대론적 결론을 내린다. 그러나 이 현상의 이면에는 전혀 다른 진실이 숨어 있을 가능성이 크다. 그 직원이 본래 신중하고 내성적인 성향을 지녔을 수도 있고, 해당 회의의 분위기가 심리적 안전감을 제공하지 못했을 수도 있으며, 혹은 당일 컨디션이나 상사와의 개인적인 관계에서 오는 긴장감이 원인일 수도 있다. 문제를 세대라는 단어 하나로 뭉뚱그려 해석하는 순간, 우리는 조직 문화의 결함이나 개인의 심리적 상태라는 핵심 원인을 영영 놓치게 된다.

우리가 이토록 쉽게 세대 중심적 설명을 택하는 이유는 명확하다. 인지적 편리함이 첫 번째 이유다. 한 사람의 복잡한 서사를 이해하는 것은 고된 노동이지만, 집단적 특성으로 범주화하는 것은 매우 빠르고 명쾌한 쾌감을 준다. 다음으로는 '가짜 확신'의 함정이다. 이미 답을 알고 있다는 착각에 빠지면 더 이상 고통스러운 분석을 수행할 필요가 없어진다. 하지만 우리가 세대 차이를 원인으로 지목하는 순간, 갈등은 '해결 가능한 영역'에서 '불가항력의 영역'으로 이동한다. 세대는 우리가 선택할 수 있는 변수가 아니기에, 세대 차이를 원인으로 믿는 순간 우리는 갈등의 해결을 영구히 포기하게 되는 셈이다.

갈등 해결의 실마리는 세대가 아닌 개인차를 중심에 두는 관점의 대전환에서 시작된다. "이 세대는 왜 이럴까?"라는 거창한 질문 대신, "이 개인은 어떤 방식의 대화를 편안하게 느끼는가?", "이 사람은 어떤 지점에서 업무적 동기를 얻는가?"와 같은 질문을 던지는 순간 갈등은 조정

                                    세대 갈등은 구조의 문제다

가능한 관계의 문제로 변모한다. 세대차는 특정 시대가 공유한 경험의 흔적을 설명하는 '거시적 배경 정보'일 뿐이며, 그 자체로 문제를 해결할 힘은 없다. 반면 개인차는 성격, 개별적 경험, 상황적 맥락이 어우러진 '미시적 실체'이며, 이는 충분히 조정과 합의가 가능한 영역이다.

결론적으로 세대 차이는 우리 사회의 거시적인 흐름을 설명해 줄 수는 있지만, 내 곁에 있는 동료와의 문제를 해결해 주지는 못한다. 갈등의 중심축을 세대에서 개인으로 옮겨올 때, 비로소 우리는 갈등을 '운명'이 아닌 '시스템'의 문제로 인식하게 된다. 사람을 집단으로 규정하지 않고, 한 개인의 서사와 상황에 집중하는 태도야말로 소모적인 세대 전쟁을 끝내고 협력의 시대를 여는 유일한 열쇠다. 세대라는 안경을 벗는 순간 우리 앞에는 실재하는 인간이 나타나며, 그 지점에서부터 진짜 소통과 성장은 시작될 것이다.

▶ Case Study1: "MZ라 그래"라는 낙인이 가린 한 개인의 성향

상황

팀 프로젝트 마감일 직전에 연차를 사용하겠다고 올린 입사 1년 차 정 사원을 보는 박 팀장의 시선

세대 프레임의 일반화(개인차 무시)

박 팀장: "거 봐, 요즘 MZ애들은 이래서 안 돼. 책임감보다 자기 권리 챙기는 게 우선이지. 프로젝트가 어떻게 되든 나만 쉬면 그만이라는 거야."

동료 리더: "팀장님, 정 사원 원래 그런 스타일이었나요? 평소엔 꽤 꼼꼼

했던 것 같은데."

박 팀장: "애들이 다 그렇지 뭐, 겉으론 성실한 척해도 결국 결정적일 때 본색이 나오는 거야."

결과: 팀장은 정 사원에 대한 신뢰를 완전히 거두고, 이후 중요한 업무에서 정 사원을 배제함.

개별적 맥락의 탐색(개인차 인정)

박 팀장: "정 사원, 이번 프로젝트 마감이 내일모레인데 오늘 연차를 낸 특별한 이유가 있나? 평소 업무 태도를 봐선 그냥 넘길 친구가 아닌 것 같아서 묻는 거야."

정 사원: "팀장님, 사실 제가 업무에 몰입하다 보니 번아웃 증후군처럼 두통이 심해져서 도저히 화면을 볼 수 없는 상태였습니다. 대신 어제 밤늦게까지 제 분량은 모두 클라우드에 업로드해 두었고, 동료들에게도 가이드를 전달했습니다. 미리 말씀 못 드려 죄송합니다."

결과: 팀장은 정 사원의 '책임감'을 재확인하고, 오히려 팀 전체의 '업무 과중도'를 점검하는 계기로 삼음.

Case 분석

정 사원의 행동은 'MZ세대의 이기주의'가 아니라 '개인적 건강 상태와 과몰입'에서 비롯된 것이었다. 세대라는 꼬리표를 떼고 한 개인의 평소 행동 양식과 구체적인 상황을 대조해 볼 때, 비로소 오해는 풀리고 진짜 문제(번아웃 관리)가 수면 위로 드러나게 된다.

상황

업무 지시 과정에서 상사의 가이드에 대해 끊임없이 "왜 그렇게 해야 하죠?"라고 되묻는 김 주임을 보는 박 팀장

세대 프레임의 일반화(태도의 문제로 치부)

박 팀장: "김 주임, 자네는 왜 매사에 토를 다나? 상사가 방향을 정해 주면 일단 해 보려는 성의가 있어야지, 매번 '왜'냐고 따지듯 묻는 건 선배에 대한 예의가 아니야. 요즘 애들은 참 당돌하다니까."

김 주임: (속마음) '따지는 게 아니라 명확히 이해해서 한 번에 제대로 하고 싶은 건데… 이유도 모른 채 삽질하고 싶지 않을 뿐인데, 팀장님은 질문 자체를 공격으로 받아들이시네.'

결과: 팀장은 김 주임을 '조직의 위계를 흔드는 피곤한 존재'로 분류하고, 소통을 최소화하며 일방적인 지시만 내리게 됨.

개별적 맥락의 탐색(업무 스타일의 인정)

박 팀장: "김 주임은 내가 지시를 내릴 때마다 세부적인 이유를 꼭 확인하더군. 혹시 내 지시가 모호해서 실행에 어려움을 느끼는 건가, 아니면 본인만의 더 효율적인 논리구조를 찾고 싶은 건가?(프레임 대신 의도 파악)"

김 주임: "팀장님, 무례하게 들렸다면 죄송합니다. 다만 저는 업무의

'맥락'을 완벽히 이해해야 가장 적합한 툴과 데이터를 고를 수 있는 성격이라 그렇습니다. 이유를 모르면 제 판단 기준이 흔들려 결과물의 전문성이 떨어질까 봐 걱정이 되어서요."

결과: 팀장은 김 주임의 질문이 '반항'이 아닌 '완벽주의적 업무 성향'임을 깨닫고, 지시 단계에서부터 배경 데이터를 충분히 공유하는 방식으로 소통 구조를 바꿈.

Case 분석

우리는 흔히 후배의 질문을 '권위에 대한 도전'이라는 세대적 프레임으로 가두곤 한다. 하지만 많은 경우, 그 질문의 본질은 '불확실성을 제거하고 최적의 효율을 찾으려는 개인의 업무 스타일'에 있다. 상대를 '당돌한 MZ'로 낙인찍기 전에, 그가 왜 정보를 더 필요로 하는지 질문의 뿌리를 들여다보십시오. 개인의 성향을 업무적 강점으로 전환하는 능력, 그것이 프레임을 깨고 사람을 얻는 리더의 진짜 실력이다.

갈등을 키우는 언어의 구조: 보이지 않는 칼날과 방패

조직과 일상의 대화에서 발생하는 수많은 충돌을 면밀히 분석해 보면, 갈등의 도화선은 메시지의 '내용' 그 자체보다 그것을 담아내는 '그릇', 즉 말하는 방식에 있는 경우가 압도적이다. 동일한 질문이라도 어떤 언어적 구조를 취하느냐에 따라 상대의 뇌는 그것을 합리적인 정보 교환으로 인식하기도 하고, 생존을 위협하는 공격으로 받아들이기도 한다. 가령 "이건 왜 이렇게 처리했나요?"라는 짧은 문장은 화자의 의도와

    세대 갈등은 구조의 문제다

상관없이 듣는 이에게 강력한 책임 추궁의 화살로 꽂히기 쉽다. 이 순간 상대의 뇌는 전두엽의 논리적 사고를 멈추고 변연계의 방어 기제를 가동하며 감정적 반발을 일으킨다. 반면, 동일한 목적을 지녔더라도 사실 확인과 협력을 구하는 구조로 질문이 변모하면 비로소 생산적인 논의의 장이 열린다. 결국 세대 갈등을 포함한 모든 관계의 핵심은 '무엇을(What)' 말하느냐가 아니라 '어떻게(How)' 구조화하느냐에 달려 있다.

갈등을 유발하고 증폭시키는 언어 구조의 첫 번째 전형은 판단형 언어다. 이는 행동의 배경이나 맥락을 살피기 전에 화자의 주관으로 결론부터 내리는 방식이다. "그 방식은 잘못되었습니다", "참 비효율적이네요"와 같은 표현들은 상대의 행동을 분석하는 것처럼 보이지만, 실상은 화자의 잣대로 상대를 낙인찍는 평가에 불과하다. 평가를 받는 인간은 본능적으로 자신을 보호하기 위해 마음의 문을 닫는다. 해결책을 찾으려는 이성적인 노력보다는 나를 비난한 상대를 향한 반격의 논리를 세우는 데 에너지를 쏟게 되며, 결국 대화는 감정의 진흙탕 싸움으로 번진다.

두 번째 갈등 유발 구조는 일반화 언어다. 이는 개별적인 사건이나 개인의 고유한 특성을 무시하고 집단의 속성으로 확장해 버리는 위험한 기술이다. "당신은 항상 그런 식이죠", "요즘 세대들은 원래 이렇더라고요"와 같은 표현은 상대방이 가진 '나'라는 주체성을 말살한다. 내가 한 적 없는 행동까지 집단의 이름으로 비난받게 될 때, 개인은 극도의 억울함과 무력감을 느끼며 소통의 의지를 상실한다.

마지막으로 가장 세련되게 갈등을 은폐하는 구조는 감정 삭제 언어다. "업무적인 자리이니 감정은 빼고 이야기합시다"라는 말은 겉으로는 전문적인 태도처럼 보인다. 그러나 인간의 모든 판단과 행동에는 감정이라는 연료가 흐르고 있다. 갈등의 핵심 원인이 되는 감정을 억압하고 무시하는 언어는 일시적인 침묵을 가져올 순 있어도, 보이지 않는 곳에서 갈등의 종양을 키워 결국 조직의 건강을 해치게 된다.

갈등을 획기적으로 줄이고 협력을 이끌어 내는 언어 구조는 사실(Fact), 관점(Perspective), 감정(Feeling), 제안(Request)이라는 네 가지 필수 요소로 정교하게 설계된다. 이 구조는 상대의 방어벽을 허물고 메시지가 안전하게 전달되도록 돕는 소통의 완충 지대 역할을 한다. 평가와 일반화가 빠진 자리에 객관적인 정보와 주관적인 해석, 그리고 정직한 감정과 구체적인 대안이 채워질 때 비로소 대화는 완성된다. 예를 들어 성과가 미진한 자료를 피드백할 때, 단순히 "부족하다"고 평가하는 대신 이 구조를 적용해 볼 수 있다. "이 자료의 통계 수치가 지난번 보고와 다릅니다(사실). 제 기준에서는 데이터의 일관성이 부족해 보였습니다(관점). 그래서 보고 시 신뢰도가 떨어질까 봐 걱정이 되었습니다(감정). 이 부분의 출처를 명확히 다시 확인해 줄 수 있을까요(제안)?" 이 문장 안에서 상대는 공격받는다는 느낌 없이 자신의 과업을 객관적으로 돌아보게 된다.

세대 간의 충돌 역시 이러한 언어 구조의 결핍에서 기인한다. 기성세대는 고도 성장기의 수직적 질서 속에서 결론 중심의 단호한 지시형 언어를 생존의 언어로 학습했다. 명령과 복종이 효율의 상징이었던 시대를 통과하며 권위 중심의 피드백을 자연스럽게 수용해 온 것이다. 그러나 MZ세대는 정보의 대칭성이 확보된 수평적 환경에서 자라나며 '왜(Why)'라는 질문에 대한 답이 선행되어야 움직이는 설명 중심의 언어를 지향한다. 이들은 합리적인 근거와 스스로 선택할 수 있는 권한이 부

   세대 갈등은 구조의 문제다

여될 때 비로소 자신의 역량을 발휘한다. 기성세대가 맥락을 공유한 뒤 마지막에 결론을 내리는 귀납적 소통을 기대한다면, MZ세대는 결론을 먼저 알고 그 이유와 과정을 함께 논의하고자 하는 연역적 기대치를 가지고 있다. 이 시차가 조정되지 않을 때 지시는 불복종으로, 질문은 하극상으로 오독된다.

실전 대화 템플릿을 활용하는 것도 유용하다. "제 생각에는 이러한데, 팀장님의 고견은 어떠신가요?"와 같이 상대의 선택권을 존중하는 질문이나, "왜 이렇게 진행하셨는지 그 맥락을 조금 더 설명해 주실 수 있을까요?"와 같이 정보의 부족을 정중히 요청하는 표현은 세대 간의 정서적 거리를 좁히는 훌륭한 교량이 된다. 이러한 구조화된 대화법은 단순히 말을 예쁘게 하는 기술이 아닙니다. 상대의 인지 구조를 배려하고 갈등의 에너지를 건설적인 협력으로 전환하는 고도의 심리적 설계다. 언어가 바뀌면 상대의 뇌가 반응하는 방식이 달라지고, 뒤이어 관계의 질이 바뀐다. 갈등은 더 이상 피할 수 없는 운명이 아니라, 우리가 충분히 학습하고 조정할 수 있는 소통의 기술 영역으로 들어오게 된다.

▶ Case Study1: "수정이 필요합니다"를 전달하는 두 가지 그릇

상황

정성껏 준비한 신규 프로젝트 제안서의 방향성이 조직의 전체 기조와 맞지 않아 수정을 지시해야 하는 김 팀장과 사원 이 대리

공격적 구조(방어 기제 유발)

김 팀장: "이 대리, 이 제안서 방향이 완전히 빗나갔어요. 요즘 애들은

자기 생각만 하느라 조직의 큰 그림을 못 보는 것 같아. 이거 내일까지 전부 다시 해 와요."

이 대리: (속마음) '어떤 부분이 문제인지 설명도 없이 그냥 틀렸다고 만 하시네. 세대 비하까지 하시다니… 밤새서 만든 보람이 하 나도 없네.'

결과: 이 대리는 의욕을 잃고 형식적으로만 수정하며, 김 팀장은 여 전히 불만족스러운 결과를 받게 됨.

협력적 구조: 사실(Fact), 관점(Perspective),

감정(Feeling), 제안(Request)설계

김 팀장: "이 대리, 이번 제안서 내용 중 마케팅 대상 설정이 지난 이사 회에서 결정된 '시니어 시장 확대' 기조와는 다르게 설정되었 네요(사실). 제 판단으로는 이대로 올리면 의사 결정권자들 을 설득하기 어려울 것 같아요(관점). 공들여 만든 제안서가 반려될까 봐 팀장으로서 우려가 큽니다(감정). 시장 분석 데 이터만 시니어 대상으로 보완해서 오늘 오후에 다시 논의해 볼 수 있을까요?(제안)"

이 대리: "아, 이사회 결정 사항을 제가 놓쳤군요. 말씀하신 리스크를 이해했습니다. 목표대상 데이터 위주로 빠르게 보완해서 3시 에 보고드리겠습니다."

결과: 이 대리는 명확한 수정 이유를 납득하고 실행에 옮기며, 김 팀장은 불필요한 감정 소모 없이 업무 목표를 달성함.

 세대 갈등은 구조의 문제다

Case 분석

김 팀장의 두 번째 대화에는 '판단' 대신 '사실'이, '비난' 대신 '우려'가 담겨 있다. 상대방이 세대라는 프레임 뒤로 숨지 않도록, 문제의 핵심인 '구조적 정렬'에 집중하게 만든 것이 성공의 포인트다.

▶ Case Study2: '칭찬'이 아닌 '인정'의 기술
― '수고했어'에서 '영향력'으로

상황

고난도의 고객 민원을 완벽하게 해결하고 보고하는 4년 차 박 대리에게 피드백을 건네는 김 팀장

공격적 구조(의례적 칭찬과 성과 가로채기)

김 팀장: "오, 박 대리. 이번 민원 잘 해결했네? 역시 요즘 젊은 친구들이 말재주는 좋다니까. 우리 팀 체면 살려줘서 고마워. 내가 위에는 잘 보고할 테니까 다음에도 이렇게만 해."

박 대리: (속마음) '말재주 덕분이라고요? 제가 지난 사흘간 밤새우며 법무 팀 자문받고 대응 매뉴얼 뒤진 노력은 안 보이시나요? 팀장님 성과로만 포장하려는 것 같아 기운 빠지네요.'

결과: 박 대리는 자신의 전문적 노력이 '세대의 특성'이나 '운'으로 치부되었다고 느끼며, 향후 고난도 업무에 대한 자발적 헌신을 줄이게 됨.

협력적 구조: 전문성(Expertise), 노력(Effort), 영향력(Impact) 설계

김 팀장: "박 대리님, 이번 민원 해결 과정을 보니 법리적 검토를 거쳐 고객의 보상 심리를 정확히 파악했더군요(전문성 인정). 사흘간 퇴근도 미루고 관련 판례를 모두 분석했다는 소식 들었습니다(구체적 노력 사실). 박 대리님의 이 대응 방식이 우리 팀의 새로운 표준 매뉴얼이 될 것 같아 매우 든든합니다(조직적 영향력 확산). 이번 성과를 다음 주 주간 회의 때 박 대리님이 직접 전사 공유해 주면 어떨까요?(권한 부여 및 성장 제안)"

박 대리: "팀장님, 제 노력을 상세히 알아주셔서 정말 감사합니다. 매뉴얼화하는 부분은 저도 생각지 못했는데, 제가 정리해서 팀원들에게도 도움 되도록 공유하겠습니다!"

결과: 박 대리는 자신의 '직무 가치'를 증명받았다는 유능감을 느끼며, 단순한 실행자를 넘어 조직의 프로세스를 개선하는 핵심 인재로 거듭남.

Case 분석: 피드백의 농도를 결정하는 것은 '구체성'이다

많은 리더가 "요즘 애들은 칭찬을 해줘도 시큰둥하다"고 말한다. 하지만 그 칭찬의 그릇을 들여다보면 대개 "잘했어", "역시 최고야" 같은 모호한 형용사나 "요즘 애들이 영리해" 같은 세대적 편견이 담겨 있다. MZ세대에게 진정한 동기부여는 '감정적 달래기'가 아니라 '나의 구체적인 기여가 조직에 어떤 실질적 임팩트를 주었는가?'를 확인받는 순간에 일어난다.

　　　　　　　　　　　　　　세대 갈등은 구조의 문제다

김 팀장의 두 번째 대화는 상대를 단순히 '기특한 부하 직원'으로 보는 것이 아니라, '전문성을 가진 파트너'로 대우하고 있다. 칭찬의 초점을 사람의 인성이 아닌 '성과를 낸 노력'과 '미래의 영향력'에 맞춤으로써, 이 대화는 단순한 격려를 넘어 가장 강력한 인재유지전략(Retention Strategy)으로 작동하게 된다.

Part 2

MZ와 기성세대,
무엇이 다른가

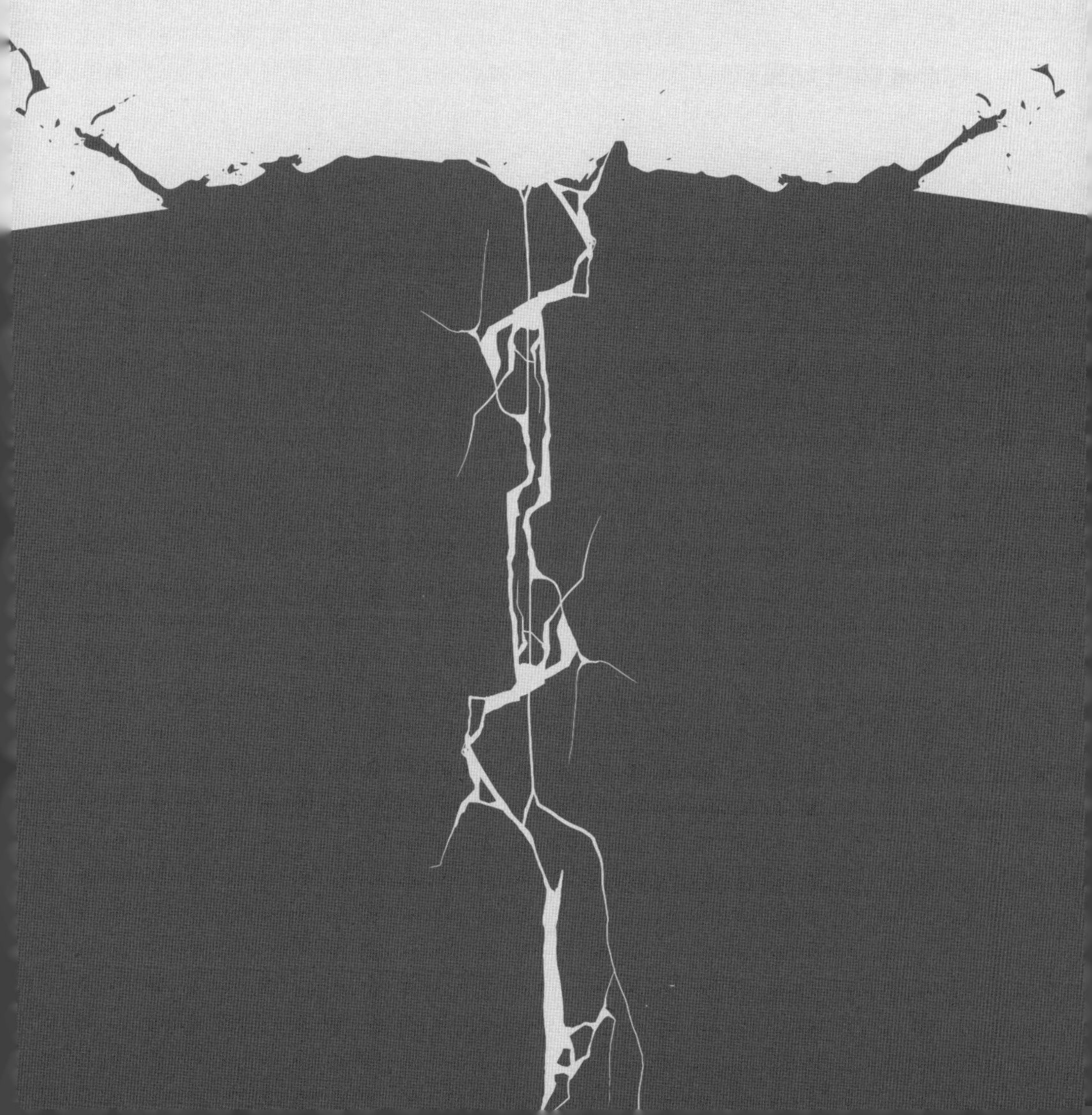

Chapter 3

MZ세대 이해하기

일에 대한 태도

조직이라는 거대한 생태계 안에서 기성세대가 후배 세대를 바라보며 가장 깊은 당혹감을 느끼는 지점은 일에 대한 열정의 온도 차이다. 회의실이나 복도에서 선배 리더들은 "요즘 젊은 직원들은 도통 일에 욕심이 없고, 딱 시키는 것 외에는 손가락 하나 까딱하려 하지 않는다"며 한탄 섞인 평가를 내놓곤 한다. 하지만 이러한 시선은 현상의 단면만을 포착한 거대한 오해에 불과하다. MZ세대는 결코 일을 기피하거나 게으른 종족이 아니다. 다만 그들은 자신의 에너지와 귀한 시간을 투입하기에 앞서 '이 일을 왜 해야 하는가?'라는 본질적인 질문을 던지는 데 가장 익숙한 세대일 뿐이다. 이것은 단순한 태도의 변심이 아니라, 산업화 시대의 '생존 문법'이 저물고 디지털 시대의 '의미 문법'이 도래하며 발생한 사고 구조의 근본적인 대전환이다.

기성세대에게 일은 곧 삶을 지탱하는 신성한 노동이자 가정을 수호하는 최후의 보루였다. 고도성장기의 파도를 타고 조직이 개인의 일생을 책임져줄 것이라 믿었던 시대에, 상사의 지시에 의문을 품지 않는 순응과 야근을 마다하지 않는 헌신은 조직인으로서 갖춰야 할 최고의 미덕이었다. 그러나 풍요와 불확실성이 기묘하게 공존하는 시대를 살아온 MZ세대에게 조직은 더 이상 영원한 울타리가 되어 주지 못한다. 이들에게 노동은 삶을 풍요롭게 만드는 여러 선택지 중 하나이며, 따라서 자신의 소중한 시간을 투입할 만한 명확한 명분과 가치가 전제되지 않는다면 맹목적인 몰입을 거부한다. 그들이 보여 주는 냉소는 나태함의 증거가 아니라, 맥락 없는 지시에 소중한 인생을 낭비하고 싶지 않다는 생존 본능의 발현이다.

이러한 가치관의 차이는 '책임'이라는 단어의 정의마저 완전히 갈라놓는다. 선배 세대가 끝까지 자리를 지키며 물리적인 시간을 점유하는 것을 책임이라 믿었다면, 후배 세대는 업무의 목적을 완벽히 이해하고 가장 효율적인 경로로 최적의 결과값을 도출하는 '기능적 완결'을 진정한 책임이라 믿는다. 기성세대가 이유를 묻지 않고 일단 실행하는 것을 미덕으로 여길 때, MZ세대는 맥락을 모른 채 움직이는 것을 위험한 도박이자 비합리적인 낭비라고 생각한다. 그들이 던지는 질문은 권위에 대한 도전이 아니라, 업무의 해상도를 높여 불필요한 시행착오를 줄이려는 협업의 신호탄이다. 맥락이 공유되지 않은 지시는 이들에게 동력을 부여하지 못하며, 방향성 없는 성실함은 그저 소모적인 노동으로 비춰질 뿐이다.

MZ세대의 일에 대한 태도를 결정짓는 가장 강력한 엔진은 바로 '성장'이다. 평생직장의 개념이 신화 속 이야기처럼 사라진 시대를 살아가는 이들에게 조직에 대한 맹목적인 충성은 더 이상 합리적인 선택이 될 수 없다. 대신 이들은 '이 일을 통해 나는 무엇을 배울 수 있는가?'와 '이 경험이 나의 시장 가치를 어떻게 높여 주는가?'를 끊임없이 자문한다. 회사는 이제 운명 공동체가 아니라 개인의 역량을 확장하기 위한 파트너이자 플랫폼으로 기능해야 한다. 따라서 이들에게 가장 매력적인 보상은 단순한 금전적 대가를 넘어, 스스로가 전문가로 성장하고 있다는 효능감과 정교한 피드백이다. 의미 없는 반복 업무에 분노하는 이유는 그 시간이 자신의 커리어를 갉아먹는 정체기로 느껴지기 때문이다.

디지털 네이티브인 이들의 소통 방식은 정보의 민주화에서 비롯되었다. 정보가 특정 권력층에 독점되던 과거와 달리 이제 지식은 검색 한 번으로 누구나 접근 가능한 공공재가 되었다. 이러한 환경은 권위의 근거를 계급이나 연차에서 논리와 근거로 이동시켰다. 기성세대가 '누가 말했는가'를 기준으로 신뢰를 보냈다면, MZ세대는 '그 말이 얼마나 타당한 데이터에 기반하고 있는가?'를 기준으로 수용 여부를 결정한다. 이들에게 질문은 질서를 흔드는 무기가 아니라 더 견고한 질서를 만들기 위한 검증 장치이다. 모르는 것을 즉시 검색하여 해결하는 속도에 익숙한 이들에게 구시대적인 보고 체계나 불필요한 대기 시간은 조직의 경쟁력을 갉아먹는 치명적인 약점으로 인식된다.

결국 조직 내 세대 갈등은 말의 내용이 아니라 그 말을 내뱉는 구조와 맥락의 불일치에서 폭발한다. 리더가 결론만 전달할 때 상사는 '당연히 알겠지'라고 생각하지만, 후배 직원은 '이유 없는 강요'로 느낀다. 갈등을 줄이고 이들의 에너지를 성과로 연결하기 위해서는 소통의 패러다임을 '명령'에서 '설계'로 전환해야 한다. 이들과의 대화에서 가장 강력한 무기는 카리스마가 아니라 업무의 맥락(Context)이다. 단순히 무엇

                    세대 갈등은 구조의 문제다

(What)을 할지 지시하는 수준을 넘어, 이 일이 왜(Why) 필요한지, 조직의 비전과 어떻게 연결되는지, 그리고 이 경험이 개인의 커리어에 어떤 의미(Value)를 갖는지를 투명하게 공유해야 한다. 목적이 명확해질 때 MZ세대는 비로소 자발적인 몰입을 시작하며 리더가 지시하지 않은 부분까지 스스로 보완하려는 능동성을 발휘하게 된다.

▶ Case Study1:

"그냥 하라는 대로 해" vs "이게 최선입니까?"

상황

주말까지 마감해야 하는 긴급 시장 분석 보고서 업무가 떨어진 금요일 오후

전통적인 지시(충돌 시나리오)

박 부장: "이 대리, 이거 다음 주 월요일 회의 자료니까 주말에 좀 고생해서 뽑아와. 대충 하지 말고 꼼꼼하게."

이 대리: "부장님, 갑자기 주말에요? 이 데이터는 이미 저번에 보고드린 내용과 겹치는데, 굳이 지금 새로 해야 할 이유가 있나요?"

박 부장: (울컥하며) "아니, 위에서 시키면 하는 거지 이유가 왜 이렇게 많아? 요즘 애들은 정말 희생정신이 없어."

결과: 이 대리는 억지로 일을 하지만 최저 수준의 결과물만 제출하고, 부장은 이 대리를 '태도 불량'으로 낙인찍음.

맥락 설계형 지시(협력 시나리오)

박 부장: "이 대리, 갑작스럽지만 시장 분석 건으로 협조가 좀 필요해.
월요일에 본사 임원진이 우리 지역 신사업 확장 여부를 결정
하는데, 이때 이 대리가 저번에 분석한 'MZ 소비 패턴' 데이터
가 결정적인 근거가 될 거야(Why). 기존 데이터에 최근 경쟁
사 동향만 한 페이지 추가해 줄 수 있을까?(What) 이 보고서
가 통과되면 이 대리는 사내에서 '시장 트렌드 전문가'로 확실
히 각인될 기회가 될 거야(Value)."

이 대리: "아, 신사업 결정에 제 데이터가 쓰이는군요. 보안 사항이라
몰랐습니다. 그렇다면 경쟁사 인스타그램 반응까지 취합해서
내일 오전 중으로 완벽하게 정리해 보겠습니다."

결과:　　이 대리는 자신의 일이 미치는 영향력을 인지하고 자발적으
로 품질을 높이며, 부장은 이 대리의 전문성을 인정하며 신뢰
를 쌓음.

Case 분석

MZ세대에게 '열정'은 공짜가 아니다. 그것은 '명분'과 '성장'이라는 연
료가 공급될 때 비로소 타오르는 화력이다. 리더가 업무의 지도를 그려
주고 그 안에서 후배의 자리를 지정해 줄 때, 일에 대한 태도는 '버티기'
에서 '달리기'로 바뀐다.

　　　　　　　　　　　　　　　　　세대 갈등은 구조의 문제다

▶ Case Study2: '나중'의 보상 vs '지금'의 투명성
― 보이지 않는 유인책의 한계

상황

　인력 충원이 늦어지는 상황에서 팀원들에게 업무 과중을 견뎌달라고 부탁해야 하는 박 팀장

전통적인 회유(공허한 약속)

박 팀장:　"다들 힘들지? 나도 알아. 하지만 우리 팀이 지금 고생하면 나중에 연말 고과 때 내가 다 신경 써줄게. 회사 생활 다 이런 거야, 정으로 좀 버텨보자고. 요즘 애들은 조금만 힘들어도 이직 생각부터 한다는데, 우리 팀은 그러지 말자."

팀원들:　(속마음) '나중에 고과를 잘 준다는 확신이 어디 있지? 구체적인 충원 계획도 없이 '정'으로만 때우라는 건 무책임한 가스라이팅 아냐? 차라리 내 몸값 높여서 이직하는 게 빠르겠다.'

결과:　　팀원들의 냉소주의가 확산되고, 핵심 인재가 조용히 퇴사를 준비하는 '조용한 퇴사' 현상이 발생함.

맥락 설계형 소통(자료와 진행일정 공유)

박 팀장:　"현재 우리 팀 업무량이 평소보다 30% 초과된 상태임을 지표로 확인했습니다(현상 수치화). 경영진에 인력 충원을 공식 요청했고, 현재 2차 면접 단계에 있어 다음 달 중순이면 실무 투입이 가능할 예정입니다(투명한 일정 공유). 신규 인원이 오기 전까지 가장 시급한 A 프로젝트에 집중하기 위해, 상대

적으로 덜 중요한 B 업무는 제가 직접 본부장님과 협의해 한
시적으로 중단시키겠습니다(리더의 실질적 조치). 이 고비를
넘기면 팀원 개개인이 과중한 운영 업무에서 벗어나 기획 업
무에 집중할 수 있는 구조를 만들겠습니다(미래 가치 설계)."

팀원들: "구체적으로 언제쯤 숨통이 트일지 알게 되니 답답함이 덜하
네요. 당장 급한 A 업무에 집중할 수 있도록 업무를 걷어 내
주신 부분은 정말 힘이 됩니다."

결과: 팀원들은 상황을 통제 가능한 범위로 인식하고, 리더가 자
신들을 보호하기 위해 구조적으로 움직이고 있다는 신뢰를
가짐.

Case 분석: '인내'는 명확한 '끝'이 보일 때 가능하다

기성세대의 문법에서 인내는 성공을 위한 필수 덕목이었고, 보상은
조직이 알아서 챙겨줄 것이라는 믿음이 있었다. 그러나 불확실성의 시
대를 사는 MZ세대에게 보이지 않는 미래의 보상은 유효한 화폐가 아니
다. 이들에게 가장 강력한 동기부여는 감정적 호소가 아니라 '정보의 투
명성'과 '리더의 구조적 해결 의지'이다.

박 팀장의 두 번째 소통이 성공적인 이유는 막연한 '정' 대신 '자료'와
'진행일정'을 제시했기 때문이다. 단순히 버티라고 말하는 대신, 리더가
업무의 우선순위를 조정하여 실질적인 절차를 줄여 주는 행동을 보였
을 때, 구성원은 자신이 소모품이 아닌 '존중받는 핵심 자산'임을 체감한
다. 갈등을 해결하는 것은 뜨거운 눈물이 아니라 차가운 숫자와 명확한
계획이다.

   세대 갈등은 구조의 문제다

관계와 피드백 인식:
상처가 되는 '혼냄'에서 성장이 되는 '조정'으로

조직의 일상에서 가장 빈번하게, 그리고 가장 격렬하게 세대 갈등이 폭발하는 지점은 단연 피드백의 현장이다. 업무 성과를 논의하고, 협업의 방식을 조율하며, 태도를 교정하는 모든 과정에는 피드백이 존재한다. 그러나 흥미롭게도 대다수의 갈등은 피드백의 '내용'이 아니라 그것을 전달하는 '방식'에서 비롯된다. 같은 데이터 오류를 지적하더라도 어떤 말은 구성원을 각성시켜 성장의 자양분이 되게 하지만, 어떤 말은 깊은 정서적 상처를 남기며 관계의 단절을 초래한다. 피드백은 조직 활동의 미세 조정 장치임에도 불구하고, 많은 조직에서 여전히 피드백을 '혼나는 것' 혹은 '군기 잡기'와 동일시하는 경향이 강하다. 이러한 인식의 격차는 각 세대가 성장하며 내면화한 피드백의 철학적 배경이 근본적으로 다르기 때문에 발생한다.

기성세대가 거쳐 온 피드백의 역사적 배경은 지극히 수직적이고 일방적이었다. 과거의 상사는 절대적인 평가자였으며, 부하는 그 지시를 가감 없이 받아들여야 하는 수용자였다. 업무상의 지적과 인격적인 질책 사이의 경계는 늘 모호했고, 동료들이 보는 앞에서 공개적으로 망신을 주거나 비공식적인 자리에서 고성을 지르는 행위조차 '지도편달'이라는 이름으로 정당화되던 시대였다. 잘못은 즉각적이고 날카롭게 도려내야 하며, 그것이 곧 조직을 관리하고 후배를 교육하는 가장 효율적인 길이라고 믿었다. 이 구조 속에서 피드백은 철저히 '교정'에 초점을 맞추었으며, 개인의 심리적 안전감이나 자존감은 조직의 목표 달성이라는 대의 앞에서 고려 대상조차 되지 못했다.

이러한 환경에서 단련된 이들에게 날 선 지적은 성장의 통과의례와 같았다. 아픈 말을 묵묵히 견뎌내고 스스로를 교정해 나가는 과정이 곧 성숙함의 지표였으며, "나도 그렇게 배웠다"는 경험적 확신은 피드백의 폭력성을 희석시켰다. 그러나 문제는 이러한 방식이 오늘날의 세대에게는 전혀 다른 언어로 번역된다는 점이다. 기성세대에게는 익숙한 훈육의 언어가 MZ세대에게는 합리성을 상실한 권위적 공격이자 정서적 학대로 비춰진다. 이들에게 피드백은 감정적인 앙금을 남기는 '사건'이 아니라, 문제를 해결하고 성과를 개선하기 위한 정교한 '데이터'여야 하기 때문이다.

▶ 데이터로서의 피드백: '무엇'이 아닌 '어떻게'의 과학

MZ세대가 기대하는 피드백은 구체적이고 논리적이며 행동 지향적인 성격을 띤다. 그들은 단순히 혼나지 않기를 바라는 것이 아니라, 자신이 무엇을 잘못했는지, 왜 그것이 문제인지, 그리고 다음에는 어떻게 행동해야 하는지를 명확히 알고 싶어 한다. 따라서 방향성 없는 비판이나 모호한 질책은 이들에게 극도의 스트레스를 유발한다. "좀 더 책임감 있게 해라"거나 "사회생활 좀 배워라"와 같은 표현은 개선을 위한 실마리를 전혀 제공하지 못한다. 기준이 없는 비난은 학습의 재료가 되지 못하고, 오직 상대방의 자의적인 권위 행사로만 인식될 뿐이다. 이들이 피드백에 민감하게 반응하는 것은 예민하기 때문이 아니라, 처리 불가능한 정보를 강요받는 상황에 대한 본능적인 거부감이다.

성공적인 피드백 문화를 설계하기 위해서는 우선 '평가'의 자리에 '관

세대 갈등은 구조의 문제다

찰'을 놓아야 한다. 상대를 판단하는 주관적인 단어를 제거하고 객관적인 사실 중심으로 메시지를 재구성할 때 방어 기제는 눈에 띄게 줄어든다. 감정을 배제하고 사실을 앞세우는 순간, 대화는 인신공격의 장에서 논리적 분석의 장으로 이동한다. 여기에 더해 개선을 위한 구체적인 제안이 반드시 포함되어야 한다. 지적만 있고 대안이 없는 피드백은 좌절과 냉소만을 남기지만, 구체적인 제안은 피드백을 위협이 아닌 자산으로 인식하게 만든다.

▶ 권위의 재설계: 단죄하는 판사에서 가이드하는 코치로

피드백과 권위의 관계 역시 재정립되어야 한다. MZ세대는 직급이 주는 위계적 권위보다 논리적 타당성이 주는 '전문적 권위'에 반응한다. 누가 말했느냐보다 그 말이 얼마나 공정하고 합리적인지가 수용의 척도가 된다. 이들이 열광하는 것은 결과 중심의 단죄가 아니라 과정 중심의 가이드다. 결과 중심의 피드백은 이미 벌어진 일에 대한 점수 매기기에 불과하여 자존감을 위협하고 회피를 유발하지만, 과정 중심의 피드백은 행동의 인과관계를 설명함으로써 스스로 문제를 해결할 의욕을 자극한다. 비난이 아닌 학습의 설계를 제공할 때, 조직 구성원은 피드백 상황을 두려워하지 않고 오히려 자신의 역량을 키울 기회로 환영하게 된다.

더 나아가 피드백을 전달할 때는 상대의 심리적 경계선을 존중하는 태도가 필수적이다. 피드백이 상대방을 무너뜨리려는 공격이 아니라, 공동의 성과를 위해 돕고 싶다는 진심 어린 신호를 명확히 보내야 한다. "이 피드백의 목적은 당신의 성장을 돕고 프로젝트의 완성도를 높이는 데 있다"는 정서적 안전망을 구축하는 것만으로도 수용성은 비약적으로 상승한다. 사람은 자신이 존중받고 있다고 느낄 때 비로소 타인의 의견을 경청할 여유를 갖게 된다. 논리적인 '왜'와 실천적인 '어떻게'를 먼저 제시하는 피드백 구조는 권위주의를 타파하고 진정한 리더십을 세우는 가장 세련된 방법이다.

결국 피드백의 문제는 개인의 인성이나 세대 특유의 예민함에 국한된 것이 아니라, 조직의 소통 시스템을 어떻게 설계하느냐의 문제이다. 혼내는 문화 속에서는 단기적인 통제는 가능할지 모르나, 장기적인 성장과 창의성은 말살된다. 반면 정교하게 설계된 피드백 문화 속에서는 성과뿐만 아니라 구성원 간의 깊은 신뢰가 쌓인다. 신뢰가 담보된 조직에서만 비로소 '진짜 소통'이 가능해지며, 세대 간의 시차는 갈등이 아닌 상호 보완의 동력이 된다.

▶ Case Study1: 인격적 질책과 구조적 피드백의 현장

상황

마케팅 보고서의 오타와 데이터 오류를 발견한 박 팀장이 신입 사원 이 주임에게 피드백하는 상황

비난형 피드백(감정 소모와 관계 악화)

박 팀장: "이 주임님, 이게 몇 번째입니까? 기본이 안 되어 있네요. 성의가 없는 건지, 책임감이 없는 건지… 학교에서 리포트 이렇게 썼어요? 다시 해 오세요."

이 주임: (침묵하며) '또 시작이네. 오타 하나 가지고 인성까지 들먹여야 하나? 어차피 대충 해도 욕먹을 텐데…'

　　　　　　　　　　세대 갈등은 구조의 문제다

결과:　　　이 주임은 위축되어 업무 의욕을 상실하고, 팀장에 대한 방어
　　　　　기제만 강화되어 실수가 반복될 확률이 높아짐.

설계형 피드백(사실 기반과 행동 교정)

박 팀장:　"이 주임님, 이번 보고서 3페이지의 수치가 지난 회의 자료와
　　　　　다르게 기재되었습니다(사실). 수치가 틀리면 보고서 전체의
　　　　　논리가 흔들려 승인이 늦어질 수 있습니다(영향력)."

박 팀장:　"마감 직전에 검토하면 시각적 피로 때문에 오타를 놓치기 쉽
　　　　　습니다. 앞으로는 작성을 마치고 30분 뒤에 '숫자'만 따로 대조
　　　　　하는 단계를 과정에 넣어 보세요(행동 제안). 수정해서 다시
　　　　　공유 부탁합니다."

이 주임:　"네, 팀장님. 제가 검토 과정에서 숫자 대조를 간과했습니다. 제
　　　　　안해 주신 대로 체크리스트를 만들어 확인 후 제출하겠습니다."

결과:　　　이 주임은 자신의 실수를 '인격의 문제'가 아닌 '프로세스의 문
　　　　　제'로 인식하고, 구체적인 해결책을 얻어 업무 몰입도가 상승함.

▶ Case Study2: '나쁜 태도'라는 프레임 vs '전환 비용'의 충돌

상황

　협업 부서의 급한 요청을 처리하느라 팀장의 지시 사항을 정해진 시
간까지 보고하지 못한 김 대리를 마주한 박 팀장

비난형 피드백(태도 낙인과 방어 유발)

박 팀장:　"김 대리, 오늘 2시까지 준다던 자료는 어디 갔어? 요즘 애들

은 왜 이렇게 약속을 가볍게 여겨? 협업 부서 부탁 들어주느
라 우리 팀 일은 뒷전인 거야? 자기 업무 우선순위도 못 잡으
면서 무슨 프로라고…"

김 대리: (속마음) '협업 부서 요청도 팀장님이 어제 협조하라고 하신 일
이잖아요. 일의 양이 절대적으로 많아서 밀린 건데, 왜 제 프로
의식까지 문제 삼으시는 거죠? 정말 의욕 떨어지네요.'

결과: 김 대리는 팀장이 상황을 전혀 이해하려 하지 않는다고 느끼
며, 이후에는 팀장의 지시 외에 어떤 협조 요청도 거부하는
폐쇄적인 태도를 취하게 됨.

설계형 피드백(우선순위 재정렬과 시스템 조정)

박 팀장: "김 대리, 2시 예정이었던 보고서가 아직 공유되지 않았군요
(사실). 보고가 늦어지면 본부장님 의사 결정 시점을 놓칠 수
있어 리스크가 큽니다(영향력)."

박 팀장: "혹시 어제 전달한 타 부서 협조 업무와 이번 보고서 작성 사
이에서 물리적인 시간 충돌이 있었나요?(상황 질문) 업무가
겹칠 때는 혼자 해결하려 하지 말고, 저에게 우선순위 조정을
즉시 요청하는 '보고 체계'를 가동해 주세요. 지금 남은 분량
은 제가 검토를 도울 테니, 4시까지 최종 마무리해 봅시다(대
안 및 협력 제안)."

김 대리: "네, 팀장님. 사실 두 업무의 비중이 모두 커서 조정에 어려움
이 있었습니다. 다음부터는 업무가 중첩될 때 바로 리스크를
공유하고 우선순위를 승인받도록 하겠습니다."

    세대 갈등은 구조의 문제다

결과:　　　김 대리는 자신의 책임감을 의심받지 않으면서 업무 지연의 '구조적 원인'을 해결하는 법을 배우게 되고, 팀장에 대한 신뢰가 깊어짐.

Case 분석: 인성이 아닌 '우선순위의 구조'를 교정하라

리더가 흔히 범하는 실수 중 하나는 업무의 지연이나 실수를 구성원의 '태도'나 '세대적 특성'으로 연결하는 것이다. 하지만 대다수의 업무 차질은 인격의 결함이 아니라, 과도한 업무 로드나 명확하지 않은 우선순위 가이드라인에서 기인한다.

박 팀장의 두 번째 대화가 탁월한 이유는 김 대리를 '약속을 어긴 사람'으로 몰아세우는 대신, '업무 전환 비용(Switching Cost)'이 발생하는 지점을 정확히 짚어 냈다는 데 있다. 문제를 인격의 영역에서 프로세스의 영역으로 끌어올릴 때, 리더는 비난자가 아닌 '해결사'가 되며, 구성원은 방어기제 대신 '해결 의지'를 불태우게 된다. 결국 조직의 실수는 비난으로 교정되는 것이 아니라, 더 나은 시스템의 설계로 예방된다.

피드백을 바꾸는 일은 사람을 개조하는 고통스러운 과정이 아니라, 우리가 사용하는 언어의 구조를 리모델링하는 지적인 작업이어야 한다. 그 구조가 바뀌는 순간, 피드백은 더 이상 두려운 상처의 언어가 아니라 서로를 성장시키는 축복의 언어로 진화할 것이다. 이제 우리 조직의 피드백 온도계를 점검해 보라. 그것은 누군가를 태우고 있습니까, 아니면 성장의 온기를 불어넣고 있습니까?

디지털 네이티브 사고방식:
속도, 연결, 선택의 시대가 낳은 새로운 운영체제

MZ세대를 정의하는 가장 강력한 기표는 그들이 '디지털 네이티브(Digital Native)'라는 점이다. 이들에게 인터넷과 스마트폰은 성인이 되어 뒤늦게 습득한 편리한 도구가 아니라, 태어날 때부터 주어진 삶의 환경 그 자체였다. 공기처럼 당연한 연결 속에서 성장한 이들은 정보를 수집하고, 관계를 맺으며, 의사 결정을 내리는 모든 과정에서 기성세대와는 전혀 다른 '운영체제(OS)'를 탑재하게 되었다. 기성세대에게 디지털 기술이 아날로그적 삶을 보조하고 효율화하는 수단이었다면, MZ세대에게는 오프라인의 현실조차 온라인의 논리와 구조를 따라야 하는 재구성의 대상이다. 이러한 환경적 차이는 단순히 IT 기기 활용 능력의 격차를 넘어, 세상을 인식하고 문제를 해결하는 사고의 출발점 자체를 근본적으로 바꾸어 놓았다.

기성세대에게 기술은 인고의 시간을 들여 습득하고 정복해야 할 대상이었다. 컴퓨터 활용 능력을 자격증으로 증명하고, 새로운 소프트웨어가 나올 때마다 매뉴얼을 탐독하며 적응하기 위해 애써야 했던 세대다. 그러나 MZ세대에게 기술은 학습의 대상이 아니라 신체의 확장이며 본능에 가깝다. 기억력보다는 필요한 정보를 순식간에 찾아내는 '검색력'이 지능의 새로운 척도가 되었고, 오프라인의 대면 관계보다 네트워크를 통한 비대면 소통이 더 즉각적이고 투명한 것으로 인식된다. 이들은 정보를 얻기 위해 누군가를 찾아가 묻기보다 스스로 데이터의 바다를 헤엄쳐 최적의 해답을 건져 올리는 데 압도적인 효율성을 발휘한다. 이

세대 갈등은 구조의 문제다

러한 사고 구조의 차이는 조직 내에서 '기다림'과 '속도'를 해석하는 방식에서 가장 먼저 격렬한 충돌을 일으킨다.

MZ세대에게 즉각성은 취향이 아니라 기본값(Default)이다. 검색 버튼 하나로 전 세계의 정보를 몇 초 만에 확인하고, 메시지를 보내자마자 실시간으로 반응을 확인하는 환경에서 자란 이들에게 '지연(Delay)'은 곧 시스템의 결함이자 무능력의 증거다. 기성세대에게 기다림은 신중함과 숙성, 그리고 상급자의 판단을 존중하는 예의의 시간으로 해석되었다. "조금 더 검토해 보자"는 말은 선배들의 지혜가 담긴 신중한 배려의 표현이었으나, MZ세대에게 이 말은 정보가 투명하게 공유되지 않거나 리더가 결정을 내릴 데이터적 근거가 부족하다는 신호로 읽힌다. 이미 모든 데이터가 확보되었음에도 불구하고 관습적인 승인 절차 때문에 시간이 지체될 때, 이들은 단순한 지루함을 넘어 조직의 비합리성에 대한 깊은 불신을 갖게 된다.

이러한 속도의 격차는 업무 방식의 근본적인 패러다임 차이로 이어진다. 기성세대는 완벽한 계획을 세우고 오류를 최소화하여 단 한 번에 정답에 도달하려는 '폭포수(Waterfall)' 방식을 선호한다. 정교한 기획안을 만들고 여러 단계의 보고를 거쳐 완벽을 기하는 과정에서 안정감을 느낀다. 반면 MZ세대는 완벽하지 않더라도 빠르게 시도하고, 시장이나 동료의 피드백을 즉각 받아 수정해 나가는 '애자일(Agile)' 방식에 최적화되어 있다. 전자가 완성도를 위해 시간을 소모한다면, 후자는 반복적인 개선과 속도를 통해 정답을 찾아간다. 문제는 이 방식의 차이를 성격의 급함이나 끈기 부족이라는 개인의 태도 문제로 치환할 때 발생한다. 사실 이것은 누가 더 성실하냐의 문제가 아니라, 정보 과잉 시대에 살아

남기 위해 선택한 각자의 최적화 전략이 충돌하는 지점이다.

MZ세대의 사고방식을 지탱하는 또 다른 핵심 축은 '수평적 인터페이스'의 경험이다. 이들은 누구나 콘텐츠를 만들고, 누구나 평가하며, 누구나 발언권을 갖는 플랫폼 환경에서 자아를 형성했다. 유튜브나 온라인 커뮤니티에서는 직급이나 나이가 발언의 무게를 결정하지 않는다. 오직 논리의 탄탄함, 정보의 정확성, 그리고 대중의 공감이 가치를 결정한다. 이러한 경험은 조직 내에서도 그대로 투영되어, 이들은 '누가 말했는가'보다 '그 말이 얼마나 타당한가'를 본질적으로 중요하게 여긴다. 상사가 직위를 이용해 내리는 일방적인 지시는 이들에게 합리적 리더십이 아니라 데이터가 결여된 권위주의적 폭거로 인식된다. 반면 논리적인 근거를 바탕으로 투명하게 방향을 제시하는 리더에게는 직급과 무관하게 강력한 신뢰와 자발적인 몰입을 보여 준다.

결국 디지털 네이티브와의 갈등은 그들이 무례해서가 아니라, 그들이 사용하는 운영체제가 '투명성'과 '논리'를 기반으로 설계되었기 때문이다. 기성세대의 침묵이 숙고라면 MZ세대에게 침묵은 불통이다. MZ세대의 잦은 질문이 기성세대에게는 도전처럼 들리겠지만, 사실 그것은 명확한 가이드를 얻어 업무를 완벽하게 해내고 싶다는 강력한 책임감의 발로이다. 이처럼 정반대의 좌표계를 가진 두 세대가 소통하기 위해서는 서로의 말투를 흉내 내는 수준을 넘어, 정보 처리 구조 자체를 시스템적으로 정렬해야 한다. 리더십은 이제 통제가 아니라 '맥락의 공유'에서 나와야 한다. 설명이 충분한 지시는 더 이상 간섭이 아니라 강력한 협업의 요청이 되며, 이때 비로소 MZ세대의 즉각성과 수평성은 조직의 폭발적인 엔진으로 거듭난다.

   세대 갈등은 구조의 문제다

▶ Case Study1: "검토 중"이라는 블랙박스와 "실시간 공유"의 대시보드

상황

마케팅 기획안을 제출한 후 일주일째 상사의 피드백을 기다리고 있는 이 대리와, 신중하게 기획안을 살피고 있는 최 팀장

아날로그식 지연(신뢰의 붕괴)

이 대리: "팀장님, 지난주에 드린 기획안 혹시 확인해 보셨나요? 수정 사항이 있으면 바로 반영하려고요."

최 팀장: "어, 보고 있어. 근데 이게 하루아침에 결정할 게 아니잖아. 나도 위아래 사정을 좀 더 봐야 하니까 일단 기다려 봐."

이 대리: (속마음) '일주일째 아무 말씀 없으시면 그냥 잊으신 거 아냐? 아니면 내 기획안이 마음에 안 드시는 건가? 다음 단계로 넘어가질 못하겠네.'

결과: 이 대리는 업무 열정이 식고 냉소적으로 변하며, 최 팀장은 이 대리가 조급하다고 생각함.

디지털식 실시간 공유(시스템적 해결)

최 팀장: "이 대리, 기획안 잘 봤어. 논리는 탄탄한데 예산 승인 부서랑 조율할 부분이 좀 있네. 현재 내가 타 부서장이랑 협의 중이고, 목요일 오전까지는 확답 줄게. 그사이에 협력업체 리스트만 먼저 추려봐 줄래?"

이 대리: "네, 팀장님! 상황 공유 감사합니다. 어떤 부분이 쟁점인지 알

았으니 미리 보완책도 준비해 두겠습니다."

결과: 이 대리는 대기 시간(Waiting Time)을 업무 준비 시간으로 활용하며 안정감을 느끼고, 최 팀장의 신중함을 리더의 전문적 조율로 인식함.

Case 분석

MZ세대에게 가장 고통스러운 상황은 결과가 늦게 나오는 것이 아니라, 과정이 '블랙박스'처럼 가려져 있는 것이다. 리더가 현재의 진행 상황을 투명하게 공유(Update)하는 것만으로도, 불필요한 추측과 불안을 제거하고 조직의 속도감을 유지할 수 있다.

▶ Case Study2: '나중에 말해 줄게'의 단절 vs '예고된 소통'의 안정감

상황

연봉 협상이나 진급 심사를 앞두고 결과의 향방이 궁금한 김 대리와, 인사위원회 결정을 기다리며 보안을 유지해야 하는 박 팀장

아날로그식 정보 독점(불안과 불신)

김 대리: "팀장님, 혹시 이번 인사고과 결과나 연봉 가이드라인이 언제쯤 나올까요? 주변에서는 벌써 이야기가 돌아서요."

박 팀장: "김 대리, 그런 건 때 되면 다 알려줄 텐데 뭘 그렇게 서둘러? 회사 결정이 장난도 아니고. 조용히 자기 일하고 있으면 부를 테니까 기다려."

김 대리: '내가 혹시 누락된 건가? 아니면 팀장님이 나를 위해 힘을 안

　　　　　　　　세대 갈등은 구조의 문제다

써주신 건가? 아무 정보도 안 주시니 왠지 배신감까지 느껴지네. 이직 준비를 해야 하나.'(김 대리의 인식)

결과: 김 대리는 불확실성에서 오는 극심한 스트레스로 업무 몰입도가 급감하고, 팀장을 소통을 가로막는 '정보 권력자'로 인식하게 됨.

디지털식 프로세스 가시화(신뢰와 예측 가능성)

박 팀장: "김 대리, 결과가 궁금한 건 당연해. 현재 인사위원회의 최종 검증 단계에 있고, 내가 파악하기론 우리 팀 결과는 다음 주 수요일 오후 2시에 개별 통보될 예정이야(진행상태 공유)."

박 팀장: "결과가 나오기 전까지 구체적인 수치를 말할 순 없지만, 김 대리가 지난 하반기에 보여 준 성과는 내가 충분히 소명했으니 너무 걱정 말고 기다려 주게(진행 상태 공유). 혹시 결과 발표 후에 궁금한 점이 있으면 바로 면담 시간을 잡아줄게."

김 대리: '정확한 발표 시점을 알게 되니 마음이 놓이네. 팀장님이 내 노력을 윗선에 전달했다는 걸 확인받으니 결과와 상관없이 리더를 신뢰할 수 있을 것 같아.'(김 대리의 인식)

결과: 김 대리는 예측 가능한 미래를 확인하고 심리적 안정감을 얻으며, 발표 전까지 자신의 업무에 다시 집중함.

Case 분석: '답'을 줄 수 없을 때 '때'를 알려 주는 것이 리더십이다

MZ세대에게 정보의 차단은 곧 '존중의 결여'로 해석된다. 기성세대는 보안이나 신중함을 이유로 정보를 감추는 것이 미덕이라 생각했지만,

실시간 피드백 환경에 익숙한 후배 세대에게 이러한 '정보 블랙박스'는 거대한 장벽과 같다.

박 팀장의 두 번째 대응이 효과적인 이유는 결론(Answer)대신 과정(Process)과 시점(Timing)을 제공했기 때문이다. 확정된 결과가 없더라도 "현재 어디까지 진행되었는가?"와 "언제쯤 알 수 있는가?"를 공유하는 것만으로도 조직의 심리적 안전감(Psychological Safety)은 비약적으로 상승한다. 리더의 권위는 정보를 쥐고 있는 데서 오는 것이 아니라, 정보를 투명하게 흐르게 하여 구성원의 불안을 제거하는 데서 나온다.

조직에서 기대하는 것: 충성의 시대에서 성장의 시대로

조직이라는 유기체 안에서 "우리는 무엇을 기대하며 머무는가?"라는 질문은 세대를 가르는 가장 선명한 분수령이자, 현대 기업이 직면한 가장 거대한 철학적 숙제이다. 기성세대와 MZ세대의 갈등은 단순히 출퇴근의 유연함이나 호칭의 파격을 두고 벌이는 실랑이가 아니다. 그것은 '조직'이라는 공간을 해석하는 근본적인 패러다임의 충돌에서 기인한다. 같은 사무실에서 동일한 프로젝트를 수행하더라도, 기성세대에게 조직은 삶의 뿌리를 내릴 '생존의 터전'이자 미래를 온전히 의탁할 '운명 공동체'였다. 그러나 MZ세대에게 조직은 자신의 역량을 증명하고 확장해 나가는 '성장의 플랫폼'이자, 서로의 이익이 합치할 때만 유효한 '전략적 파트너'에 가깝다. 이러한 관점의 차이는 개인이 조직에 쏟아붓는 에너지의 방향과 몰입의 조건을 완전히 바꾸어 놓았다.

세대 갈등은 구조의 문제다

▶ 사라진 신화: 충성이 곧 생존이었던 시대

기성세대가 사회의 중추로 성장하던 시기에는 보이지 않는 강력한 사회적 계약이 존재했다. 조직에 맹목적으로 헌신하고 개인의 삶을 유보하면, 조직이 퇴직 시점까지 개인의 안위를 책임져준다는 암묵적인 약속이 그것이다. 이 시기에는 개인이 조직의 부속품이 되는 것을 마다하지 않았다. 장기근속은 곧 신뢰와 충성심의 훈장이었고, 오늘의 인내는 언젠가 반드시 보상과 승진으로 돌아온다는 확신이 있었다. 이 구조 속에서 '충성'은 지극히 합리적이고 안전한 생존 전략이었다. 조직을 떠나는 것은 보호막 밖으로 나가는 위험한 탈선이었고, 끝까지 버티는 인내심이야말로 성공적인 직장 생활의 핵심 지표였다.

하지만 MZ세대는 이 견고했던 신화가 처참히 무너지는 광경을 실시간으로 목격하며 자라난 세대다. IMF 외환위기부터 글로벌 금융위기를 거치며, 부모 세대가 인생을 바친 조직에서 한순간에 밀려나는 모습을 보았다. 평생직장이라는 단어는 국어사전에만 존재하는 사어가 되었고, 구조 조정과 정리 해고는 더 이상 특별한 뉴스가 아닌 일상의 풍경이 되었다. 이들에게 조직은 더 이상 개인을 영원히 보호해 주는 울타리가 아니다. "내가 회사를 지켜도 회사는 나를 지켜주지 않는다"는 냉혹한 진실을 일찍이 학습한 이들에게, 무조건적인 충성은 미덕이 아니라 자신의 미래를 담보로 거는 위험한 도박으로 인식되기 시작했다.

▶ 새로운 통화: 성장이 곧 안정이 되는 시대

안정이 증발한 시대에 MZ세대가 선택한 새로운 생존 전략은 '시장 가치(Market Value)'의 극대화다. 이제 안정은 조직이 주는 것이 아니라,

언제든 다른 조직으로 이동할 수 있는 개인의 역량에서 나온다. 이러한 환경적 변화는 조직에 대한 기대를 소속감에서 가용성으로 이동시켰다. MZ세대가 조직을 선택하고 이탈하는 기준은 "이곳에서 나의 시장 가치가 높아지는가?"라는 질문으로 수렴된다. 이는 애사심의 결여가 아니라, 각자도생의 시대에 적응하기 위한 합리적 진화이다.

조직은 이제 인생 전체를 맡길 대상이 아니라, 상호 이익을 기반으로 한 계약적 관계다. 내가 성장할 수 있고 유의미한 커리어를 쌓을 수 있다면 기꺼이 몰입하지만, 성장이 정체되고 의미 없는 소모만 반복된다고 판단되면 미련 없이 다음 정거장을 찾아 떠나는 것이다. 퇴사는 실패의 낙인이 아니라 자신의 가치를 증명하는 적극적인 선택이자 권리가 되었다. 따라서 현대의 리더십은 통제에서 지원으로 전환되어야 한다. 충성은 이제 강요로 얻어 내는 것이 아니라, 성장의 기회를 제공함으로써 획득해야 하는 결과물이다.

▶ Case Study1: "애사심이 없네"와 "성장의 로드맵이 없네"

상황

유능한 3년 차 사원이 연봉이 비슷한 경쟁사로 이직하겠다고 선언하자 당혹스러워하는 박 부장

충성 중심의 호소(어긋난 문법)

박 부장: "자네, 우리 회사가 키워준 정이 있지. 고작 그 정도 조건에 움직이나? 요즘 애들은 참 애사심이 없어. 여기서 좀 더 버티면 나중에 좋은 보직도 줄 텐데."

 세대 갈등은 구조의 문제다

사원: "부장님, 죄송합니다. 하지만 지난 1년간 제가 여기서 더 배울 수 있는 게 무엇인지 고민해봤지만 답을 얻지 못했습니다."

결과: 부장은 배신감을 느끼고, 사원은 자신의 고민을 무시당했다고 느끼며 마음을 완전히 닫음.

성장 중심의 설계(연결된 문법)

박 부장: "아직 결심이 확고한가 보군. 혹시 우리 팀의 현재 업무가 자네가 원하던 경력설계와 맞지 않는 부분이 있었나? 내가 놓친 게 있다면 듣고 싶네."

사원: "사실 저는 데이터 분석 전문가로 성장하고 싶은데, 지금은 단순 취합 업무 비중이 너무 커서 제 시장 가치가 떨어질까 봐 불안했습니다."

박 부장: "그랬군. 만약 자네가 이번 프로젝트에서 분석 설계 전권을 맡고, 외부 전문 교육 지원을 구조적으로 보장한다면 우리와 더 함께할 의향이 있나?(성장 가치 제안)"

결과: 사원은 자신의 '성장 욕구'가 조직 내에서 해결될 가능성을 보고 잔류를 진지하게 재검토함.

▶ Case Study2: "센스가 부족하네"와 "가이드가 부족하네"
— '눈치'에서 '매뉴얼'로

상황

외부 귀빈이 참석하는 중요 행사에서 의전과 배치 실수를 저지른 최 대리에게 피드백을 전달하는 박 팀장

추상적 비난(모호한 자존감 공격)

박 팀장: "최 대리, 정말 실망이야. 조직 생활 5년 차면 이 정도 센스는
있어야 하는 거 아냐? 분위기 파악을 그렇게 못해서 어떻게
큰일을 맡기겠어. 요즘 친구들은 시키는 건 잘하는데 참 센스
가 부족해."

최 대리: (속마음) '센스? 구체적으로 어떤 자리에 누구를 앉혀야 하는지
명확한 우선순위를 알려주신 적도 없잖아요. 매번 상황마다 달
라지는 팀장님의 기분을 맞추는 게 업무는 아니지 않나요?'

결과: 최 대리는 자신의 성격과 재능을 비난받았다고 느껴 위축되
고, 다음 행사에서도 팀장의 '눈치'를 살피느라 정작 중요한
업무 실무를 놓치는 악순환이 반복됨.

구조적 교정(체크리스트와 알고리즘 설계)

박 팀장: "최 대리님, 오늘 VIP 좌석 배치에서 우리 쪽 주관 부서와 초청
부서 간의 위계가 뒤바뀌어 혼선이 있었습니다(사실). 의전 실
수는 단순히 예의의 문제가 아니라 우리 회사의 대외적인 격식
을 결정하는 중요한 지표입니다(영향력)."

박 팀장: "개인의 순발력에만 의존하면 이런 실수가 반복될 수 있어요.
앞으로는 '참석자 직급별 좌석 우선순위'를 수치화한 체크리스
트를 만들고, 행사 전날 저와 함께 시뮬레이션을 돌려보는 단
계를 프로세스화합시다(구조적 제안). 최 대리님의 실행력에
이 정밀함만 더해지면 완벽할 것 같습니다."

최 대리: "네, 팀장님. 제가 '센스'의 영역이라고만 생각했던 부분을 명

                                             세대 갈등은 구조의 문제다

확한 기준(Standard)으로 정리해 보겠습니다. 다음 행사에서는 리스크가 없도록 매뉴얼을 먼저 공유하겠습니다."

결과: 　최 대리는 자신의 '센스'가 아닌 '프로세스'를 보완하면 된다는 확신을 얻고, 조직 전체가 공유할 수 있는 자산(매뉴얼)을 만들어 내며 유능감을 회복함.

Case 분석: '센스'는 타고나는 것이 아니라 '설계'되는 것이다

기성세대는 조직 내의 암묵지(Tacit Knowledge)를 '눈치'나 '센스'라는 이름으로 포장하여 학습시키려 했다. 하지만 모든 것을 명확한 논리와 데이터로 이해하려는 MZ세대에게 '센스'라는 단어는 무책임한 방치이자 가스라이팅으로 느껴질 뿐이다.

박 팀장의 두 번째 대응이 훌륭한 이유는 막연한 성격 개조를 요구하는 대신, 실수를 유발한 '시스템의 결함'을 찾아내어 이를 '매뉴얼'이라는 해결책으로 전환했기 때문이다. 문제를 개인의 인성 안으로 가두지 않고 구조적 과제로 끌어올릴 때, 후배는 방어 기제를 가동하는 대신 자신의 역량을 발휘할 수 있는 안전한 지도를 얻게 된다. 갈등을 멈추는 리더의 진짜 실력은 상대를 '판단'하는 것이 아니라, 상대가 성공할 수밖에 없는 '환경'을 디자인하는 데서 나온다.

우리가 세대라는 프레임을 벗어던지고 '성장'이라는 공통의 언어로 대화할 때, 조직은 소모적인 갈등의 장이 아니라 모든 세대가 함께 미래를 설계하는 역동적인 학습의 장으로 진화할 것이다. 충성을 요구하기보다 성장을 지원하라. 그것이 인재를 머물게 하는 가장 강력한 중력이자, 세대 간의 벽을 허무는 유일한 열쇠이다.

Chapter 4

기성세대 이해하기

책임과 안정, 그리고 경험이 빚어낸 생존의 논리

조직의 일상에서 기성세대를 향해 가장 흔히 던져지는 질문은 "왜 저토록 신중하고 보수적인가?"라는 의문이다. 변화에 둔감하고 고집이 세며, 새로운 시스템을 수용하기보다 익숙한 관성을 고집하는 이들의 모습은 젊은 세대에게 종종 혁신의 걸림돌처럼 비춰지곤 한다. 하지만 이러한 평가는 기성세대가 통과해 온 거대한 시대적 파고를 간과한 단편적인 결론에 불과하다. 이들의 태도는 단순히 나이가 들어 생기는 기질적 변화가 아니라, 한국 현대사의 가장 극적인 변동기 속에서 살아남기 위해 체득한 고도의 생존 전략이다. 기성세대를 이해한다는 것은 그들의 성격을 분석하는 일이 아니라, 그들의 사고 구조를 형성한 '경험의 지층'을 깊이 있게 읽어 내는 일이어야 한다.

지금의 40대 후반에서 60대에 이르는 기성세대는 고도 성장기의 폭발적인 경쟁과 IMF 외환위기라는 국가적 재난을 정면으로 관통한 세대다. 이들은 성장의 달콤한 열매와 시스템 붕괴의 처참한 절망을 동시에 목격한 유일한 세대이기도 하다. 당시의 사회 구조 속에서 직장을 잃는다는 것은 단순한 소득의 중단을 넘어 한 개인과 가족의 존엄이 뿌리째 흔들리는 재앙이었다. 사회적 안전망이 전무하던 시절, 실패는 오롯이 개인의 무능으로 치부되었고 한 번의 낙오가 영구적인 퇴출로 이어지는 냉혹한 현실을 그들은 몸소 겪어 냈다. 이러한 척박한 토양 위에서 살아남기 위해 가장 필요했던 능력은 화려한 도전이 아니라 '오래 버티는 힘'이었다. 모험보다는 안전을, 실험보다는 검증을, 속도보다는 지속성을 선택하는 사고방식은 그 시대가 요구한 가장 합리적인 생존 도구였다.

기성세대의 세계관을 지탱하는 첫 번째 핵심 가치는 '책임'이다. 이들에게 책임은 단순한 업무 완수 그 이상의 의미를 지닌다. 그것은 타인에게 자신이 신뢰할 만한 인간임을 증명하는 유일하고도 강력한 척도이다. 맡은 일을 끝까지 밀어붙이는 끈기, 조직이 부여한 역할을 외면하지 않는 충성심, 결과에 대해 변명하지 않는 자세가 곧 개인의 명예와 직결되었다. 개인의 감정이나 컨디션보다 조직의 목표가 우선시되었던 배경에는 내가 무너지면 조직이 무너지고, 조직이 무너지면 내 삶의 기반이 사라진다는 절박한 연대 의식이 자리 잡고 있었다. 이들이 젊은 세대의 '워라밸'이나 '개인주의'를 보며 불안함을 느끼는 이유는 그것이 이기적이어서가 아니라, 그렇게 행동했을 때 닥칠지 모를 조직의 위기를 본능적으로 염려하기 때문이다.

두 번째로 그들이 고수하는 가치는 '안정'이다. 기성세대에게 안정이란 단순한 안락함이 아니라 삶을 지탱하는 최후의 방어선이다. 평생직장이라는 신화가 깨지는 과정을 지켜본 이들에게 불확실성은 곧 공포와 다름없다. 하루아침에 동료들이 사라지고 내 자리가 위태로워졌던

트라우마는 이들로 하여금 급격한 혁신보다는 점진적인 개선을 선호하게 만들었다. 변화를 거부하는 것이 아니라 변화의 속도를 제어함으로써 '안정'이라는 기반을 지키려는 의지다. 이는 무너진 뒤에 회복하는 것이 얼마나 고통스러운지를 온몸으로 기억하는 자들만이 가질 수 있는 신중함이다. MZ세대가 "일단 해 보자"라고 외칠 때 기성세대가 "잠깐만 검토해 보자"라고 멈춰 세우는 것은, 그들이 혁신을 몰라서가 아니라 그 혁신이 가져올 리스크의 무게를 대신 짊어지려 하기 때문이다.

세 번째 핵심 축은 '경험'에 대한 절대적인 신뢰다. 기성세대는 정제된 데이터보다 직접 몸으로 겪어 낸 현장의 기억을 더 강력한 근거로 삼는다. 이들에게 경험은 단순한 과거의 조각이 아니라 수많은 시행착오를 필터링하여 얻어 낸 '살아 있는 지식'이다. 매뉴얼대로 되지 않는 현장의 수만 가지 변수를 해결해 온 이들에게 검증되지 않은 새로운 방식은 위험한 도박처럼 보일 뿐이다. 경험 중심의 사고는 디지털 시대에 보수적으로 보일 수 있으나, 결정적인 위기의 순간에는 조직을 지탱하는 든든한 닻 역할을 한다. 이들은 빠르게 달리는 법 대신 폭풍우 속에서도 배를 유지하는 법을 배운 세대다.

기성세대를 이해한다는 것은 그들의 보수성을 비난하는 대신 그들이 무엇을 지키려 하는지를 들여다보는 일이다. 조직 내 갈등은 바로 이 생존 전략의 시차에서 점화된다. 한쪽은 빠른 성과를 통한 효능감을 원하고, 다른 쪽은 장기적 지속성을 통한 집단의 생존을 우선한다. 결국 기성세대의 문법을 이해하는 순간, 조직 내 대화는 비난에서 이성적인 '조정'으로 전환된다. 상대를 변화를 가로막는 장애물로 볼 것인가, 아니면 안정적인 성장을 이끄는 파수꾼으로 볼 것인가는 우리의 이해 수준에

     세대 갈등은 구조의 문제다

달려 있다. 기성세대의 책임과 안정이 MZ세대의 성장과 효율과 만날 때, 조직은 비로소 균형 잡힌 속도로 미래를 향해 나아갈 수 있다.

▶ Case Study1: "검토가 필요해"와 "일단 실행하죠" 사이의 안전망

상황

최신 트렌드를 반영한 파격적인 마케팅 캠페인을 즉시 런칭하려는 MZ세대 이 대리와, 기존 브랜드 이미지와의 충돌을 우려해 신중을 기하는 기성세대 김 상무

경험을 무시한 충돌(불통의 구조)

이 대리: "상무님, 지금 이 타이밍을 놓치면 끝입니다. 경쟁사보다 하루라도 빨리 런칭해야 해요. 왜 자꾸 절차를 따지시는 건가요?"

김 상무: "이 대리, 세상일이 그렇게 의욕만으로 되는 게 아니야. 브랜드 신뢰도가 무너지면 복구하는 데 10년이 걸려. 윗분들 결재도 안 났는데 어떻게 시작하나?"

결과: 이 대리는 상무를 '꼰대'로 낙인찍고 냉소적으로 변하며, 김 상무는 이 대리를 '철없는 사고뭉치'로 규정함.

경험을 자산으로 치환한 설계(협력의 구조)

이 대리: "상무님, 이 캠페인은 속도가 핵심입니다. 다만 상무님께서 우려하시는 브랜드 리스크를 최소화하기 위해 1차적으로 목표 그룹에만 한정해 테스트를 거치려 합니다. 상무님의 과거

유사 사례 경험 비추어 볼 때, 우리가 가장 경계해야 할 변수
가 무엇일까요?"

김 상무: "음, 10년 전에도 비슷한 시도가 있었지. 그때는 고객 지원 시
스템이 준비 안 돼서 역풍을 맞았어. 이번에는 그 부분 매뉴얼
을 먼저 확인하게. 그게 보장되면 나도 승인을 서두르겠네."

결과: 이 대리는 과거의 데이터를 통해 리스크를 보완하고, 김 상무는
자신의 경험이 존중받는 환경에서 후배의 혁신을 적극 지원함.

Case 분석

기성세대에게 '경험'을 묻는 것은 그들의 권위를 인정하는 행위를 넘
어, 조직의 '리스크 데이터'를 추출하는 과정이다. 리더는 자신의 신중함
이 후배의 속도를 늦추는 브레이크가 아니라, 안전한 주행을 돕는 가이
드임을 증명해야 한다. 서로의 생존 문법을 인정할 때 갈등은 비로소 시
너지가 된다.

▶ Case Study2: "사생활 침해"와 "소속감 고취" 사이의 심리적 거리
― '간섭'에서 '지지'로

상황

팀원들과 친해지기 위해 점심시간마다 개인적인 질문(연애, 주말 계
획, 자가 여부 등)을 던지는 박 팀장과, 공사 구분이 명확하지 않은 대화
에 피로감을 느끼는 정 사원

  세대 갈등은 구조의 문제다

배려 없는 친밀감(경계의 침범)

박 팀장: "정 사원, 주말에 뭐 했어? 젊을 때 연애도 많이 하고 그래야지. 요즘 친구들은 왜 그렇게 혼자만 지내려고 해? 나 때는 주말마다 선배들이랑 등산도 가고 다 가족같이 지냈는데 말이야."

정 사원: (웃으며 얼버무리지만 속마음) '팀장님이 제 사생활까지 아실 필요는 없지 않나요? 친해지자는 핑계로 선을 넘으시는 것 같아 불편해요. 점심시간조차 업무의 연장선처럼 느껴지네요.'

결과: 정 사원은 박 팀장과의 대화를 최대한 피하기 위해 점심을 따로 먹거나 이어폰을 끼는 등 방어적인 태도를 보이고, 박 팀장은 정 사원을 '싹싹하지 못한 요즘 애'로 오해함.

맥락 있는 친밀감(심리적 안전감의 설계)

박 팀장: "정 사원, 요즘 업무 적응하느라 에너지를 많이 쓰는 것 같군. 혹시 업무 외적인 시간은 충분히 확보되고 있나?(사생활 대신 컨디션 질문) 내가 팀워크를 위해 점심 대화를 시도하곤 하는데, 혹시 이런 자리가 정 사원에게 휴식을 방해하는 건 아닌지 걱정되네(의도 공유와 배려)."

정 사원: "팀장님, 신경 써 주셔서 감사합니다. 사실 저는 혼자 조용히 재충전하는 시간이 필요한 성향이라 점심시간에는 가급적 개인적인 시간을 가지려 노력하고 있습니다. 대신 업무 시간에는 누구보다 적극적으로 소통하겠습니다."

박 팀장: "그렇군. 정 사원의 성향을 존중하네. 그럼 우리 팀의 '소속감'은 회식이나 사담 대신, 매주 화요일 '성과 공유 세션'에서 서로의

전문성을 칭찬하는 방식으로 다져보자고(구조적 대안 제시)."

결과:　　박 팀장은 정 사원의 개인적 경계를 존중함으로써 신뢰를 얻고, 정 사원은 자신의 성향을 인정해 주는 리더를 위해 업무적 성과로 보답하겠다는 의지를 보임.

Case 분석: 관심의 방향을 '사람의 배경'에서 '사람의 상태'로 전환하라

기성세대의 '애사심'과 '팀워크'는 종종 사적인 영역의 공유를 통해 완성되었다. "우리가 남이가"라는 정서 아래에서 사적인 질문은 관심의 표현이었다. 그러나 MZ세대에게 친밀감은 '나의 고유한 라이프스타일을 침해받지 않는다는 안전함' 위에서 피어난다.

박 팀장의 두 번째 대응이 돋보이는 이유는 질문의 축을 '개인 신상'에서 '심리적 상태 및 업무 환경'으로 옮겼기 때문이다. 상대가 무엇을 좋아하는지 묻기 전에, 상대가 어떤 소통 방식을 편안해하는지 먼저 묻는 것. 이것이 세대 프레임에 갇히지 않고 '개별 인격'으로서 동료를 대하는 리더의 진짜 품격이다. 갈등은 무관심이 아니라 잘못된 방식의 관심에서 시작되기에, 소통의 '온도'보다 '거리'를 먼저 설계하는 지혜가 필요하다.

관계 중심 의사 결정: 기성세대 조직 문화의 숨겨진 중력

조직 내부에서 매일같이 벌어지는 수많은 의사 결정의 장면을 떠올려 보라. 표면적으로 모든 결정은 정교한 데이터와 논리적인 보고서, 차가운 수치와 성과 지표에 의해 내려지는 것처럼 보인다. 합리적인 대안이 선택받고, 최선의 효율을 내는 방향이 승인되는 것이 현대 조직의 상

　　　　　　　　　　　　　세대 갈등은 구조의 문제다

식이자 전제이기 때문이다. 그러나 실제 조직이 박동하는 이면을 깊숙이 들여다보면, 결정의 방향을 트는 진짜 힘은 차가운 논리보다는 보이지 않는 '관계의 중력'과 '맥락의 흐름'에 의해 좌우되는 경우가 압도적이다. 특히 기성세대가 의사 결정의 키를 쥐고 있는 조직에서 이 경향은 더욱 선명하게 드러난다. 그들에게 결정이란 단순히 눈앞의 문제를 해결하는 행위를 넘어, 조직 내 사람과 사람 사이의 신뢰 관계를 조율하고 질서를 유지하는 고도의 정치적·윤리적 행위이기 때문이다.

기성세대가 살아온 조직 환경에서 관계는 곧 자본이자 생존 그 자체였다. 이들에게 신뢰는 문서상의 계약이나 일회적인 성과 수치로 증명되는 것이 아니었다. 수많은 위기와 협력의 과정을 함께 통과하며 쌓아올린 '예측 가능성'이 곧 신뢰의 본질이었다. 그래서 기성세대는 "무엇을 선택할 것인가"보다 "누가 제안했는가"를 본능적으로 먼저 살핀다. 이는 결코 비합리적인 편애나 정치가 아니다. 검증되지 않은 새로운 아이디어가 가진 잠재적 위험 요소보다는, 오랫동안 함께 일하며 책임감을 증명해 온 사람이 가진 '안정성'을 선택하는 것이 조직의 리스크를 관리하는 가장 확실한 방법이라고 학습해 온 결과다. 그들에게 좋은 결정이란 가장 효율적인 선택이 아니라, 조직의 신뢰 구조를 흔들지 않는 '가장 안전한 선택'을 의미한다.

이러한 관계 중심적 사고는 '합의와 조율'이라는 독특한 결정 과정을 만들어 낸다. 기성세대는 갈등을 수면 위로 올려 날카롭게 대립시키기보다, 사전에 맥락을 공유하고 관계를 해치지 않는 범위 내에서 부드럽게 조정하는 이른바 '사전조율(Mawashi)'을 선호한다. 회의실에서의 즉각적인 반박이나 데이터에 기반한 직설적인 문제 제기는 MZ세대에게는 정답을 향한 지름길이지만, 기성세대에게는 상대의 체면을 손상시키고 팀의 화합을 깨뜨리는 공격적 행위로 비춰질 수 있다. 그들이 결정을 내리기까지 긴 시간을 들이고 끊임없이 주변의 의견을 묻는 이유는 결단력이 부족해서가 아니다. 그 결정이 가져올 파장이 조직 내 인간관계의 지형도를 어떻게 바꿀지, 그리고 누가 그 책임을 기꺼이 나누어 짊어지게 될지를 치열하게 계산하는 숙고의 과정인 것이다.

MZ세대가 보기에 이러한 방식은 답답한 비효율의 극치로 보일 수 있다. 문제를 논리적으로 쪼개고 더 나은 대안을 즉시 실행하는 것이 합리적이라고 믿는 이들에게, "상급자의 기분"이나 "유관 부서와의 관계"를 고려해 속도를 늦추는 것은 이해하기 힘든 구습이다. 그러나 기성세대의 관점에서 조직은 단기 성과를 내고 흩어지는 용병 집단이 아니라, 평생을 함께 버텨야 할 공동체였다. 순간의 효율을 위해 관계의 균형을 깨뜨리는 것은 장기적으로 협력의 기반을 무너뜨리는 악수(惡手)라고 판단하는 것이다. 기성세대에게 신뢰는 성과를 만들기 위한 수단이 아니라, 성과가 지속될 수 있게 만드는 뿌리와 같다.

결국 기성세대를 이해한다는 것은 그들의 결정 과정에 숨어 있는 '사람에 대한 배려'와 '조직의 연속성'에 대한 고민을 읽어 내는 것이다. 그들의 신중함은 고집이 아니라 조직을 지키려는 본능이며, 그들의 합의 중시는 우유부단함이 아니라 관계의 훼손을 막으려는 전략이다. 이 차이를 인식하는 순간, 기성세대의 의사 결정은 타파해야 할 구습이 아니라 함께 활용해야 할 소중한 자산으로 보이기 시작한다. 효율을 중시하는 젊은 감각이 관계의 맥락을 존중하는 노련함과 결합될 때, 조직은 단순히 빠른 조직을 넘어 단단하고 지속 가능한 조직으로 진화할 수 있다.

▶ Case Study1: "데이터가 맞는데 왜 안 되죠?"와 "우리는 같이 가야 하네"

상황

기존의 외주 업체를 데이터상 훨씬 저렴하고 유능한 신규 업체로 당장 교체하자는 MZ세대 박 대리와, 기존 업체와의 신의를 강조하며 주저하는 최 부장

논리적 정면충돌(관계의 중력을 무시할 때)

박 대리: "부장님, 이 신규 업체 제안서를 보세요. 비용은 20% 싸고 포트폴리오는 더 훌륭합니다. 기존 업체랑 계속할 이유가 전혀 없는데요?"

최 부장: "박 대리, 일이라는 게 그렇게 숫자로만 되는 게 아니야. 기존 업체가 우리 힘들 때 밤샘 작업해가며 도와준 게 몇 번인데, 이제 와서 돈 좀 싸다고 바로 등을 돌리나?"

결과: 박 대리는 부장이 사적인 감정에 휘둘린다고 생각하고, 부장은 박 대리를 비정한 효율주의자로 보며 갈등이 깊어짐.

맥락의 재설계(신뢰의 인프라를 활용할 때)

박 대리: "부장님 말씀대로 기존 업체가 우리 조직에 기여한 신뢰 자산이 크다는 점을 저도 충분히 이해합니다. 그래서 이번엔 신규 업체로 완전히 바꾸기보다, 기존 업체에 이 데이터를 공유하고 단가 조정을 제안해 보는 건 어떨까요? 그들이 우리와 계속 가고 싶다면 시스템을 업그레이드할 기회를 주는 거죠."

최 부장: "그렇군. 무조건 자르는 게 아니라면 나도 설득해 볼 명분이
　　　　　서네. 기존 업체 대표와 내가 직접 만나서 상생할 방안을 논
　　　　　의해 보지."
결과:　　기존의 관계를 존중하면서도(최 부장의 가치), 조직의 효율성
　　　　　을 높이는(박 대리의 가치) 절충점을 찾아내며 조직 전체의
　　　　　안정을 유지함.

Case 분석

기성세대 리더에게 '관계'는 의사 결정의 방해 요소가 아니라, 그 결정을
현장에서 실제로 작동하게 만드는 '기름'이다. 그들의 관계 중심적 사고를
'부패'나 '지연'으로 매도하기보다, 그 관계망 안에서 새로운 논리가 어떻
게 연착륙할 수 있을지를 고민하는 것이 진정한 조직 설계의 기술이다.

▶ Case Study2: "제가 왜 해야 하죠?"와 "자네가 적임자네"
― '희생'에서 '성취'로

상황

팀 전체의 성과를 위해 누군가는 반드시 맡아야 하지만, 빛은 나지 않
고 품만 많이 드는 '행정 효율화 TF' 운영 업무를 김 대리에게 제안하는
박 팀장

당위성의 충돌(조직 우선주의와 개인 가치주의)

박 팀장: "김 대리, 이번에 우리 본부 행정 시스템 개편 TF가 생겼는데
　　　　　자네가 좀 맡아줘. 다들 기피하는 일이지만 누군가는 해야 하

　　　　　　　　　　　　　　세대 갈등은 구조의 문제다

잖아. 조직원으로서 희생정신을 좀 보여줄 때도 됐지."

김 대리:　(속마음) '희생이요? 제 인사 고과나 경력에는 아무 도움도 안
　　　　　되는 허드렛일 같은데, 왜 제가 독박을 써야 하죠? 팀장님은
　　　　　제 커리어 설계에는 관심이 없으신가요?'

결과:　　김 대리는 업무를 '벌'로 인식하며 소극적으로 임하게 되고,
　　　　　박 팀장은 김 대리를 '팀에 헌신할 줄 모르는 이기적인 팀원'
　　　　　으로 규정하며 갈등의 골이 깊어짐.

동기부여의 재설계(개인의 성장 궤적과 조직의 필요 정렬)

박 팀장:　"김 대리, 이번 TF는 우리 본부 전체의 일하는 방식을 재설계
　　　　　하는 중요한 자리네. 자네가 평소 업무 자동화나 툴 활용에 탁
　　　　　월한 감각이 있다는 걸 알고 있어 이 역할을 제안하려 하네(전
　　　　　문성 인정)."

박 팀장:　"단순한 행정 보조가 아니라, 본부의 비효율을 직접 진단하고
　　　　　'김 대리표 시스템'을 구축할 수 있는 권한을 주겠네. 이 성과
　　　　　는 자네가 내년에 목표로 하는 차세대 리더십 교육 선발 시 강
　　　　　력한 포트폴리오가 될 거야(개인적 가치 제안)."

김 대리:　"아, 단순 지원 업무가 아니라 제 전문성을 발휘할 설계 작업
　　　　　이라면 도전해 보고 싶습니다. 본부 전체 시스템을 만져볼 수
　　　　　있는 기회니 제 커리어에도 큰 자산이 될 것 같네요."

결과:　　김 대리는 업무를 자신의 '전문성 입증 기회'로 전환하여 능동
　　　　　적으로 추진하고, 박 팀장은 팀원의 강점을 활용해 조직의 난
　　　　　제를 해결함.

많은 리더가 "요즘 애들은 궂은일을 안 하려 한다"고 불평한다. 하지만 MZ세대에게 거부당하는 것은 '궂은일' 그 자체가 아니라, 그 일을 통해 얻게 될 '성장의 결핍'이다. 기성세대는 조직이 잘되면 나도 잘된다는 믿음으로 헌신했지만, 후배 세대는 내가 성장해야 조직도 성장한다는 확신 위에서 움직이다.

박 팀장의 두 번째 접근이 성공한 이유는 업무의 성격을 '희생'에서 '전문성 발휘와 포트폴리오 구축'으로 재정의했기 때문이다. 조직의 필요를 개인의 커리어 로드맵과 연결해 주는 '링크 리더십(Link Leadership)'이 발휘될 때, 구성원은 지시받은 자가 아니라 주도하는 설계자로 변화한다. 갈등을 넘어서는 힘은 억지스러운 설득이 아니라, 그 일이 상대의 삶에 어떤 의미를 갖는지 명확히 보여 주는 '의미의 설계'에서 나온다.

조직에서의 역할 인식:
책임을 짊어지는 세대의 사고 구조와 보증인으로서의 삶

조직이라는 거대한 엔진이 단 한 순간도 멈추지 않고 돌아가게 만드는 힘은 과연 어디서 나오는 것일까? 후배 세대가 기성세대 선배들을 바라보며 가장 자주 던지는 의문 중 하나는 "왜 저토록 모든 짐을 혼자 짊어지려 하는가"에 대한 것이다. 업무를 유연하게 위임하고 결과만 확인하기보다, 마지막 순간까지 본인이 직접 숫자 하나하나를 대조해야 직성이 풀리고, 큰 문제가 발생하면 팀원들과 지혜를 나누기보다 스스로 밤을 새워 해결하려는 모습은 디지털 시대의 효율성 관점에서는 다소 답답하거나 비합리적인 고집으로 비춰질 수 있다. 하지만 이러한 기성세대의 태도는 단순한 통제 욕구가 아니다. 그것은 그들이 수십 년간 조직이라는 생태계에서 살아남으며 내면화한 역할에 대한 엄격한 정의, 즉 '책임의 무게를 온전히 견디는 자만이 그 자리에 머물 자격이 있다'는 숭고한 자기 기준에서 비롯된 결과다.

기성세대에게 역할이란 단순히 근로 계약서에 명시된 직무의 범위를 의미하지 않는다. 이들에게 역할은 곧 '책임의 성벽'이며, 직급이 올라간다는 것은 그 성벽을 지키기 위해 감내해야 할 고립과 무게가 늘어남을 의미한다. 직급과 연차는 권력을 행사하는 화려한 왕관이 아니라, 조직에 위기가 닥쳤을 때 가장 먼저 방패를 들고 전면에 나서야 하는 보증인의 순번을 뜻한다. 그렇기에 기성세대는 결정권이 커질수록 짜릿한 권위보다는 "만약 이 일이 잘못될 경우 내가 이 모든 비난과 손실을 감당할 수 있는가"라는 본능적인 공포와 책임감을 먼저 떠올린다. 이 사고 구조 속에서 권한과 책임은 결코 분리될 수 없는 단단한 결속체이며, 권한을 나누는 행위는 곧 자신이 짊어진 책임의 무게를 타인에게 전가하는 비겁한 행위로 비춰질 수 있다.

이러한 책임 중심의 사고는 자연스럽게 경험 기반의 판단을 최우선 순위에 두게 만든다. 실패의 비용이 개인의 생존과 가족의 안위를 위협했던 시대를 관통해 온 이들에게 보고서상의 화려한 수치나 최신 트렌드는 참조용 데이터일 뿐, 신뢰의 근거가 되지는 못한다. 그들이 새로운 시스템이나 혁신적인 제안에 신중한 태도를 보이는 이유는 변화를 거부해서가 아니라, "내가 경험해 보지 않은 방식에 내 책임의 이름을 걸

수 없다”는 정직한 두려움 때문이다. 검증되지 않은 시도로 인해 조직이 흔들릴 경우 그 뒷수습을 결국 본인이 해야 한다는 사실을 누구보다 잘 알고 있기에, 그들은 속도보다 안정성이라는 돌다리를 끊임없이 두드리는 파수꾼의 역할을 자처한다.

기성세대가 업무를 위임하지 못하고 직접 움켜쥐는 모습은 후배들의 눈에는 불신으로 비춰질 수 있으나, 이들의 내면에서는 오히려 후배를 향한 무뚝뚝한 보호인 경우가 많다. 아직 경험이 부족한 후배가 감당하기엔 이 일의 리스크가 너무 크다거나, 일이 잘못되었을 때 후배가 화살을 맞느니 내가 직접 처리하고 책임지는 게 마음 편하다는 논리가 작동하는 것이다. 이는 위임의 기술이 부족한 탓이기도 하지만, 본질적으로는 책임을 나누는 행위 자체가 책임 소재를 흐리게 하여 조직 전체를 위험하게 만든다는 그들만의 리스크 관리 전략이다. 그들에게 책임은 나눌수록 가벼워지는 것이 아니라, 나눌수록 구멍이 숭숭 뚫리는 그물처럼 불안하게 느껴지는 것이다.

반면 MZ세대는 역할을 훨씬 유연하고 기능적으로 정의한다. 이들에게 책임은 개인이 짊어지는 십자가가 아니라, 시스템 안에서 적절히 분산되어야 할 위험관리의 대상이다. 누가 더 잘할 수 있느냐에 따라 역할은 언제든 재조정될 수 있으며, 협업은 효율을 극대화하기 위한 기본값이다. 개인이 모든 짐을 지는 구조는 영웅적이기보다는 비합리적이고 위험해 보일 뿐이다. 여기서 세대 간의 결정적인 인식 차이가 발생한다. 후배는 선배가 권한을 독점한다고 느끼며 불만을 품고, 선배는 후배가 책임의 무게를 회피하려 한다고 오해한다. 한쪽은 효율적인 구조를 말하고, 다른 한쪽은 단단한 주인의식을 요구하고 있는 것이다.

                                    세대 갈등은 구조의 문제다

기성세대의 독특한 역할 인식은 그들이 사랑하는 조직을 지키고 스스로의 가치를 증명하기 위해 선택한 최선의 생존 문법이다. 그들은 스스로를 관리자가 아닌 조직의 보증인으로 설정함으로써 거친 시대를 견뎌왔다. 이제 조직에 필요한 것은 기성세대의 무거운 책임감과 MZ세대의 경쾌한 효율성이 조화를 이루는 지점을 찾는 것이다. 선배의 경험이 리스크를 걸러내는 거름망이 되고, 후배의 유연함이 새로운 성장의 물길을 여는 동력이 될 때, 조직은 비로소 세대라는 한계를 넘어 위대한 성취를 향해 나아갈 수 있다.

▶ Case Study1: "제가 할게요"와 "아직은 내가 해야 해"의 심리적 대치

상황

대형 컨퍼런스 기획의 핵심인 '강연자 섭외 및 예산 조율' 업무를 자신이 맡겠다고 제안하는 MZ세대 김 대리와, 이를 끝까지 본인이 직접 챙기려는 기성세대 이 팀장

권한 독점으로 오해하는 경우(충돌의 구조)

김 대리: "팀장님, 강연자 섭외 업무는 제가 진행하겠습니다. 팀장님 바쁘신데 실무는 저한테 맡겨주세요."

이 팀장: "아냐, 이건 김 대리가 하기엔 좀 무거워. 강연자들과의 관계도 있고 예산은 예민한 문제라 내가 직접 하는 게 속 편해. 김 대리는 자료 조사나 도와줘."

김 대리: (속마음) '나를 못 믿으시는 건가? 언제까지 잡무만 해야 하지? 결국 본인이 다 결정하실 거면서…'

결과:　　　김 대리는 성취감을 잃고 소극적으로 변하며, 이 팀장은 과도한 업무량에 시달리면서도 고립됨.

책임의 보증을 이해한 설계(신뢰의 구조)

김 대리:　"팀장님, 이 업무가 잘못될 경우 팀장님이 짊어지실 리스크가 얼마나 큰지 잘 알고 있습니다. 그래서 제가 1차 안을 짜되, 팀장님이 우려하시는 '예산 초과 리스크'와 '강연자 취소 대비 플랜B'를 리포트에 상세히 담아 매일 보고드리겠습니다. 제가 팀장님의 '실무적 방패'가 되어 드리고 싶습니다."

이 팀장:　"음, 김 대리가 리스크 대비책까지 생각하고 있군. 좋아, 그럼 1차 컨택은 김 대리가 진행하고, 최종 협상 단계에서 내가 투입되는 시나리오로 가 보지. 매일 아침 짧게 상황만 공유해 주게."

결과:　　　김 대리는 핵심 업무를 경험하며 성장하고, 이 팀장은 '통제권'이 아닌 '안정성'을 확보하며 자연스럽게 업무를 위임함.

Case 분석

　기성세대 리더에게 업무를 달라고 요청할 때는 '하고 싶다(욕구)'는 말보다 '책임을 덜어드리겠다(완화)'는 접근이 훨씬 강력하다. 그들이 움켜쥐고 있는 것은 권력이 아니라 '책임에 대한 공포'일지도 모르기 때문이다. 그 공포를 안심으로 설계해 주는 것, 그것이 MZ세대가 기성세대의 운영체제를 해킹하여 자신의 무대로 만드는 최고의 기술이다.

▶ Case Study2: "비효율적인 회의"와 "밀도 있는 공유"의 접점
― '형식'에서 '동기화'로

상황

매일 아침 30분씩 진행되는 대면 스탠딩 회의가 업무 집중도를 흐린 다고 생각하는 이 대리와, 팀원들의 컨디션과 진척도를 직접 눈으로 확인해야 직성이 풀리는 박 팀장

효율 지상주의와 관리 본능의 충돌(단절의 구조)

이 대리: "팀장님, 매일 아침 회의 때문에 업무 흐름이 끊깁니다. 그냥 메신저나 공유 문서로 대체하면 안 될까요? 다들 바쁜데 굳이 모여야 하는 이유를 모르겠습니다."

박 팀장: "이 대리, 사람이 얼굴 보고 이야기하는 거랑 글자로 보는 건 천지 차이야. 요즘 애들은 너무 효율만 따지는데, 그러다 사고 나면 누가 책임질 거야? 조직은 유기적으로 움직여야 해."

결과: 이 대리는 회의 시간을 '시간 낭비'로 규정하며 영혼 없이 참여하고, 박 팀장은 팀원들의 표정이 어둡다며 오히려 회의 시간을 늘려 소통을 강요하는 악순환에 빠짐.

심리적 안전감과 가시성을 결합한 설계(동기화의 구조)

이 대리: "팀장님, 팀장님께서 팀원들의 업무 리스크를 실시간으로 파악하고 싶어 하시는 마음을 잘 알고 있습니다. 다만 대면 회의는 '긴급 사안' 중심으로 10분 내외로 압축하고, 대신 제가 협업 툴에 '일일 운영 현황'을 만들어 팀장님이 언제든 각자의

진행률을 확인하실 수 있게 시스템화해 보면 어떨까요?(관리
자의 불안 해소 제안)"

박 팀장:　"오, 내가 일일이 묻지 않아도 한눈에 볼 수 있는 일일 운영 현
황이라고? 그럼 나도 안심이지. 그럼 대면 회의는 아주 짧게 서
로 인사하고 컨디션 체크하는 정도로만 하고, 구체적인 수치는
일일 운영 현황으로 소통해 보세(가시성 확보를 통한 수용)."

결과:　　이 대리는 오전 집중 업무 시간(Deep Work)을 확보하고, 박
팀장은 정보를 독점하는 대신 투명하게 흐르는 데이터를 보
며 '통제'가 아닌 '지원'의 리더십으로 전환함.

Case 분석: '귀찮음'이 아니라 '더 나은 가시성'을 제안하라

MZ세대가 관습적인 회의나 보고에 저항하는 이유는 단순히 게을러
서가 아니라, 더 효율적인 '동기화(Synchronization)' 방식이 존재한다
는 것을 알기 때문이다. 하지만 기성세대에게 회의는 정보를 나누는 장
소인 동시에, 서로의 '현존'을 확인하며 불안을 잠재우는 심리적 의식이
기도 하다.

이 대리의 두 번째 접근이 성공한 비결은 "회의하기 싫다"는 거부 대
신, "팀장님이 더 편하고 명확하게 상황을 파악할 수 있는 대시보드를
구축해 드리겠다"는 대안을 제시했기 때문이다. 리더의 불안을 시스템
적 안정감으로 치환해 주는 순간, 낡은 관습은 세련된 프로세스로 진화
한다. 갈등은 한쪽이 양보할 때가 아니라, 양쪽의 욕구(효율과 확인)를
동시에 만족시키는 '제3의 구조'가 설계될 때 종결된다.

　　　　　　　　　　　　　　　세대 갈등은 구조의 문제다

Part 3
세대 갈등의 실제 모습

Chapter 5

우리가 매일 겪는 세대 갈등

업무 방식 충돌과 새로운 합의

조직이라는 유기체가 매일 맞닥뜨리는 수많은 현상 중 가장 빈번하면서도 본질적인 갈등의 발화점은 단연 '업무방식'의 차이이다. 같은 사무실에 앉아 동일한 핵심성과지표(KPI-Key Performance Indicator)를 바라보고 있음에도 불구하고, 일을 대하는 태도와 절차를 구성하는 논리는 세대마다 판이하게 다르다. 기성세대가 축적된 경험과 검증된 매뉴얼을 토대로 '완성도 높은 한 번의 실행'을 추구한다면, MZ세대는 실시간 정보와 가설 설정을 바탕으로 '빠른 시도와 지속적인 수정'을 선호한다. 이 격차는 단순한 성격의 차이가 아니라, 각 세대가 정보를 습득하고 위기를 관리해 온 방식이 근본적으로 다르기 때문에 발생한다.

기성세대에게 업무의 미덕은 '숙련'과 '안정성'에 있었다. 이들은 선배의 등을 보며 기술을 익히고, 수직적인 지시 체계 안에서 오차 없는 결과물을 내놓는 것이 조직인의 핵심 역량이라고 배웠다. 실패에 관대하지 않았던 과거의 경제 성장기 모델에서, 한 번의 삐끗함은 개인의 무능을 넘어 조직 전체의 손실로 직결되었다. 따라서 기성세대는 일을 시작하기 전, 예상되는 모든 변수를 사전에 차단하고 단계별 승인 절차를 거치는 것을 당연한 '안전장치'로 여긴다. 이들에게 속도란 완벽한 준비가 끝난 뒤에 비로소 낼 수 있는 가속도이지, 준비 없이 내달리는 무모함이 아니다.

반면 디지털 환경에서 자란 MZ세대에게 업무는 '업데이트'의 연속이다. 이들은 완벽한 계획을 세우는 데 시간을 쓰기보다, 일단 베타 버전을 출시하고 사용자나 시장의 반응에 따라 실시간으로 기능을 수정해 나가는 방식에 익숙하다. 정보는 검색 한 번이면 쏟아지고, 기술은 매달 바뀌는 시대에 '과거의 매뉴얼'은 오히려 혁신의 장애물로 인식되기도 하다. 이들에게 중요한 것은 "얼마나 준비했는가?"가 아니라 "얼마나 유연하게 대응했는가?"다. 결과가 기대에 미치지 못하더라도 이를 빠르게 수정하여 최적의 상태로 도달하는 과정 자체가 그들에게는 가장 효율적인 학습 경로이다.

이러한 인식의 차이는 보고와 소통 문화에서 갈등을 증폭시킨다. 기성세대는 '중간 보고'를 조직의 리스크 관리 차원에서 필수적인 과정으로 보지만, MZ세대는 이를 자율성을 침해하는 불필요한 감시나 신뢰 부족으로 해석하곤 한다. 기성세대 리더가 "어떻게 돼가고 있지?"라고 묻는 것은 방향성을 함께 고민하자는 협력의 제스처이지만, MZ세대 팀원에게는 "나를 믿지 못해서 계속 확인하려 든다"는 압박으로 느껴진다. 반대로 MZ세대가 결과가 나올 때까지 침묵하며 자기 방식대로 일을 추진하는 모습은, 기성세대에게는 통제 불가능한 위험 요소이자 팀워크를 해치는 독단으로 비춰진다.

회의실 풍경 역시 갈등의 전시장이다. 기성세대는 회의를 '합의와 조율의 성소'로 생각한다. 모든 구성원이 모여 의견을 나누고 상급자의 최종 승인을 얻는 형식적 엄숙함이 수반되어야 결정에 힘이 실린다고 믿는다. 그러나 효율을 중시하는 MZ세대에게 긴 회의는 시간 낭비일 뿐입니다. 메신저나 공유 문서를 통해 실시간으로 의견을 주고받으면 충분할 일을, 굳이 한자리에 모여 장시간 토론하는 구조에 의문을 제기한다. 결정이 지연될수록 이들의 업무 몰입도는 급격히 하락하며, 조직이 시대의 속도를 따라가지 못한다는 절망감을 느끼게 된다.

결국 이 갈등의 본질은 '무엇을 위험으로 규정하느냐'의 차이에 있다. 기성세대에게 가장 큰 위험은 '검증되지 않은 시도로 인한 실패'이지만, MZ세대에게 가장 큰 위험은 '느린 결정으로 인한 기회비용의 상실'이다. 한쪽은 돌다리를 두드리다 시간을 보내고, 다른 한쪽은 다리가 완공되기도 전에 강물에 뛰어드는 형국이다. 하지만 조직이 건강하게 생존하기 위해서는 이 두 동력이 모두 필요하다. 기성세대의 신중함은 낭떠러지로 질주하는 차의 브레이크가 되어 주고, MZ세대의 속도감은 정체된 조직을 앞으로 밀어내는 엔진이 되어 주기 때문이다.

조직은 이제 이 두 세대의 방식을 상호 보완적인 혼합방식으로 재설계해야 한다. 초기 아이디어 발산과 빠른 시안제작 단계에서는 MZ세대의 자율성과 속도를 보장해 주되, 대규모 자원이 투입되거나 대외적 신뢰가 걸린 최종 검증 단계에서는 기성세대의 노련한 리스크 관리 능력을 결합하는 식이다. 서로의 방식이 '틀린 것'이 아니라 '다른 학습 곡선'을 가지고 있음을 인정하는 순간, 업무 방식의 충돌은 피로한 감정싸움

 　　　　　　　　　　　세대 갈등은 구조의 문제다

이 아니라 조직의 역량을 다각화하는 풍성한 자원이 될 것이다.

▶ Case Study1: 실무 현장의 대화 사례

상황

신규 서비스 출시를 앞둔 주간 회의

A부장: "자, 이번 프로젝트는 우리 회사 평판이 걸린 중대한 일이야. 지난 5년간의 유사 사례 데이터를 전부 취합해서 리스크 요인을 꼼꼼히 체크해 봐. 기획안도 경영진 보고 전에 팀 내에서 최소 세 번은 교차확인을 거쳐야 해. 속도보다 중요한 건 오차 없는 완벽함이야."(기성세대)

B대리: "부장님, 5년 전 데이터는 지금 트렌드와는 너무 차이가 큽니다. 리스크를 완벽하게 제거하려고 시간을 끌다간 경쟁사에게 시장을 다 뺏길 것 같아요. 일단 핵심 기능만 담은 홍보 페이지를 먼저 오픈해서 실제 유입 반응을 보면서 수정하는 게 훨씬 정확하지 않을까요?"(MZ세대)

A부장: "홍보 페이지부터 열었다가 혹시라도 오류라도 나면 그 책임은 누가 지나? 준비 안 된 모습을 보이는 건 고객에 대한 예의가 아니야. 먼저 프로세스부터 확립하고 움직여."(기성세대)

B대리: (속마음) '실제 데이터도 없이 회의실에 앉아서 프로세스만 짜는 게 무슨 의미가 있지? 결국 아무것도 결정 못 하고 시간만 가겠네.'(MZ세대)

Case 분석

A부장은 '조직의 평판'과 '책임'이라는 가치를 안정성(Stability)에서 찾고 있으며, B대리는 '시장 적응성'과 '데이터'라는 가치를 속도(Agility)에서 찾고 있다. 이 갈등을 해결하려면 "일단 해 보자"거나 "더 검토해라"라는 일방적 지시가 아니라, "그럼 전체의 10% 영역에만 먼저 테스트해 보고, 그 데이터를 바탕으로 부장님이 우려하시는 리스크 요인을 함께 보정해 보는 건 어떨까요?"와 같은 절충적인 업무 구조 설계가 필요하다.

▶ Case Study2: '보고의 형식'과 '정보의 속도'가 충돌할 때
― '문서'에서 '공유'로

상황

주간 실적 및 향후 전략 방향을 보고해야 하는 월요일 오전

팀장: "이 대리, 오늘 보고용 슬라이드는 다 정리됐나? 지난번에 말한 대로 디자인 템플릿 통일하고, 수치 데이터는 출처까지 명확히 기입해줘. 경영진께 보여드리는 자료인데 오타 하나라도 있으면 신뢰가 깨지는 법이야. 폰트 크기랑 줄 간격도 다시 한 번 체크하고 인쇄해서 가져오게."(기성세대 A - 완결성 중시)

대리: "팀장님, 사실 주말 사이에 경쟁사에서 새로운 프로모션을 시작해서 지금 자료를 수정하면 보고 시간에 맞추기 어렵습니다. 굳이 예쁜 슬라이드를 만드는 데 시간을 쓰기보다, 지금 수정한 노션(Notion) 현황판 링크를 공유해 드리고 실시간

세대 갈등은 구조의 문제다

수치를 보면서 회의하는 게 더 생산적이지 않을까요?"(MZ세대 B - 효율성 중시)

팀장:　"링크만 덜렁 보내는 건 예의가 아니지. 그리고 나중에 기록으로 남기려면 정식 문서가 필요해. 격식이 없으면 내용의 무게감도 떨어지는 법이야. 일단 하던 대로 슬라이드로 정리해서 가져와."(기성세대 A - 완결성 중시)

대리:　(속마음) '이미 지나간 수치를 예쁘게 꾸미느라 3시간을 더 써야 한다고? 그 시간에 대응 전략을 하나 더 짜는 게 이익일 텐데. 도대체 누굴 위한 보고서인 거지?'(MZ세대 B - 효율성 중시)

Case 분석: '격식의 안정감'과 '실시간의 유연함'의 정렬

이 갈등의 본질은 업무의 본질을 바라보는 '해상도'의 차이에 있다. A팀장은 보고서를 조직의 체계와 신뢰를 담는 '그릇'으로 보기에 형식의 완결성을 포기할 수 없다. 반면 B대리는 보고서를 의사 결정을 돕는 '도구'로 보기에 정보의 최신성과 제작 효율을 최우선으로 둔다.

성공적인 구조 설계(솔루션): 이때 리더는 "형식이 중요하다"는 훈계 대신, 구성원은 "비효율적이다"라는 반발 대신 다음과 같은 '단계별 보고 구조'를 설계해야 한다.

"팀장님, 경영진 보고용 최종본은 팀장님 말씀대로 격식을 갖춰 완벽하게 준비하겠습니다. 다만, 급변하는 경쟁사 상황을 놓치지 않도록 내부 전략 회의만큼은 실시간 대시보드로 진행하며 의사 결정 속도를 높여 보는 건 어떨까요? 형식은 제가 최종 단계에서 일괄 정리하여 팀장님의 검토 시간을 줄여드리겠습니다."

결국 소통의 기술은 상대를 설득해 굴복시키는 것이 아니다. 상대가 중요하게 여기는 가치(신뢰와 격식)를 훼손하지 않으면서도, 내가 추구하는 효율(속도와 데이터)을 담을 수 있는 '업무의 새로운 인터페이스'를 제안하는 것이다.

말투와 표현의 오해:
언어가 성장의 도구에서 갈등의 흉기가 되는 순간

조직 내에서 발생하는 갈등의 양상을 현미경으로 들여다보듯 세밀히 분석해 보면, 의외로 거창한 가치관의 대립이나 이념의 충돌보다 아주 사소한 '말 한마디'에서 감정의 골이 깊어지는 경우가 압도적이다. 같은 업무 목표를 공유하고 정해진 성과를 향해 함께 달리고 있음에도 불구하고, 대화가 시작되는 순간 한쪽은 본능적으로 방어막을 치고 다른 한쪽은 해소되지 않는 답답함을 호소한다. 이것은 단순히 특정 개인의 성격 결함이나 인성의 문제라기보다, 세대별로 '언어'라는 도구를 사용하는 목적과 그 이면에 흐르는 문법을 해석하는 방식이 다르기 때문에 발생하는 구조적 오해다. 기성세대에게 언어가 주로 업무를 빠르고 정확하게 완수하기 위한 '기능적 도구'였다면, 현대의 후배 세대들에게 언어는 자신의 존재 가치를 인정받고 상대와의 심리적 연결감을 확인하는 '관계적 시그널'로 강력하게 작동한다.

기성세대가 사회화되고 성장해 온 조직 문화의 핵심은 효율성과 명확성이 최고의 가치로 추앙받던 시대였다. 수직적인 위계질서 안에서 상급자의 메시지는 필터 없이 빠르고 정확하게 전달되어야 했으며, 문장

     세대 갈등은 구조의 문제다

속에 섞인 불필요한 수식어나 세밀한 감정적 배려는 오히려 업무의 본질을 흐리고 시간을 낭비하는 군더더기로 치부되었다. 이들에게 "이 부분 바로 수정하세요"라는 말은 문자 그대로 업무상의 오류를 바로잡자는 건조하고 담백한 지시일 뿐이다. 말하는 이의 의도는 오직 '결과물의 완벽함'이라는 좌표에 고정되어 있다. 하지만 이 표현이 관계적 맥락에 극도로 민감한 후배 세대의 귀에 닿는 순간, 문장의 온도는 영하로 급격히 떨어지며 차가운 흉기가 되어 꽂이게 된다. 그들은 문장 자체의 내용보다 그 뒤에 숨겨진 '말투'와 '태도'를 고해상도로 스캐닝하며 화자의 진심을 읽어 내려 하기 때문이다.

현대의 구성원들에게 언어는 단순한 정보 전달 그 이상의 무거운 의미를 지닌다. 이들은 말의 내용인 '무엇(What)'보다 그것이 어떤 분위기에서 어떤 그릇에 담겨 전달되는지인 '어떻게(How)'를 통해 상대가 나를 동료로 존중하는지, 혹은 단순한 도구로 여기는지를 본능적으로 파악한다. 기성세대의 직설적이고 거친 어법은 이들에게 종종 '자신의 능력에 대한 근본적인 의심'이나 '인간적인 존중의 결여'로 심각하게 오독된다. 특히 갈등을 증폭시키는 핵심 기제는 상대를 '문제의 주체'로 규정하는 판단형 언어다. "그건 잘못된 방식이에요"라는 단정적인 표현은 상황에 대한 피드백임에도 불구하고, 듣는 이의 뇌에서는 "당신이라는 사람은 틀렸다"는 인격적 공격으로 치환된다. 이 순간 뇌의 편도체는 즉각적인 생존 위협을 느끼고 방어 기제를 가동하며, 대화는 '해결'을 위한 이성적 논의의 장에서 자신의 '자아'를 지키기 위한 처절한 투쟁의 장으로 변질되고 만다.

일반화의 오류를 담은 언어적 습관들 역시 갈등의 불씨를 키우는 주범으로 꼽힌다. "요즘 친구들은 항상 이런 식이더라" 혹은 "당신은 매번 비슷한 실수를 하네요"와 같은 말은 특정 시점의 단발적인 사건을 개인의 항구적인 성향으로 무자비하게 확장해 버린다. 이는 상대방의 가슴에 지워지지 않는 낙인을 찍는 행위이며, 소통의 의지를 꺾고 대화의 문을 영영 닫게 만드는 결정적인 한마디가 된다. 기성세대는 강조의 의미나 교육적 차원에서 이런 극단적인 표현을 빌려 쓰기도 하지만, 이를 수신하는 입장에서는 자신의 변화 가능성이나 그동안의 노력조차 통째로 부정당하는 참담한 절망감을 느낀다. 또한 갈등이 고조될 때 흔히 쓰이는 "감정은 배제하고 업무적으로만 이야기합시다"라는 말은 겉으로는 차가운 객관성을 유지하는 세련된 태도처럼 보이나, 실제로는 상대가 현재 느끼고 있는 당혹감이나 불편함을 정면으로 거부하는 '정서적 배제'로 작용하여 관계의 피로도를 회복 불가능한 수준으로 높인다.

진정한 소통의 대전환은 언어의 초점을 '사람' 그 자체가 아닌 '상황과 경험'이라는 미시적 실체로 옮기는 데서 시작된다. 상대를 평가하고 재단하는 오만한 언어를 의식적으로 버리고, 내가 실제로 관찰한 사실과 그 사실로 인해 발생한 나의 주관적인 관점을 정직하게 공유하는 구조로 대화를 전면 재설계해야 한다.

판단과 일반화가 커질수록 소통의 안전성은 급격히 하락한다. 반면 사실과 관점으로 대화의 비중을 높일 때, 대화는 비로소 상대를 방어하게 만들지 않으면서도 업무적 목표를 명확히 달성하는 강력한 에너지가 된다. "보고서가 엉망이네요"라는 파괴적인 평가 대신, "이 자료에서 최근 3개월간의 시장 변동 수치가 누락된 것을 발견했습니다. 이로 인해 전체 결론의 설득력이 다소 약해질까 봐 우려되는 마음이 듭니다. 이

　　　　　　　　　　　세대 갈등은 구조의 문제다

부분을 보완하기 위한 대안을 함께 논의해 볼 수 있을까요?"라고 말하는 것이다. 이러한 구조적 접근은 문제를 상대방의 인격이라는 감옥 안에 가두는 것이 아니라, 우리가 함께 해결해야 할 '외부의 과제'로 독립시켜 위치시키기 때문이다.

조직에서의 언어는 관계라는 건물을 짓는 가장 기초적인 건축 자재와 같다. 날카롭고 거친 말은 공들여 쌓아 온 신뢰의 벽을 단숨에 허물어뜨리지만, 정교하고 배려 섞인 표현은 어떤 풍파에도 흔들리지 않는 단단한 토대를 형성한다. 조직의 갈등 비용을 획기적으로 줄이는 가장 경제적이면서도 확실한 전략은 바로 이러한 언어 구조의 체계적인 학습과 훈련이다. 무엇을 말하느냐가 업무의 '내용'과 방향을 결정한다면, 어떻게 말하느냐는 그 업무를 수행하는 '사람의 마음'과 에너지를 결정한다. 결국 사람이 움직이고 마음이 열려야 지속 가능한 성과가 난다는 본질을 이해한다면, 리더의 언어는 단순한 지시와 통보를 넘어 구성원의 영혼에 불을 지피는 동기부여의 가장 강력한 성령이 되어야 한다.

▶ Case Study1: 말투와 표현의 오해 - "낙인"에서 "협력"으로

상황

중요한 마감 기한을 두 번 연속 지키지 못한 김 대리에게 피드백을 전달해야 하는 박 팀장

기성세대 리더의 익숙한 공격(갈등의 흉기)

박 팀장: "김 대리, 이번에도 마감 어겼네? 매번 이렇게 약속을 안 지키면 팀 전체가 곤란해지는 거 몰라요? 책임감이 너무 없는 거

아나? 학교에서 리포트 이렇게 썼어요? 업무적으로만 봅시다. 못 하겠으면 미리 말을 하든가, 사람 피 말리게 하지 말고."

김 대리: (고개를 숙인 채 침묵하지만 속으론 부글거림) '제가 "매번" 그런 것도 아니고, 이번엔 타 부서에서 데이터를 안 줘서 늦어진 건데… 왜 내 인격과 학창 시절까지 들먹이며 망신을 주시지? 도와주지는 않으면서 책임감 타령이라니, 정말 정 떨어진다. 대충 해서 내버려야지.'

결과: 팀장은 김 대리를 '무책임한 낙오자'로 규정하고, 김 대리는 팀장을 '권위적인 폭군'으로 인식하며 심리적 태업 상태에 돌입함.

리모델링된 언어 구조(성장의 도구)

박 팀장: "김 대리님, 오늘 오후 3시까지 제출하기로 한 보고서가 아직 도착하지 않았네요(관찰된 사실). 마감이 늦어지면 이 자료를 기다리는 유관 부서의 다음 주 실행 계획이 모두 뒤로 밀릴까 봐 리더로서 우려가 큽니다(영향력과 감정)."

박 팀장: "혹시 이번 작업 중에 제가 알지 못하는 예상치 못한 장애물이나 어려운 지점이 있었나요? 앞으로는 마감 준수가 어렵다고 판단되는 시점에, 최소 반나절 전이라도 미리 상황을 공유해 주면 좋겠어요. 그래야 우리가 함께 대안을 찾거나 일정을 조율할 수 있으니까요. 어떻게 생각하세요?(원인 파악 및 구체적 제안)"

김 대리: "팀장님, 사실 타 부서 협조가 생각보다 지연되어 제가 조급한 마음에 미리 말씀드리지 못했습니다. 제안해 주신 대로 다

   세대 갈등은 구조의 문제다

음부터는 리스크가 예상될 때 즉시 보고드리고 협조를 요청하겠습니다. 오늘 퇴근 전까지는 반드시 완수하겠습니다.”

결과: 김 대리는 자신의 인격이 아닌 '지연'이라는 현상에 집중하게 되었고, 리더의 제안을 자신을 돕기 위한 가이드로 수용하며 성과를 내기 위해 자발적으로 몰입함.

Case 분석

언어의 온도를 바꾸는 것은 단순히 '착한 사람'이 되기 위한 도덕적 수행이 아니다. 그것은 조직의 생산성을 극대화하고, 인재의 이탈을 막으며, 세대라는 거대한 장벽을 넘어 공동의 목적지로 나아가게 하는 가장 고도의 경영 전략이다. 우리가 사용하는 단어 하나, 문장의 끝맺음 하나를 바꿀 때, 조직의 공기는 달라지고 그 안에서 숨 쉬는 사람들의 태도가 바뀐다. 갈등은 필연적이지만, 그 갈등을 해결하는 언어는 우리의 선택에 달려 있다. 오늘 당신이 내뱉은 말은 동료를 일으켜 세우는 지팡이였습니까, 아니면 그의 의욕을 베어 버린 흉기였습니까? 그 작은 성찰이 위대한 조직으로 가는 첫걸음이다.

▶ Case Study2: 소통의 부재인가, 채널의 불일치인가
— "무례함"에서 "효율"로

상황

업무 중 급한 용무가 생겨 자리에 없는 정 사원에게 메신저를 보냈으나, 1시간째 답장이 없어 화가 난 박 팀장

기성세대 리더의 익숙한 공격(태도의 프레임)

박 팀장: "정 사원, 아까 메신저 보낸 거 안 봤어요? 읽었으면 바로 답
을 해야지, 한 시간이나 묵혀두면 어떡해? 요즘 젊은 친구들
은 기본적인 업무 예절이 안 되어 있는 것 같아. 상사가 물으
면 즉각 반응하는 게 도리 아냐? 본인 편할 때만 소통하려고
하니 팀워크가 깨지는 거야."

정 사원: (당황하며) '집중 근무 시간이라 알림을 꺼두고 보고서 작성
에 몰입하고 있었는데… 무작정 무례하다고 하시니 억울해
요. 메신저가 실시간 채팅도 아니고, 급하면 전화를 하시지
왜 인성 문제로 몰고 가시지?'

결과: 박 팀장은 정 사원을 '위계질서가 없는 사원'으로 낙인찍고,
정 사원은 팀장을 '업무 집중도를 방해하면서 감정적으로 대
응하는 리더'로 여겨 소통을 더 기피하게 됨.

리모델링된 언어 구조(시스템적 합의)

박 팀장: "정 사원님, 아까 보낸 메시지에 한 시간 동안 회신이 없어서
진행 상황을 파악하는 데 어려움이 있었습니다(관찰된 사실).
실시간 피드백이 안 되면 긴급한 의사 결정이 지연될 수 있어
팀 운영에 차질이 생길까 봐 걱정됩니다(영향력과 감정)."

박 팀장: "혹시 집중 업무 시간이라 알림을 확인하지 못한 건가요? 우
리 팀의 소통 규칙을 정했으면 합니다. 집중이 필요할 때 메
신저 상태 창에 '업무 중' 표시를 남겨 주고, 만약 제가 10분
내로 답이 필요한 긴급한 사안일 때는 직접 전화를 할 테니

          세대 갈등은 구조의 문제다

그땐 꼭 받아 주세요. 어떻게 하면 서로의 업무 리듬을 깨지 않으면서 소통할 수 있을까요?(원인 파악 및 시스템 제안)"

정 사원: "팀장님, 보고서 마감이 임박해 알림을 꺼두었습니다. 미리 말씀드리지 못해 죄송합니다. 제안하신 대로 상태 표시 기능을 활용하고, 긴급 상황 시 전화 소통은 적극 수용하겠습니다. 저도 30분 단위로 메신저는 꼭 확인하는 루틴을 만들게요."

결과: 박 팀장은 정 사원의 성실함을 의심하지 않게 되었고, 정 사원은 리더가 자신의 몰입 시간을 존중해 준다는 느낌을 받아 소통 규칙을 더 철저히 준수하게 됨.

Case 분석: '인격'이 아닌 '규칙'을 비추라

위 사례에서 박 팀장은 '메신저 응답 지연'이라는 현상을 'MZ세대의 무례함'이라는 세대적 프레임으로 가두어 공격했다. 하지만 리모델링된 대화에서는 이를 '소통 채널의 운영방식' 문제로 정의한다.

기성세대에게 메신저는 사실상 '디지털 무전기'와 같아서 즉각 응답이 당연시되지만, MZ세대에게 메신저는 '비동기식 소통 도구'로서 업무 효율을 위해 선택적으로 확인하는 대상일 수 있다. 이 가치관의 차이를 '예의'라는 추상적인 단어로 해결하려 하면 감정의 골만 깊어진다.

대신 '긴급도에 따른 소통 채널의 분리'라는 구조적 해결책을 제시하라. 리더가 감정적 폭발 대신 시스템적 대안을 내놓을 때, 구성원은 방어 기제를 내려놓고 조직의 흐름에 자신을 기꺼이 동기화(Synchronization)하게 된다.

피드백 갈등: 처벌의 기억과 학습의 열망이 충돌하는 지점

조직 내에서 세대 간의 긴장감이 가장 날카롭게 고조되는 순간은 단연 성과에 대한 평가나 업무적 피드백이 오갈 때다. 평소 원만하게 협업하던 관계조차 피드백 한 마디에 급격히 얼어붙거나 감정적 소용돌이에 휘말리는 현상은 오늘날 많은 리더와 팀원들이 겪는 고질적인 통증이다. 이러한 충돌은 단순히 개인의 성격이 예민하거나 권위적이기 때문에 발생하는 것이 아니다. 그 본질은 두 세대가 피드백이라는 행위를 해석하고 처리하는 '심리적 시스템' 자체가 근본적으로 다르다는 데 있다. 우리는 지금, 서로 다른 시대적 배경에서 설계된 두 개의 운영체제가 하나의 소통 창구에서 충돌하는 광경을 목격하고 있는 셈이다.

기성세대가 조직에 첫발을 내디뎠을 때 그들을 맞이한 것은 이른바 '처벌 중심의 시스템'이었다. 당시의 조직 구조에서 실수는 개선의 여지가 아니라 책임 추궁의 명분이었고, 상급자의 지적은 발전을 위한 조언이라기보다 질서를 유지하기 위한 강력한 통제 수단에 가까웠다. 피드백의 목적은 더 잘하게 만드는 것이 아니라, 다시는 틀리지 않게 만드는 '교정'과 '관리'에 집중되어 있었다. 실패의 비용이 생존을 위협하던 시대를 살아온 이들에게 피드백은 견뎌야 할 통과 의례였으며, 그 과정에서 발생하는 개인의 감정은 업무 효율을 저해하는 불필요한 노이즈로 취급되었다.

반면 MZ세대가 성장하며 마주한 환경은 상대적으로 '학습 중심의 시스템'에 가깝다. 디지털 플랫폼과 온라인 커뮤니티에서 이들은 끊임없이 수정하고 업데이트하며 버전을 높여가는 경험을 일상화했다. 실수

     세대 갈등은 구조의 문제다

는 실패가 아니라 더 나은 결과물을 위한 데이터로 해석되었고, 피드백은 나를 억누르는 힘이 아니라 나라는 존재를 업그레이드하기 위한 필수자원(Resource)으로 인식되었습니다. 따라서 이들에게 피드백은 존재 여부보다 '전달 방식'이 훨씬 중요하다. 존중과 납득 가능한 근거, 그리고 함께 성장할 수 있다는 신뢰가 전제될 때 비로소 피드백은 강력한 동기 부여의 엔진으로 작동하기 시작한다.

이러한 시스템의 차이는 피드백을 수용하는 정체성의 구조까지 바꾸어 놓았다. 기성세대는 자신을 '조직의 부품이자 역할의 수행자'로 정의하는 경향이 강하다. 따라서 업무적 지적을 받아도 그것을 나라는 인간에 대한 평가가 아니라, 내가 맡은 '역할'에 대한 수정 신호로 담담하게 받아들인다. 하지만 MZ세대는 '개인 중심의 정체성'을 지니고 있다. 역할 수행 이전에 나라는 개인이 존재하며, 조직 안에서도 인간적인 존중이 유지되어야 한다고 믿는다. 이들에게 업무 피드백은 자칫 자신의 정체성과 가치에 대한 신호로 확대 해석되기 쉽기에, 기성세대의 무심하고 건조한 지적은 종종 영혼을 깎아 내는 날카로운 흉기로 돌변하곤 한다.

피드백 갈등이 지속되면 조직은 침묵이라는 치명적인 질병에 걸리게 된다. 기성세대는 "요즘 애들은 지적 한 마디를 못 참는다"며 입을 닫고, MZ세대는 "어차피 말해도 바뀌지 않고 상처만 받는다"며 마음을 닫는다. 이를 해결하기 위해서는 피드백의 정의를 '처벌'에서 '학습'으로 완전히 재설계해야 한다. 문제를 개인의 결함으로 귀속시키지 않고 과정과 구조의 개선 포인트로 전환하는 문법이 필요하다. 지적은 평가가 아닌 정보로, 수정은 벌이 아닌 더 나은 선택지로 제시될 때 비로소 세대 간의 대화는 성장을 향한 협력으로 진화할 수 있다.

▶ Case Study1: 피드백 갈등의 실제 현장

상황

보고서의 논리가 부족하여 전면 수정을 지시하는 팀장과 팀원

A 팀장: "이 보고서, 다시 생각해 보세요. 상식적으로 말이 안 되는 부분이 많습니다. 제가 몇 번을 말해야 알겠습니까? 이건 너무 기본이 안 돼 있네요. 그냥 제가 시킨 대로 하세요."(기성세대)

B 대리: "팀장님, 제가 나름대로 최신 데이터를 반영해서 정리한 건데 어떤 부분이 상식 밖이라는 말씀이신지…(속마음: 내 상식이 잘못됐다는 건가? 인격적으로 무시당하는 기분이라 더는 의욕이 안 난다.)"(MZ세대)

A 팀장: 보고서의 논리적 허점을 빠르게 바로잡고, 업무의 기본기를 강조하여 결과물의 수준을 높이려 함. (의도)

B 대리: 자신의 사고방식과 기본 소양 전체를 부정당했다고 느끼며, 구체적인 가이드 없이 감정적으로 억압받는다고 판단함. (해석)

솔루션: 성장형 피드백으로의 전환

"이 보고서에서 제안한 방향은 창의적이라 좋았습니다. 다만, 제 관점에서는 결론과 데이터 사이의 연결 고리가 조금 약해 보여요. 우리가 같은 목표를 보고 있다는 점은 분명하니, 이 논리 구조를 어떻게 보완하면 경영진을 더 잘 설득할 수 있을지 같이 고민해 볼까요? 제가 느낀 아쉬운 점들을 구체적으로 말씀드릴 테니, 다른 대안도 함께 생각해 보죠."

세대 갈등은 구조의 문제다

▶ Case Study2: '성실'의 정의와 '성과'의 측정 방식
― '과정'에서 '결과'로

상황

업무 효율이 좋아 남들보다 일찍 업무를 끝내고 개인 공부를 하거나 정시 퇴근하는 정 사원을 보는 박 팀장

A 팀장: "정 사원, 요즘 일이 좀 여유로운가 봐? 업무 시간에 책을 보거나 매번 칼퇴근하는 모습이 좋아 보이진 않네. 팀 전체가 바쁜 시즌에는 조금 더 주변을 살피고 일을 찾아보려는 태도가 필요하지 않겠어? 나 때는 일이 없어도 선배들 도와줄 게 없는지 물어보곤 했는데 말이야."(기성세대-성실함을 태도로 판단)

B 사원: (당황하며) "팀장님, 제가 이번 주에 맡은 업무는 이미 화요일에 다 끝냈고, 보고서도 오타 하나 없이 제출했습니다. 제 할 일을 완벽히 끝낸 뒤에 남는 시간을 자기계발에 쓰는 게 왜 '불성실'로 비치는지 모르겠어요. 제가 일을 덜 했거나 성과가 부족한 부분이 있을까요?"(MZ세대-성과를 데이터로 증명)

A 팀장: 조직의 일원으로서 동료들과 보조를 맞추고, 업무에 대한 열정과 헌신적인 태도를 보여 주길 기대함. (의도)

B 사원: 결과로 모든 것을 증명했음에도 불구하고, 단지 '자리에 앉아 있는 시간'이나 '보여 주기식 태도'로 자신을 평가하려 한다고 느끼며 불합리함을 경험함. (해석)

솔루션: '태도'의 지적이 아닌 '목표'의 확장으로의 전환

이 갈등을 해결하기 위해서는 '성실'이라는 모호한 가치를 '성과 창출'이라는 구체적 목표로 재설계해야 합니다. 팀장은 정 사원의 효율성을 인정하되, 남는 에너지를 조직에 더 기여할 수 있는 방향으로 가이드해야 합니다.

"정 사원님, 업무 처리 속도가 굉장히 빠르고 정확해서 우리 팀의 전체적인 속도 향상에 큰 도움이 되고 있습니다(성과 인정). 정 사원님처럼 효율적인 분이 남는 시간에 단순 공부를 넘어, 우리 팀의 '업무 처리 과정 자동화' 같은 프로젝트를 주도해 보면 어떨까요?(역량 확장 제안) 그렇게 된다면 정 사원님의 역량도 증명되고, 팀원 전체의 업무 시간도 단축될 수 있을 것 같아 기대가 큽니다. 이 부분에 대해 정 사원님의 생각을 듣고 싶네요."

Case 분석: '인성'을 건드리지 말고 '시스템'을 건드려라

위 사례에서 박 팀장은 정 사원의 '태도'를 지적하며 갈등을 키웠지만, 솔루션에서는 정 사원의 '유능함'을 조직의 시스템 개선으로 연결했다. MZ세대는 "열심히 해라"라는 말에는 움직이지 않지만, "당신의 유능함으로 이 시스템을 혁신해 달라"는 구체적인 미션에는 강력한 성취 동기를 느낀다.

리더는 구성원의 시간을 통제하는 감시자가 아니라, 구성원의 역량이 흐를 수 있는 물길을 터주는 '구조 설계자'가 되어야 한다. 갈등은 서로의 가치관이 부딪칠 때 발생하지만, 협력은 서로의 강점이 맞물리는 지점을 찾을 때 비로소 시작된다.

세대 갈등은 구조의 문제다

▶ 피드백의 언어를 바꾸는 1주일의 약속

말의 내용은 같아도 관계의 온도는 완전히 달라진다. 아래의 문장들을 통해 조직의 운영체제를 처벌에서 학습으로 교체해 보십시오.

갈등 유발형 문장(지양해야 할 표현)

그건 아닌 것 같네요. 요즘 세대는 왜 그런가요? 예전엔 다 이렇게 했습니다. 다시 생각해 보세요. 그건 상식 아닙니까? 제가 몇 번이나 말했죠? 그걸 왜 굳이 그렇게 했어요? 이건 너무 기본이 안 돼 있네요. 그냥 시킨 대로 하세요. 제 기준에서는 이해가 안 됩니다. 책임감이 좀 부족한 것 같아요. 이 정도는 알아서 해야죠. 그 방식은 비효율적이에요. 그런 태도는 사회생활에 도움이 안 됩니다. 다들 이렇게 하는데 왜 당신만 그렇죠?

성장형 피드백 문장(지향해야 할 표현)

이 부분은 이렇게 바꾸면 더 시너지가 날 것 같아요. 제 관점에서는 이런 점이 새롭게 보였습니다. 의도는 충분히 이해됩니다. 다만 결과의 방향을 조금만 조정해 볼까요? 우리가 같은 목표를 향해 가고 있다는 점이 중요합니다. 이 방식도 가능할지 함께 검토해 보고 싶어요. 제가 느낀 점을 솔직하고 건설적으로 공유해도 될까요? 이 부분의 장점은 살리되, 여기를 보완하면 완벽하겠습니다. 제 기준과 조금 차이가 있어 조율이 필요할 것 같습니다. 이런 방향으로도 시야를 넓혀볼 수 있을까요? 제 입장에서는 이렇게 해석되었습니다. 이 부분은 아쉬웠지만, 이런 시도는 매우 좋았습니다. 결과를 더 좋게 만들 수 있는 최선의 방법을 같이 찾고 싶습니다. 지금 방식도 의미가 있지만 다른 대안도 한 번 고려해 보죠. 저는 이런 의도가 아닐까 생각했는데 제 짐작이 맞을까요? 서로의 기준이 조금 다른 것 같으니 이번 기회에 한번 맞춰보면 좋겠습니다.

권위와 수평성:
세대 갈등의 또 다른 뿌리와 인식의 대전환

조직 내부에서 발생하는 세대 갈등을 가장 깊숙이 파고들면, 결국 그 뿌리에는 '권위'를 어떻게 정의하고 수용하는가에 대한 인식의 괴리가 자리하고 있다. 누구의 목소리가 조직의 기준이 되는지, 어떤 방식의 지시가 정당성을 얻는지, 그리고 왜 어떤 결정은 기꺼이 따르고 어떤 결정에는 의문을 제기하는지. 이 모든 질문은 단순히 개인의 성격이나 예의의 문제가 아니라, 각 세대가 사회화 과정을 통해 학습해 온 권위 구조의 차이에서 비롯된다. 우리는 지금 위계를 통해 질서를 세우려는 세대와 합리성을 통해 가치를 증명하려는 세대가 한 공간에서 서로의 정당성을 묻고 있는 현장을 목격하고 있다.

기성세대에게 권위는 조직이라는 구조 그 자체에 내재된 속성이었다. 직급과 연차, 그리고 일련의 위계는 단순한 서열이 아니라 조직을 지탱하고 혼란을 방지하는 핵심적인 안전장치였다. 이들에게 상사의 지시는 개인의 사견이 아니라 조직 전체가 합의한 방향성의 표출이었으며, 이를 존중하고 따르는 것은 공동체의 일원으로서 갖춰야 할 가장 기본적인 소양이자 신뢰의 척도였다. 기성세대가 경험한 조직에서 권위는 획득하는 것이 아니라 이미 주어진 전제였으며, 이 구조를 준수함으로써 조직은 책임 소재를 명확히 하고 거대한 위기 상황에서도 일사불란하게 대처할 수 있는 동력을 얻었다.

반면 MZ세대에게 권위는 타이틀이나 위치가 아니라 '전문성'과 '합리적 설득'에서 나온다. 이들은 단순히 직급이 높다는 이유만으로 누군가의 말을 무조건적으로 수용하지 않는다. 그 지시가 데이터에 기반하고 있는지, 목적이 투명한지, 그리고 그것을 말하는 사람이 실제로 그 분야에서 배울 점이 있는지를 끊임없이 검증한다. MZ세대에게 존중은 자동으로 주어지는 기본값이 아니라 상호적인 상호작용을 통해 점진적으로 형성되는 변수이다. 이들에게 질문은 무례함의 표현이 아니라 업무를 완벽하게 이해하고 책임 있게 완수하려는 열망의 산물이다. 맥락이 거세된 지시는 이들에게 권위가 아닌 '권위주의'로 비춰지며, 이는 곧 동기부여의 상실로 이어진다.

이러한 인식의 차이는 실무 현장에서 수많은 오해의 파편을 만들어낸다. 기성세대 리더가 "이 계획대로 진행해"라고 단호하게 말할 때, 그는 자신이 짊어질 책임의 무게를 담아 결론을 내린 것이다. 그러나 MZ세대 팀원이 "왜 이 방식이 최선인지 설명해 주실 수 있나요?"라고 되묻는 순간, 리더는 자신의 결정권에 대한 도전으로 받아들여 당혹감을 느낀다. 하지만 팀원의 의도는 리더를 깎아내리려는 것이 아니다. 자신이 수행할 업무의 '왜(Why)'가 해소되지 않으면 몰입할 수 없는 세대적 특성이 발현된 것뿐이다. 한쪽은 질서를 통해 신뢰를 구축하려 하고, 다른 한쪽은 논리적 동기화를 통해 신뢰를 확인하려 한다.

진정한 문제는 이 차이를 '태도'나 '인성'의 문제로 치부할 때 발생한다. 기성세대는 후배들을 '기본이 없고 이기적인 집단'으로 낙인찍고, MZ세대는 선배들을 '소통 불능의 꼰대'로 규정해 버린다. 그러나 권위와 수평성은 이분법적으로 선택해야 할 가치가 아니다. 모든 결정이 끝없는 토론으로 지연되어서도 안 되지만, 모든 지시가 군사 작전처럼 일방적이어서도 안 된다. 위계는 책임의 경계를 긋기 위해 존재하고, 수평성은 집단 지성을 끌어내기 위해 존재한다. 조직이 이 두 가치를 적절히 배합할 때, 권위는 억압이 아니라 든든한 가이드라인이 되고 수평성은 혼란이 아니라 자발적인 참여의 장이 된다.

기성세대에게 필요한 변화는 자신의 권위를 '설득의 언어'로 재포장하는 것이다. 지시의 결과물만 던지는 것이 아니라, 그 판단에 이르기까지의 맥락과 배경을 짧게라도 공유하는 노력이 필요하다. "내가 책임질 테니 해"라는 말보다 "현재 시장 상황과 우리 팀의 자원을 고려했을 때 이 방향이 위험 가장 적다고 판단했네"라는 설명이 덧붙여질 때, 권위는 자연스럽게 존경으로 치환된다. 동시에 MZ세대는 모든 위계적 지시를 부정적으로만 볼 것이 아니라, 그것이 조직 전체의 안정과 속도를 위해 작동하는 '구조적 장치'임을 이해할 필요가 있다. 질문을 하되 그 방식이 상대의 경험을 존중하는 태도 위에서 이루어질 때, 대화는 갈등이 아닌 협력의 문을 연다.

▶ Case Study1: 권위와 수평성의 동상이몽

상황

팀장이 결정한 마케팅 시안에 대해 실무자가 의문을 제기하는 상황

　　　　　　　　세대 갈등은 구조의 문제다

A 팀장: "이번 캠페인은 지난번 성공했던 B안을 변형해서 가는 걸로
        확정했네. 이미 유관 부서랑 협의 끝났으니 바로 실행 준비
        하게."(기성세대)

B 대리: "팀장님, B안은 1년 전 트렌드라 지금은 반응이 다를 것 같
        습니다. 혹시 새로운 C안으로 테스트해 본 뒤 결정하면 안 될
        까요? 왜 군이 과거 방식을 고수하시는지 궁금합니다."(MZ
        세대)

A 팀장: '이미 내가 리스크 검토 다 끝내고 결정한 일인데, 어디서 배
        운 지 얼마 안 된 친구가 기본도 없이 따지고 드는 거지? 내
        결정권에 대한 도전인가?'(속마음)

B 대리: '데이터상으로는 C안이 훨씬 유리한데, 왜 이유도 설명 안 해
        주고 무조건 시킨 대로 하라는 거지? 팀장님은 변화를 너무
        두려워하시는 것 같아.'(속마음)

솔루션: 인식의 전환과 대화법

A 팀장: "B안을 선택한 이유는 단순한 답습이 아니라, 이번 프로젝트
        의 핵심이 '도전'보다 '기존 고객 유지'에 있기 때문이네. 자네
        가 제안한 C안의 창의성은 높이 평가하지만, 예산과 기간의
        제약을 고려해 이번엔 안정성을 택한 거야. 이 맥락에서 자네
        의 감각을 B안에 어떻게 녹여낼지 고민해 봐 주게."(팀장의
        접근)

B 대리: "팀장님께서 B안으로 결정하신 데는 분명 전략적인 이유가
        있을 거라고 생각합니다. 다만 실무자 입장에서 최근 유입 데

이터를 보니 C안의 가능성도 무시하기 어려워 질문드렸습니다. B안으로 진행하되, C안의 장점을 일부 반영할 수 있는 여지가 있을까요?"(대리의 접근)

▶ Case Study2: 소속감과 자율성의 충돌 — '공동체'에서 '공헌'으로

상황

팀워크 강화를 위해 매달 1회 토요일 오전에 산행을 제안한 박 팀장과, 개인의 휴식권을 중요하게 여기는 최 주임

A 팀장: "요즘 우리 팀원들끼리 서먹한 것 같아서 이번 달엔 다 같이 산행을 가기로 했네. 주말 반납이 쉽진 않겠지만, 땀 흘리고 산 정상에서 막걸리 한잔하면 진짜 한 가족이 되는 거야. 이게 다 우리 팀 단합을 위한 거니까 즐겁게 동참하게."(기성세대 - 공동체 의식 강조)

B 주임: "팀장님, 저는 주말에는 온전히 쉬어야 월요일에 업무 몰입도가 올라갑니다. 등산이 팀워크에 도움이 된다는 데이터도 없는데, 왜 개인 시간을 희생해야 하는지 이해하기 어렵습니다. 참여하지 않으면 팀워크를 해치는 사람이 되는 건가요?"(MZ세대 - 자율적 성취 강조)

A 팀장: '조직의 리더로서 팀 분위기를 살려보려는 내 진심이 무시당하는 기분이야. 요즘 애들은 참 이기적이고, "우리"라는 개념이 전혀 없네.'

B 주임: '친목을 왜 회사 밖에서, 그것도 등산으로 증명해야 하지? 업

　　　　　　　　세대 갈등은 구조의 문제다

무 시간 내에 서로를 돕는 게 진짜 팀워크 아닌가? 이런 강제적인 행사는 오히려 팀에 정을 떨어뜨려요.'(속마음)

솔루선: '감정적 화합'이 아닌 '업무적 지지'의 구조 설계

이 갈등의 본질은 '소속감을 확인하는 방식'의 차이에 있습니다. A 팀장은 비공식적 만남과 정서적 유대를 통해 신뢰를 쌓으려 하고, B 주임은 공식적 성과와 서로의 전문성을 존중하는 환경에서 소속감을 느낍니다.

성공적인 구조 설계(솔루션): 팀장은 '등산'이라는 방식을 철회하되, 주임은 '팀워크'라는 목적 자체를 부정하지 않는 대안을 찾아야 합니다.

A 팀장: "정 사원의 개인 시간을 존중하지 못한 것 같아 미안하네. 내가 원한 건 산행 그 자체가 아니라, 우리가 업무 외적으로도 서로의 고민을 들어줄 여유가 필요하다는 거였어. 주말 산행 대신, 매주 목요일 점심시간에 맛집을 탐방하며 가볍게 대화하는 '소통 런치'로 전환해 보면 어떨까? 식사비는 팀 운영비로 지원하겠네."

B 주임: "팀장님께서 우리 팀의 결속력을 걱정하시는 마음은 충분히 공감합니다. 다만 저는 산행보다는 업무 중 발생하는 병목 현상을 서로 해결해 주는 '협업 세션'을 가질 때 동료애를 더 느낍니다. 등산 대신, 한 달에 한 번 오후 업무 시간을 할애해 각자의 업무 고충을 나누고 도와주는 '워크숍' 시간을 가져보는 건 어떨까요?"

Case 분석: '가족'이 아닌 '프로 선수단'의 문법을 따라라

과거에는 조직을 '가족'으로 정의하며 사생활의 경계를 허무는 것이 미덕이었으나, 지금의 세대는 조직을 공동의 목표를 향해 뛰는 '프로 스포츠 팀'으로 인식한다. 프로 선수들이 비시즌에 각자 훈련하면서도 경기장에서 완벽한 호흡을 맞추듯, 이들에게 필요한 것은 감정적 밀착이 아니라 '업무적 신뢰'다.

리더는 구성원을 감정적으로 통제하려 들지 말고, 그들이 조직 안에서 자신의 유능함을 발휘하고 존중받는다는 느낌(소속감)을 가질 수 있도록 소통의 채널을 시스템화해야 한다. 갈등은 서로의 문법이 다를 때 생기지만, 해결은 서로가 동의할 수 있는 '제3의 규칙'을 함께 설계할 때 이루어진다.

Chapter 6

세대 갈등 자가 진단

갈등의 거울 앞에서 나를 마주하다

조직 내에서 발생하는 세대 갈등은 언제나 '상대세대'의 결함이나 독특함 때문인 것처럼 느껴지기 마련이다. 상급자들은 "요즘 애들은 도무지 속을 모르겠고 참을성이 없다"고 한탄하며, 하급자들은 "윗사람들은 변화를 거부하고 자신들의 방식만 강요한다"며 벽을 마주한 기분을 호소한다. 비난의 방향은 서로 다르지만, 그 내면의 구조는 놀라울 정도로 닮아 있다. 즉, 갈등의 원인을 오직 외부에서만 찾으려 한다는 점이다. 우리는 타인의 단점을 분석하고 비판하는 데는 매우 정교한 논리를 발휘하지만, 정작 갈등의 한 축을 담당하고 있는 자신의 말투와 반응, 그리고 무의식적인 태도를 돌아보는 데는 지독히도 서툴다. 그 결과 갈등은 해결되지 않은 채 매일 반복되고, 감정의 앙금은 층층이 쌓여 조직의 혈관을 막는 혈전이 된다.

실제 비즈니스 현장에서 목격되는 갈등의 상당 부분은 세대차이 그 자체보다 '자기인식(Self-Awareness)'의 부재에서 임계점을 넘는다. 동일한 피드백 앞에서도 누군가는 성장을 위한 밑거름으로 삼지만, 누군가는 치유하기 힘든 인격적 모독으로 받아들인다. 누군가는 팀을 위한 배려였다고 믿으며 건넨 조언이, 상대에게는 숨 막히는 압박과 권위주의로 읽히기도 한다. 이러한 간극은 단순히 성격이 예민하냐 둔감하냐의 문제가 아니다. 자신이 어떤 주파수로 소통하는 사람인지, 나의 메시지가 상대의 필터를 통과할 때 어떤 색깔로 변하는지에 대한 근본적인 이해가 부족하기 때문에 발생하는 현상이다.

이 장이 여러분에게 제안하는 여정은 명확하다. 상대를 변화시키기 위해 소모적인 에너지를 쓰기 전에, 내가 어떤 방식으로 말하고, 듣고, 반응하는 '소통의 주체'인지 먼저 객관적으로 응시하는 것이다. 갈등은 우발적인 사고가 아니라 특정한 행동의 '패턴'이다. 그리고 모든 패턴은 인식되는 그 순간부터 조정과 수정이 가능해진다. 자신을 투명하게 들여다보지 못한 채 상대의 변화만을 촉구하는 시도는 메아리 없는 외침으로 끝날 가능성이 크다. 반대로 나의 소통 스타일과 한계를 명확히 인지하는 순간, 우리는 똑같은 갈등 상황에서도 자동 반사적인 화를 내는 대신 전혀 다른 성숙한 선택을 내릴 수 있게 된다.

대부분의 사람들은 자신의 '의도'를 기준으로 소통의 성패를 평가하곤 한다. "나는 정말 잘해 주려고 한 말인데 왜 저렇게 반응할까?" 혹은 "나는 그저 솔직했을 뿐인데 왜 예민하게 받아들일까?"라는 질문들이 그 증거다. 하지만 소통의 세계에서 주권은 말하는 자의 의도가 아니라 듣는 자의 '인상'에 있다. 내가 아무리 따뜻한 마음으로 독설을 내뱉었다 한들, 상대가 치명적인 상처를 입었다면 그것은 실패한 소통이며 파괴적인 공격일 뿐이다. 우리는 자신이 무엇을 말했는지만 기억할 뿐, 자신

　　　　　　　　세대 갈등은 구조의 문제다

의 표정과 톤이 상대에게 어떤 정서적 지형을 만들어 냈는지는 쉽게 망각한다. 이 지독한 인지적 편향이 바로 세대 갈등을 영속시키는 거대한 벽이 된다.

자신의 소통 스타일을 이해하는 것은 갈등관리 라는 복잡한 고차 방정식을 푸는 첫 번째 단추다. 소통 유형에는 절대적인 선과 악이 존재하지 않는다. 문제는 유형 그 자체가 아니라, 자신의 유형이 가진 맹점을 모른 채 동일한 실수를 반복하는 관성에 있다. 직진형 소통 스타일을 가진 이들은 명쾌하고 추진력이 넘치지만, 때로는 타인의 감정적 완충지대를 짓밟으며 지나가는 탱크와 같다. 이들에게 필요한 것은 사실의 나열 뒤에 '관계의 신호'를 단 한 줄이라도 덧붙이는 여유다. "이 부분은 수정이 필요합니다"라는 차가운 문장 뒤에 "고생한 흔적이 역력하네요"라는 따뜻한 인정 한 마디가 붙을 때, 소통의 결과값은 기하급수적으로 달라진다.

반면 갈등을 회피하고 부드러운 분위기만을 고수하는 이들은 조직의 평화를 유지하는 듯 보이지만, 정작 해결해야 할 핵심 문제를 뒤로 미루어 화를 키우기도 한다. 이들에게 필요한 것은 '불편함을 견디는 용기'와 그것을 '우아하게 표현하는 기술'이다. 침묵하는 배려보다는, 부드러운 언어로 정곡을 찌르는 정직함이 장기적으로는 조직의 신뢰를 더 깊게 만든다. 공감과 의견은 상충하는 가치가 아니다. 타인의 마음을 충분히 읽어 주면서도 자신의 관점을 명확히 밝히는 '단호한 친절함'이 세대 간의 가교 역할을 수행하는 리더의 핵심 덕목이 된다.

자가 진단의 핵심은 자신을 어떤 틀에 가두어 평가하는 것이 아니라, 현재 나의 소통 방식이 조직 내에서 어느 정도의 '감정 에너지'를 소모시키고 있는지 확인하는 데 있다. 만약 다른 세대와 대화한 뒤에 유독 진이 빠지거나, 상대의 말투 하나하나에 날카로운 신경이 쓰인다면 그것은 현재의 소통 엔진에 과부하가 걸렸다는 신호다. 이는 누구의 잘못을 따지기 위한 지표가 아니라, 더 지속 가능한 소통 방식을 설계하기 위한 기초 설계도다. 세대 감수성이 우수한 수준에 도달한다는 것은 갈등이 없는 상태를 말하는 것이 아니라, 갈등이 발생했을 때 이를 조직의 성장 동력으로 전환할 수 있는 여유와 기술을 가졌음을 의미한다.

▶ Case Study1: 의도와 인상의 괴리

상황

프로젝트 결과물에 대해 팀장이 피드백을 주는 장면

A 팀장: "이 기획안은 논리적 근거가 너무 부족해요. 데이터 보완해서 내일 아침까지 다시 가져오세요. 이대로는 통과 못 합니다." (직진형)

B 팀원: "아… 네, 알겠습니다(속마음: 밤새 고민해서 만든 기획안인데, 수고했다는 말 한마디 없이 바로 부족하다고만 하시네. 내 능력 자체를 의심하시는 건가? 정말 힘 빠진다.)."(MZ세대/공감형)

A 팀장: 시간이 촉박하므로 핵심적인 문제점을 빠르게 지적하여 팀원이 시행착오를 줄이고 결과물의 퀄리티를 높이길 바람.(인식)

B 팀원: 자신의 노력이 무시당했다고 느끼며, 팀장이 자신을 '일 못 하는 사람'으로 규정했다고 오해하여 심리적 위축과 방어 기제

세대 갈등은 구조의 문제다

가 작동함. (인식)

솔루션: 자기 인식 기반의 조정

팀장 A는 자신이 '직진형'임을 인지하고, 피드백의 서두에 "짧은 시간 안에 전체적인 흐름을 잡느라 고생 많았어요"라는 인정을 먼저 배치한다. 그 후 "다만, 경영진을 설득하기 위해선 객관적인 수치가 좀 더 보강되면 좋겠는데, 이 부분을 같이 채워 볼까요?"라고 제안한다. 이렇게 하면 팀원의 방어 기제는 내려가고, 피드백은 '공격'이 아닌 '지원'으로 인식된다.

▶ Case Study2: 질문의 무게와 수용의 온도

상황

새로운 업무 지시 과정에서 사원이 질문을 던지는 장면

박 팀장: "이번 신규 파트너사 미팅용 제안서는 이 가이드라인에 맞춰서 준비해 주세요. 금요일까지 초안 주시고요."(A - 성과 중심/위계형)

정 사원: "팀장님, 이 가이드라인의 특정 항목이 이번 파트너사의 성격과 잘 안 맞는 것 같은데, 혹시 수정해서 작성해도 될까요? 그리고 왜 이 데이터가 필수인지 여쭤봐도 될까요?"(B - MZ세대/맥락 중심)

박 팀장: '시키는 대로 하면 될 것을 왜 매번 토를 다는 거지? 내 경험과 권위에 도전하는 건가? 아니면 일을 안 하려고 핑계를 찾는

건가?'(인식)

정 사원:　업무의 본질적인 이유(Why)를 정확히 이해해서 한 번에 완
　　　　　벽한 결과물을 내고 싶어 함. 무의미한 '삽질'을 피하고 효율
　　　　　적으로 일하려는 태도임. (의도)

솔루션: 프레임 전환을 통한 구조적 대화

　팀장 A는 질문을 '도전'이 아닌 '정렬(Alignment)'의 과정으로 재정의
합니다. 팀장이 먼저 다음과 같이 대화를 리드합니다.

　"정 사원님이 업무의 맥락을 정확히 짚고 넘어가려는 태도가 좋네요.
가이드를 수정하고 싶은 구체적인 이유를 들어볼 수 있을까요? 제가 이
데이터를 요청한 이유는 지난번 유사 사례에서 파트너사가 가장 궁금
해했던 지점이기 때문입니다. 자네가 생각하는 더 좋은 대안이 있다면
기획 방향에 반영해 봅시다."

　이렇게 대화하면 팀장의 권위는 '설득력 있는 논리'로 강화되고, 사원
은 자신의 의견이 반영되는 '주도적 환경'에서 몰입도가 높아집니다.

Case 분석

　기성세대는 질문을 '예의'의 문제로 보곤 하지만, MZ세대는 질문을
'효율'의 문제로 본다. 리더가 질문 뒤에 숨은 "제대로 잘 해내고 싶다"는
의도를 읽어 주는 순간, 갈등의 불꽃은 협력의 불꽃으로 바뀐다. 상대를
바꾸려 하기보다, 대화의 '프레임'을 인성에서 업무 효율로 옮기는 것이
핵심이다.

　　　　　　　　　　　　세대 갈등은 구조의 문제다

우리 조직의 갈등 유형:
갈등은 사람의 문제가 아니라 구조의 설계 문제다

조직 내에서 갈등이 불거질 때마다 우리가 가장 흔히 내리는 진단은 "사람이 문제"라는 결론이다. 특정 세대의 마인드가 부족하다거나, 특정 직급의 권위주의가 심각하다거나, 혹은 개인의 성격이 너무 예민하다는 식의 해석은 매우 매혹적이다. 누군가를 '빌런'이나 문제 인물로 지목하는 순간, 복잡한 상황은 명쾌하게 정리되고 책임의 소재도 분명해지기 때문이다. 그러나 이러한 방식은 안타깝게도 문제를 근본적으로 해결하지 못한다. 사람을 교체하고 교육을 강화해도 시간이 지나면 비슷한 양상의 긴장과 대립이 재발한다. 이는 갈등의 진정한 발원지가 개인이 아니라, 그들이 발을 딛고 서 있는 '조직의 구조'와 '기본 설정값'에 있기 때문이다.

모든 조직에는 눈에 보이지 않는 거대한 운영체제가 존재한다. 업무를 처리하는 속도에 대한 무언의 합의, 관계를 유지하는 방식에 대한 기대치, 성과를 정의하는 기준, 그리고 변화를 수용하는 유연성 등이 '조직 문화'라는 이름으로 작동한다. 이 설정값이 어떻게 설계되어 있느냐에 따라 특정 행동은 능력이 되기도 하고, 반대로 치명적인 결함이 되기도 한다. 구성원들은 각자의 개성대로 일하는 것 같지만, 실제로는 조직이 그어 놓은 보이지 않는 선 안에서 움직이도록 강요받는다. 따라서 갈등은 성격의 충돌이 아니라, 조직이 내보내는 모순된 메시지 사이에서 길을 잃은 개인들의 아우성에 가깝다.

속도를 최우선 가치로 삼는 조직에서는 모든 판단 기준이 '빠름'에 고정된다. 이런 환경에서는 "왜 이렇게 느려?"라는 말이 가장 강력한 공격의 언어가 된다. 일의 완성도나 깊이 있는 검토보다 즉각적인 결과물이 더 큰 가치를 지니기에, 신중하게 리스크를 점검하려는 태도는 책임감이 아니라 비효율적인 답답함으로 치부된다. 반대로 관계를 중시하는 조직에서는 "왜 그렇게 차갑게 말해?"가 갈등의 핵심이 된다. 여기서는 객관적인 사실보다 발화자의 태도와 분위기가 더 중요하며, 직접적인 문제 제기는 조직의 화합을 깨뜨리는 위험 요소로 간주된다. 솔직함이 장점이 되지 못하는 이 구조에서 구성원들은 진실을 말하기보다 침묵을 선택하게 되고, 이는 결국 보이지 않는 감정의 골을 만든다.

성과 중심의 구조에서는 피드백 자체가 갈등의 도화선이 된다. 모든 것이 수치와 결과로 증명되어야 하기에, "개선합시다"라는 조언은 곧 "당신은 기준 미달입니다"라는 사형 선고처럼 들리기 쉽다. 피드백이 성장을 돕는 나침반이 아니라 서로를 평가하는 칼날이 되는 순간, 사람들은 극도로 방어적인 태도를 취하게 되며 관계는 서늘한 경쟁 상태로 진입한다. 또한 안정 중심의 조직에서는 변화 그 자체가 위협이다. 새로운 시스템이나 파격적인 제안을 내놓는 사람은 혁신가로 대우받는 것이 아니라, 조직의 평온을 깨뜨리는 불안정한 인물로 소외된다. 이처럼 조직의 지향점이 어디에 있느냐에 따라 갈등의 양상은 전혀 다른 옷을 입고 나타난다.

우리가 흔히 '세대 갈등'이라고 부르는 현상들의 이면을 들여다보면, 사실은 이러한 조직 설계의 부작용이 세대라는 렌즈를 통해 투영된 것임을 알 수 있다. 속도를 요구받는 후배와 안정을 지켜야 하는 선배, 수평적 소통을 기대받는 팀원과 위계를 유지해야 책임질 수 있는 팀장 사

　　　　　　　　　세대 갈등은 구조의 문제다

이의 충돌은 인간성의 문제가 아니다. 조직이 양쪽 세대에게 서로 양립하기 어려운 과제를 동시에 부여하면서, 이를 조율할 명확한 기준을 제시하지 않았기에 발생하는 구조적 비극이다. 역할이 모호한 조직에서 "왜 나만 책임져야 하느냐?"는 불만과 "왜 아무도 결정하지 않느냐?"는 분노가 동시에 터져 나오는 이유도 바로 이 때문이다.

의사 결정 경로가 불투명하고 피드백의 기준이 들쭉날쭉한 시스템에서는 누가 와도 갈등의 늪에 빠질 수밖에 없다. 기준이 없는 조직에서 피드백은 리더의 그날그날 기분에 좌우되는 '취향'으로 전락하며, 구성원들은 지도를 잃은 채 눈치를 살피는 데 막대한 에너지를 소모한다. 이는 개인의 예민함 때문이 아니라 시스템의 부재가 낳은 필연적인 결과다. 갈등을 해결하기 위해 사람의 마인드셋을 바꾸라는 조언은 일시적인 마취제일 뿐이다. 구조가 바뀌지 않는 한, 사람은 결국 조직이 설계한 관성대로 회귀하기 마련이다.

갈등을 구조의 결함으로 인식하기 시작할 때, 비로소 해결의 실마리가 보이기 시작한다. "누가 문제인가?"라는 소모적인 질문을 멈추고 "어떤 구조가 이런 대립을 부추기는가?"를 묻게 되면, 비난의 언어는 진단의 언어로 바뀐다. 역할을 명확히 재정의하고, 의사 결정의 근거를 투명하게 공개하며, 피드백의 공통 분모를 설정하는 것만으로도 갈등의 상당 부분은 마법처럼 사라진다. 갈등은 조직이 보내는 강력한 고장 신호다. 누군가가 유난히 모나서 생기는 불편함이 아니라, 현재의 구조가 구성원들을 한계까지 소진시키고 있다는 경고다. 이 신호를 개인의 탓으로 덮어 버리지 않고 구조적 개선의 도구로 삼을 때, 조직은 비로소 세대를 넘어선 단단한 결속력을 갖추게 될 것이다.

▶ Case Study1: 구조가 만든 갈등의 현장

상황

마케팅 전략 수립 과정에서 벌어진 '속도'와 '안정'의 충돌

A 대리:　"부장님, 지금 바로 SNS 라이브 테스트를 진행해야 합니다. 트렌드가 워낙 빨라서 내일이면 늦어요. 일단 해 보고 반응 보면서 수정하시죠!"(MZ세대)

B 부장:　"라이브라니, 회사 로고 노출 규정도 확인 안 됐고 돌발 상황 대응 시나리오도 없잖아. 브랜드 이미지가 장난인가? 정식 기획안 올리고 유관 부서 승인부터 받아와."(기성세대)

B 부장:　(속마음)'우리 조직은 사고 하나만 터져도 책임자가 날아가는 구조다. 리스크 검토 없이 움직이는 건 자살 행위나 다름없어.'(안정 구조)

A 대리:　(속마음)'회사는 맨날 혁신하라고 하면서, 실제론 결재 라인 타다가 기회를 다 놓치게 만드네. 여긴 정말 답답해서 못 있겠다.'(속도 구조)

솔루션(구조적 접근)

이 갈등은 A의 경솔함이나 B의 꼰대 기질 때문에 생긴 것이 아니다. 조직이 '리스크 관리 규정'과 '신속실행(Agile) 권한' 사이의 경계를 명확히 설정하지 않았기 때문에 발생한 것이다. "예산 500만 원 이하의 소규모 테스트는 팀장 전결로 24시간 내 실행한다"는 식의 구조적 가이드라인을 만들거나, "실패해도 문책하지 않는 샌드박스 영역"을 공식화한다

　　　　　　　　　　　세대 갈등은 구조의 문제다

면, 두 사람은 싸울 이유 없이 각자의 강점을 발휘할 수 있다.

▶ Case Study2: '공유'와 '보고'의 경계에서 발생한 소음

상황

실시간 협업 툴(Slack, Notion 등) 도입 후 업무 진행 상황을 확인하는 방식의 차이

박 팀장: "이 대리, 아까 지시한 외부 협력사 미팅 준비는 어디까지 됐나? 왜 오후 내내 나한테 별다른 말이 없지? 일일이 물어봐야 답을 줄 건가?"(기성세대 - 확인 중심)

이 대리: "팀장님, 아까 협업 툴 보드에 진행 현황 다 업데이트해 두었습니다. 거기 보시면 업체별 견적 비교랑 장소 섭외 리스트까지 실시간으로 보실 수 있어요."(MZ세대 - 시스템 중심)

박 팀장: (속마음)'내가 바쁜데 언제 그걸 다 찾아보고 있나. 중요한 건 입으로든 메신저로든 나한테 직접 "완료했습니다"라고 보고를 해야 내가 안심이 되지.'(확인 구조)

이 대리: (속마음)'실시간으로 보라고 만든 공유 보드인데, 왜 굳이 했던 말을 또 하게 만드시지? 이건 공유가 아니라 이중 보고 아닌가? 내 자율성을 못 믿으시는 건가.'(시스템 구조)

솔루션(구조적 접근)

이 갈등의 본질은 업무 보고의 '방식'이 아니라, 리더와 팀원 간의 정보 동기화(Sync) 규칙이 부재한 데 있다. 사람의 성향을 탓하기 전에 다

음과 같은 소통의 구조를 설계해야 한다.

- 상태값의 표준화: 협업 툴의 상태를 '진행 중', '피드백 대기', '완료' 등으로 명확히 구분하고, 리더는 이 대시보드를 확인하는 것을 일차적 업무로 삼는다.
- 직접확인과 직접보고의 분리: 단순 진행 상황은 팀장이 '직접확인'하고, 결정이 필요한 병목 구간이나 위험이 발생한 시점에만 팀원이 '직접 보고'한다는 가이드라인을 세운다.
- 정기 싱크 타임: 하루 10분, 혹은 주 2회 짧은 스탠딩 미팅을 통해 시스템에 담기지 않는 '맥락'만 구두로 교환한다.

이렇게 구조가 정립되면, 팀장은 "일일이 묻지 않아도 상황이 보인다"는 안심을 얻고, 대리는 "불필요한 중복 보고 없이 업무에 몰입할 수 있다"는 자율성을 확보하게 된다.

Case 분석

조직 내 갈등의 80%는 "말을 안 해서"가 아니라 "어디까지, 어떻게 말해야 할지 서로의 경계면이 달라서" 생긴다. 리더는 자신의 불안을 '직접 보고'라는 피로한 방식으로 해소하기보다, 시스템을 통해 '가시성'을 확보하는 세련된 구조를 설계해야 한다.

갈등 패턴 체크리스트:
반복되는 갈등을 인식하는 순간,
관계의 구조가 보이기 시작한다

　조직 내에서 발생하는 갈등의 가장 지독한 특징은 그것이 결코 단발성 사건으로 끝나지 않는다는 점이다. 우리는 대개 갈등을 특정한 날짜, 특정한 회의실, 혹은 특정한 인물의 발언과 결부된 '사건'으로 기억하곤 한다. "그날 김 부장이 내뱉은 그 한마디가 문제였어"라거나 "지난번 프로젝트 회의 때 이 대리의 태도가 선을 넘었지"라며 당시의 상황을 복기한다. 그러나 렌즈를 조금 더 넓혀 보면, 갈등은 우발적인 충돌이 아니라 정교하게 짜인 '패턴'임을 알게 된다. 늘 비슷한 주제에서 논쟁이 시작되고, 늘 비슷한 감정의 소용돌이가 몰아치며, 결국 늘 비슷한 어색함과 미해결 상태로 대화가 마무리된다. 그리고 그 끝에는 언제나 다음 갈등을 예고하는 불길한 전조가 남는다.

　사람들은 흔히 이번 갈등만큼은 상황이 워낙 특수했기에 어쩔 수 없었다고 자위한다. 상대가 유난히 예민했다거나, 일정이 너무 촉박해서 발생한 일시적인 불협화음이었다고 치부하려 한다. 하지만 냉정하게 지난 1년을 돌아보면 패턴은 놀라울 정도로 일관된 궤적을 그린다. 누군가는 의견을 내고 나면 매번 말하지 말걸 그랬다는 후회에 휩싸이고, 누군가는 피드백을 주고 난 뒤 상대와의 관계가 서먹해지는 경험을 반복한다. 설명을 하려고 입을 떼면 변명처럼 들리고, 상대의 말이 채 끝나기도 전에 머릿속에서는 반박할 문장을 고르느라 분주해지는 충동. 이 모든 것이 개별적인 사고가 아니라, 우리가 스스로 구축해 온 소통의

'루틴'이라는 사실을 인정하는 것이 변화의 시작이다.

이 지점에서 우리는 아주 불편하지만 중요한 진실 하나를 마주해야 한다. 인간은 외부의 상황 그 자체에 반응하는 것이 아니라, 자신이 세상을 바라보는 '해석 방식'에 반응한다는 점이다. 동일한 문장과 행동이라도 누군가에게는 신뢰의 증거가 되고, 누군가에게는 통제와 억압의 신호가 된다. 결국 갈등의 실체는 상대방의 존재가 아니라, 상대의 행동을 처리하는 나의 내부 필터다. 이 반응 방식이 고착화되어 반복될 때, 갈등은 개인의 성향을 넘어 조직의 유전자 속에 깊이 박힌 고질병이 된다. 조직 차원에서도 인원이 바뀌고 리더가 교체되어도 늘 같은 유형의 갈등이 재발하는 이유는, 갈등을 유발하는 구조적 엔진이 그대로 유지되고 있기 때문이다.

자가 진단의 본질은 잘못의 지분을 나누는 재판이 아니다. 갈등 현장에서 "누가 문제인가?"라는 질문은 증오를 생산할 뿐, 어떠한 해결책도 제시하지 못한다. 우리가 던져야 할 진짜 질문은 "나는 어떤 상황에서 어떠한 방식으로 방어 기제를 작동시키는가?"와 "우리 조직은 어떤 구조적 설계 오류로 인해 이 갈등을 반복하도록 방치하고 있는가?"다. 이 질문이 가슴 속에 들어오는 순간, 갈등은 소모적인 감정싸움이 아니라 '조정 가능한 시스템의 결함'으로 그 성격이 뒤바뀐다. 문제를 사람에게서 떼어 내어 구조로 옮겨놓는 이 관점의 전환이야말로 성숙한 조직으로 가는 유일한 통로다.

업무 지시의 장면을 예로 들어 보겠다. 상사가 "이 부분을 수정하세요"라고 지시할 때, 어떤 이는 이를 당연한 업무 절차로 수용하지만, 의미와 맥락을 생존의 필수 조건으로 여기는 세대에게 이 짧은 명령문은

세대 갈등은 구조의 문제다

설명 없는 폭력으로 느껴질 수 있다. 여기서 갈등의 원인은 지시의 내용이 아니라 '언어의 구조'에 있다. 수직적 효율성을 강조하는 명령형 언어와 수평적 합리성을 중시하는 의미 중심 언어가 정면으로 충돌한 것이다. 이를 해결하는 열쇠는 말의 양을 늘리는 것이 아니라, 메시지의 구조를 재설계하는 데 있다. 상황을 먼저 공유하고, 이유를 덧붙이며, 기대하는 결과값을 제시한 뒤 실행의 자율성을 부여하는 구조적 변화만으로도 동일한 업무 지시는 갈등이 아닌 '협업의 초대'가 된다.

회의 문화 역시 마찬가지다. 즉각적인 발언만이 적극성의 유일한 척도인 조직에서, 생각을 정리할 시간이 필요한 신중한 구성원은 소외되거나 무능한 사람으로 낙인찍히기 쉽다. 하지만 이는 개인의 성격 문제가 아니라 참여의 통로를 일원화한 '시스템의 빈곤'이다. 사전 자료를 공유하고, 텍스트 기반의 의견개진 채널을 마련하며, 회의 후에도 추가의견을 낼 수 있는 구조를 설계한다면 참여는 말의 속도가 아니라 '사고의 깊이'로 재정의 된다. 피드백 역시 마찬가지다. 성과 중심의 차가운 평가 구조를 벗어나, 먼저 긍정적 기여를 인정하고 구체적인 개선 방향을 가이드로 제시하는 흐름을 만든다면, 피드백은 상대의 자존감을 깎아먹는 칼날이 아니라 성장을 돕는 나침반으로 기능하게 될 것이다.

결국 갈등 패턴을 끊어 내는 힘은 '자기 인식'에서 나온다. 내가 어떤 자극에 특히 민감하게 반응하는지, 나의 소통 스타일이 타인에게 어떤 인상을 남기는지를 깨닫는 순간, 우리는 자동 반사적인 반응을 멈추고 '선택'을 할 수 있게 된다. 상대를 분석하고 고치려 애쓰는 노력을 멈추고, 나 자신의 반응 체계를 들여다보라. 일반화된 비난이나 감정이 배제된 차가운 지적이 아니라 사실과 관점, 그리고 제안이 담긴 언어 구조를 연습하라. 세대 갈등은 사라지는 대상이 아니라, 우리가 그것을 다룰 수 있는 근육을 키울 때 자연스럽게 잦아드는 현상이다. 갈등을 조직의 건강을 점검하는 정교한 진단 도구로 삼을 때, 비로소 우리는 갈등을 넘어선 진정한 성장의 단계로 진입할 수 있다.

▶ Case Study1: 반복되는 갈등 패턴의 해부

상황

업무 진행 상황을 꼼꼼히 체크하려는 팀장과 자율성을 원하는 팀원

A 팀장: "이 대리, 아까 말한 그 건은 어디까지 됐어요? 중간에 막히는 거 있으면 바로 말해야지, 왜 보고가 없어요? 내가 계속 물어보게 하지 마세요."(관리 중심)

B 팀원: "아직 작업 중입니다. 마감 기한이 내일까지인데, 왜 이렇게 자주 확인하시는지 모르겠어요. 저를 못 믿으시는 건가요?" (자율 중심)

패턴 분석

팀장 A는 '불확실성'을 갈등 요소로 인식하여 잦은 확인을 통해 안정을 찾으려 하고, 팀원 B는 '신뢰의 결여'를 갈등 요소로 인식하여 보고 요구를 통제로 받아들인다.

갈등의 악순환

팀장이 물어볼수록 팀원은 감시받는다고 느껴 입을 닫고, 팀원이 입

을 닫을수록 팀장은 불안해져 더 자주 물어보게 되는 '불신과 통제의 악순환' 패턴이다.

솔루션: 패턴의 구조적 전환

두 사람은 서로의 성격을 비난하기 전에 '보고의 주기와 방식'에 대한 규칙을 먼저 합의해야 한다.

A 팀장: "이 대리를 못 믿어서가 아니라, 내가 상부에 보고할 때 필요한 정보의 주기가 있어서 그래요. 매번 묻는 나도 피곤하니, 매일 오후 4시에 메신저로 한 줄만 진행 상황을 남겨주면 어떨까요?"

B 팀원: "팀장님이 상황을 파악하셔야 한다는 점을 간과했네요. 제가 먼저 공유하지 않으니 불안해하실 수 있겠어요. 정해진 시간에 제가 먼저 업데이트하겠습니다."

결과: 성격의 개조가 아니라 '시스템의 합의'를 통해 갈등 패턴을 끊어 낸다.

▶ Case Study2: 비효율의 낙인과 명분의 충돌

상황

기존의 대면 보고 방식을 고수하는 부장과 디지털 협업 툴 활용을 원하는 대리

A 부장: "이 대리, 이번 기획안은 출력해서 내 책상으로 가져와요. 얼

굴 보면서 직접 설명해야 내가 맥락을 정확히 파악하지. 화면
으로만 보면 눈에도 안 들어오고 성의가 없어 보여요."(대면
중심)

B 대리: "부장님, 공유 문서에 댓글로 피드백을 주시면 제가 실시간으
로 수정할 수 있어서 훨씬 빠릅니다. 종이 낭비이기도 하고,
대면 보고를 기다리는 시간 동안 업무가 멈추는 게 너무 비효
율적이에요."(효율 중심)

패턴 분석

부장 A는 대면 대화를 맥락 공유와 관계의 증명으로 인식하여, 형식
을 갖춘 보고에서 안정을 얻습니다. 반면 대리 B는 대면 보고를 속도를
저해하는 불필요한 절차로 인식하여, 이를 개인의 시간을 뺏는 권위주
의로 받아들인다.

갈등의 악순환

부장이 대면을 요구할수록 대리는 '구시대적 방식'이라며 냉소적으로
변하고, 대리가 디지털 소통만 고집할수록 부장은 '팀워크를 무시하는
태도'라며 불쾌해하는 형식과 효율의 평행선 패턴이다.

솔루션: 패턴의 구조적 전환

두 사람은 '대면이냐 비대면이냐'라는 이분법적 싸움 대신, 사안의 경
중에 따른 채널 가이드라인을 합의해야 한다.

     세대 갈등은 구조의 문제다

A 부장: "내가 모든 것을 종이로 보겠다는 건 아니네. 단순 수치 수정이나 일상적인 공유는 이 대리 말대로 협업 툴을 활용하지. 다만, 프로젝트의 방향성을 결정하는 큰 줄기는 내가 자네의 목소리와 표정을 통해 확신을 얻고 싶으니, 그때는 대면 시간을 짧게 갖기로 하세."

B 대리: "제가 툴의 편리함만 생각하느라 부장님이 느끼시는 '맥락의 갈증'을 배려하지 못했네요. 평소 업무는 툴로 투명하게 공유하되, 매주 금요일 오후에는 15분간 '전략 싱크 타임'을 가져서 제가 직접 핵심 내용을 브리핑하겠습니다."

결과: '방식의 강요'가 아니라 채널의 목적별 분리를 통해 서로의 심리적 만족과 업무적 효율을 동시에 달성한다.

Case 분석

조직 내 갈등은 대개 '옳고 그름'의 문제가 아니라 '익숙한 환경'의 차이에서 온다. 리더가 디지털 툴을 배우는 노력을 하고, 팀원이 대면 소통의 온도를 인정할 때, 갈등은 사라지고 융합형 협업 구조가 완성된다.

Part 4

세대를 잇는 소통 기술

Chapter 7

갈등을 줄이는
소통의 기본기

경청의 기술, 침묵을 넘어 공명으로

조직 내에서 소통의 효율성을 극대화하기 위해 우리가 가장 먼저 배우는 기술은 대개 '말하기'에 집중되어 있다. 어떻게 하면 논리적으로 상대를 설득할 것인가, 어떻게 하면 단호하게 지시를 내릴 것인가에 대한 방법론은 서점의 가판대를 가득 메우고 있지만, 정작 소통의 절반이자 핵심인 '듣기'에 대해서는 그저 입을 다물고 자리를 지키는 수동적 인내 정도로 치부하곤 한다. 하지만 우리가 반드시 깨달아야 할 진실은 경청이 결코 물리적인 침묵의 영역이 아니라는 점이다. 그것은 고도의 정신적인 집중과 막대한 에너지가 투입되는 능동적인 투쟁에 가깝다. 입을 닫고 있는 순간에도 우리의 머릿속에서는 거대한 폭풍이 몰아친다. 상대의 논리적 허점을 찾아내고, 나의 과거 경험을 투영하며, 상대의 말이 끝나자마자 내뱉을 완벽한 반박 문장을 조립하느라 뇌는 쉴 틈 없이 가동된다. 겉으로는 경청하는 척 고개를 끄덕이고 있을지 모르나, 실질적

세대 갈등은 구조의 문제다

으로 우리의 의식은 이미 대화의 본질을 떠나 나만의 성벽을 견고히 쌓는 데 몰두해 있는 셈이다.

한자 '들을 청(聽)'의 구조를 해부해 보면 경청이 얼마나 전인적인 에너지의 결집인지 명확히 드러난다. 이 글자에는 왕의 귀처럼 커다란 귀(耳)로 세상의 소리를 수용하고, 열 개의 눈(目)으로 상대의 미세한 표정과 비언어적 신호를 살피며, 단 하나의 마음(心)으로 온전히 집중한다는 지혜가 담겨 있다. 단순히 고막을 울리는 물리적 진동을 뇌로 전달하는 생물학적 행위를 넘어, 상대가 처한 맥락과 발화 뒤에 숨겨진 미묘한 감정의 결까지 한꺼번에 받아들이는 능동적 몰입 상태를 뜻한다. 대부분의 조직 내 갈등은 우리가 서로의 말을 이해하지 못해서 생기는 것이 아니라, 상대의 말이 채 끝나기도 전에 내 멋대로의 해석을 시작하기 때문에 발생한다. 인간의 뇌는 생존 본능에 따라 타인의 메시지를 정보로 처리하기에 앞서 위협 요인으로 먼저 분류하려는 경향이 있다. "지금 나를 가르치려는 것인가?", "내 권위에 도전하는 것인가?"와 같은 방어적 질문이 뇌를 지배하는 순간, 그 자리에서 진정한 경청은 종말을 고한다.

▶ 첫 번째 단계: 해석의 유예
― 분석가의 안경을 벗고 관찰자의 눈을 뜨다

경청의 문을 여는 첫 번째 열쇠이자 가장 강력한 기술은 '해석의 유예'이다. 우리는 상대가 입을 떼는 0.1초의 순간부터 "왜 저런 말을 할까?"라는 인과관계 분석에 돌입한다. 하지만 슬프게도 인간의 분석은 언제나 편견이라는 필터를 동반한다. 기성세대가 후배의 말을 들으며 "또 책임 회피를 위한 밑밥을 까는군"이라고 단정하거나, MZ세대가 상사의 조언을 듣기도 전에 "또 시작된 꼰대 같은 훈화 말씀이지"라고 예단하는 순간, 그 대화는 이미 죽은 대화이다. 이때 리더에게 필요한 것은 냉철한 분석 가가 아닌 투명한 '관찰자'의 태도다. 상대의 의도를 성급하게 추측하거 나 숨은 뜻을 파악하려 에너지를 낭비하지 말고, 지금 저 사람이 내뱉고 있는 단어와 문장 그 자체에만 온 신경을 집중해 보는 훈련이 필요하다.

판단을 멈춘다는 것은 결코 상대의 의견에 맹목적으로 동의한다는 뜻 이 아니다. 그것은 단지 상대가 전하려는 메시지를 나의 편견으로 오염 시키지 않고 있는 그대로 내 마음의 바구니에 담겠다는 고결한 의지의 표명이다.

내면의 해석적 잡음이 조금만 섞여도 소통의 공명은 기하급수적으로 감소한다. 상대의 말이 내 가치관과 충돌하더라도 일단 그 문장을 끝까 지 완결시켜 주는 것, 그것이 경청이라는 위대한 설계의 시작이다.

▶ 두 번째 단계: 요약 반영
― 상대를 주인공으로 만드는 거울의 기술

판단을 멈추고 메시지를 온전히 담았다면, 다음으로 필요한 기술은 '요약반영'이다. 이는 상대의 말을 내 식으로 비틀어 재해석하는 것이 아 니라, 상대가 사용한 핵심 언어를 그대로 활용해 거울처럼 비추어 주는 행위다. "그러니까 당신 말은 이런 뜻이지?"라는 식의 요약은 자칫 상대 를 하대하거나 가르치려는 고압적인 느낌을 줄 수 있지만, "제가 이해한 바로는 지금 프로젝트 일정이 너무 촉박해서 결과물의 품질이 담보되 지 않을까 봐 깊이 우려하신다는 말씀이시군요"와 같은 방식은 상대에 게 엄청난 정서적 안전망을 제공한다.

　　　　　　　　　　세대 갈등은 구조의 문제다

이 한 문장의 요약은 상대에게 당신은 '설득당해야 할 대상'이 아니라 '함께 길을 찾는 존중받는 파트너'라는 강력한 신호를 보낸다. 요약 반영은 상대의 논리가 무조건 옳다고 승인하는 법적 절차가 아니다. 당신의 존재와 당신이 쏟은 고민의 흔적을 내가 지금 명확히 인지하고 있다는 사실을 확인시켜 주는 인간적인 예우다. 이 과정이 생략된 채 쏟아지는 리더의 대안은 아무리 훌륭하더라도 상대에게는 '자기주장'으로만 들릴 뿐이다. 하지만 요약 반영을 거친 후의 대안은 '우리의 합의점'으로 격상된다.

▶ 세 번째 단계: 감정 명명
― 보이지 않는 마음의 소리에 이름을 붙이다

더 나아가 진정한 소통의 고수는 차가운 사실 뒤에 숨은 뜨거운 '감정'에 정확한 이름을 붙여 준다. 이를 '감정명명(Emotional Labeling)' 기술이라고 한다. 비즈니스 대화는 대개 건조한 숫자와 팩트로 가득 차 있는 것처럼 보이지만, 그 빙산 아래에는 불안, 답답함, 기대, 인정 욕구 같은 감정들이 소용돌이치고 있다. "이 프로젝트의 마감이 얼마 남지 않아 꽤 심리적 압박감을 느끼시는 것 같네요"라거나 "열심히 준비한 기획안이 반려되어 상실감이 크시겠어요"라고 상대의 감정을 콕 짚어 언어화해 주는 순간, 상대의 뇌에서는 방어 기제를 담당하는 편도체의 활동이 눈에 띄게 약화된다.

감정은 누군가에 의해 이름이 불리는 순간 그 날카로운 힘을 잃고 순해지는 묘한 속성이 있다. 이미 충분히 이해받고 공감받고 있다고 느끼는 사람은 굳이 목소리를 높여 자신을 방어하거나 상대를 공격할 필요를 느끼지 못하기 때문이다. 리더가 구성원의 감정을 읽어 주는 것은 유약함의 표현이 아니라, 대화의 주도권을 쥐고 갈등의 온도를 조절하는 가장 세련된 리더십의 발현이다.

▶ Case Study1: 경청의 부재와 회복의 대화
― 숏폼 캠페인 논쟁

상황

새로운 마케팅 채널 도입을 두고 30년 차 박 팀장과 3년 차 이 대리가 충돌하는 회의실

경청이 실종된 대화(단절과 냉소)

이 대리: "팀장님, 이번 캠페인은 기존 포털 광고를 줄이고 숏폼 챌린지 위주로 가야 합니다. 타깃층 데이터가 확실히 그쪽으로 쏠리고 있거든요."

박 팀장: "숏폼? 그거 그냥 애들 장난 같은 거잖아. 우리 브랜드 품격이랑 안 맞아. 그리고 지난번에 포털 광고 성과 좋았는데 왜 자꾸 불확실한 모험을 하려고 해? 그냥 하던 대로 해."

이 대리: (속마음)'데이터는 보지도 않고 무조건 본인 경험만 맞다고 하시네. 내 말은 듣지도 않으시니 더 이상 새로운 제안을 할 의욕이 없다. 시키는 것만 해야지.'

경청의 기술을 적용한 대화(공명과 협력)

이 대리: (위와 동일한 제안)

박 팀장: "숏폼 챌린지라… 솔직히 내 세대에는 생소한 분야라 브랜드

세대 갈등은 구조의 문제다

이미지가 가벼워질까 봐 걱정되는 마음이 드는 게 사실이네
(해석 유예 및 자기 개방)."

박 팀장: "이 대리 말을 정리해 보면, 현재 우리의 핵심 타깃이 머무는
곳이 포털이 아닌 숏폼 채널로 완전히 이동했기 때문에 기존
방식으로는 도달률에 한계가 있다는 뜻이지?(요약 반영)"

박 팀장: "새로운 방식을 제안하면서 기존의 성공 방정식을 깨야 한다
는 부담감도 컸을 텐데, 데이터까지 준비해 오느라 고생 많았
네(감정 명명). 그럼 이 대리가 분석한 데이터를 기반으로, 브
랜드 품격은 유지하면서 도달률을 높일 수 있는 구체적인 시
범 운영안을 함께 검토해 보세."

결과: 이 대리는 자신의 전문성을 존중받았다고 느끼며 더욱 정교
한 리스크 관리 방안을 스스로 준비하게 된다. 박 팀장은 자
신의 권위를 지키면서도 새로운 시대의 트렌드를 안전하게
수용하는 합리적인 거목으로 거듭난다.

▶ Case Study2: 워라밸과 협업의 간극

― 업무 연락 가이드라인

상황

금요일 저녁 퇴근 직후 긴급한 업무 메시지를 보내야 하는 김 팀장과
개인 시간을 보호하고 싶은 박 사원

경청이 실종된 대화(침범과 방어)

김 팀장: "박 사원, 아까 보낸 메일 말인데 자료 하나가 빠진 것 같아.

지금 확인해서 단톡방에 좀 올려줄 수 있어? 내일 오전까지는 내가 보고서를 마무리해야 해서 그래."

박 사원: (침묵하다 1시간 뒤 답장) "팀장님, 지금 외부라 확인이 어렵습니다. 월요일 출근해서 바로 처리하겠습니다."

김 팀장: "요즘 젊은 사람들은 팀의 긴급한 상황보다 본인 휴식이 더 중요한가 보네. 애사심까지는 바라지도 않지만, 책임감은 있어야 하는 거 아냐? 나 때는 말이야…"

박 사원: (속마음)'퇴근 후에 연락하는 게 당연한 권리라고 생각하시나? 월요일에 해도 전혀 늦지 않을 일인데, 본인 불안함 때문에 남의 주말을 망치려 드네. 정말 숨이 막힌다.'

경청의 기술을 적용한 대화(조율과 공존)

김 팀장: (메시지를 보내기 전 스스로의 의도 파악) "박 사원, 즐거운 저녁 시간에 업무 연락을 하게 되어 미안한 마음이네. 내일 오전 보고를 앞두고 내가 마음이 급해져서 박 사원의 휴식 시간을 침범했군(자기 개방 및 사과)."

김 팀장: "박 사원 입장에선 금요일 퇴근 후에 오는 연락이 무척 부담스럽고 피로하게 느껴질 것 같아. 공과 사의 구분을 중요하게 여기는 박 사원의 원칙을 리더로서 존중하네(감정 명명 및 인정)."

김 팀장: "내가 놓친 자료가 월요일 아침 회의 전까지만 보충되면 되는데, 혹시 지금 당장이 아니더라도 주말 중에 박 사원이 편한 시간이 있다면 확인이 가능할까? 만약 어렵다면 내가 다른 경로를 찾아볼 테니 솔직하게 말해 주게(요약 반영 및 선택권 부여)."

세대 갈등은 구조의 문제다

박 사원: "팀장님의 급박한 상황을 이해하지 못한 것 같아 죄송합니다.
지금은 이동 중이라 어렵지만, 내일 오전 중에 집에서 확인해
서 바로 보내드리겠습니다. 배려해 주셔서 감사합니다."

Case 분석

이 갈등의 핵심은 '업무 연락의 정당성'이 아니라 '상대의 시간 주권에 대한 존중'에 있다. 김 팀장은 자신의 불안함을 '책임감'이라는 단어로 포장해 강요하는 대신, 자신의 감정을 솔직하게 개방하고 상대의 불편함을 먼저 읽어 주었다.

리더가 먼저 '경청의 태도'로 상대의 경계를 인정해 주면, 구성원은 오히려 리더의 어려움에 동참하고 싶어 하는 '자발적 협조'의 문을 연다. 갈등은 누군가 이겨야 끝나는 게임이 아니라, 서로의 필요(팀장의 마감과 사원의 휴식)가 충돌하는 지점에서 새로운 '합의의 문법'을 찾아가는 과정이다.

경청은 단순히 시간을 내어 주는 인내의 과정이 아니다. 오히려 불필요한 오해와 그로 인한 재작업(Rework)을 획기적으로 줄여 주는 가장 경제적이고 영리한 경영 전략이다. 말을 많이 해야만 주도권을 잡는다고 생각하는 것은 정보가 독점되던 시대의 낡은 유물이다. 진짜 권위와 영향력은 상대가 "이 리더는 내 말의 맥락을 완벽히 이해하고 있다"고 확신하는 지점에서 솟아난다. 세대 갈등이 격화되는 조직일수록 경청은 갈등을 사전에 차단하는 가장 단단한 방어막이자, 서로를 이어 주는 유일한 다리가 된다. 갈등은 대개 말 때문에 시작되지만, 그 갈등이 멈추고 새로운 성장이 시작되는 지점은 언제나 누군가가 진심으로 귀를

기울이기 시작한 바로 그 찰나이다.

비폭력 대화의 정수: 감정의 폭주를 막는 언어의 설계도

조직 내 소통의 위기를 겪는 많은 리더와 구성원들은 비폭력 대화 (NVC, Nonviolent Communication)를 단순히 '상냥하게 말하기'나 '부드러운 말투' 정도로 오해하곤 한다. 목소리 톤을 낮추고 단어를 정제하며 상대의 기분을 상하지 않게 에둘러 표현하는 것이 비폭력 대화의 전부라고 생각한다면, 그것은 본질의 겉핥기에 불과하다. 비폭력 대화의 진정한 핵심은 태도나 말투 이전에 철저히 계산된 '언어의 구조'에 있다. 이것은 감정을 억누르거나 참아 내는 인내의 기술이 아니라, 오히려 날것의 감정을 가장 안전하고 확실하게 상대에게 전달하기 위한 고도의 정밀 설계도이다. 어떻게 말하느냐보다 무엇을 어떤 논리적 순서로 배치하느냐가 대화의 승패를 결정짓는 핵심 동력이 된다.

직장 내 갈등이 파국으로 치닫는 원인을 분석해 보면, 감정을 통제하지 못해서라기보다 감정을 표현하는 '구조화된 방식'을 습득하지 못했기 때문인 경우가 압도적이다. 인간의 감정은 자연스럽고 즉각적으로 솟구치지만, 이를 언어로 변환할 때 우리는 대개 즉흥적이고 감정적인 배설에 의존한다. 준비되지 않은 언어는 상대에게 날카로운 공격으로 전달되고, 공격받은 상대는 즉시 방어 기제를 가동하며 대화는 토론이 아닌 투쟁으로 변질된다. 비폭력 대화는 이 지독한 악순환을 끊어 내기 위해 감정의 흐름을 재설계하라고 제안한다. 감정을 죽이는 것이 아니라, 감정이 가진 에너지를 '비난'이 아닌 '요청'의 에너지로 전환하는 구

세대 갈등은 구조의 문제다

조적 혁신이 필요하다.

비폭력 대화의 가장 혁명적인 지점은 '상대를 변화시키려 하지 않는다'는 전제에 있다. 우리가 일상적으로 나누는 갈등 대화의 출발점은 대개 상대의 결함을 지적하고 수정하려는 시도에서 시작된다. "왜 당신은 매번 그런 식입니까?", "그 태도는 틀렸습니다"와 같은 문장들은 모두 상대를 '문제아'로 규정하고 바꾸려는 폭력적인 의도를 내포한다. 반면 비폭력 대화는 철저히 '나'를 중심에 둔다. 내가 무엇을 목격했는지, 그로 인해 내 안에서 어떤 감정이 일어났는지, 내가 진정으로 중요하게 여기는 가치는 무엇인지, 그리고 상대에게 구체적으로 무엇을 바라는지를 차례로 나열한다. 이 구조는 상대를 공격의 과녁에서 제외하면서도, 내가 전달하고자 하는 핵심 메시지를 가장 선명하게 각인시킨다.

비폭력 대화의 첫 번째 기둥은 '관찰'이다. 관찰은 자신의 주관이나 해석을 완전히 배제하고 오직 사실(Fact)만을 언어로 옮기는 고도의 훈련 단계다. 대다수의 구성원이 사실을 말한다고 착각하지만, 실제로는 그 안에 평가의 독침을 섞어 넣는다. "회의 중에 제 말을 무시하셨잖아요"라는 말은 관찰이 아니라 비난 섞인 추측이다. '무시'라는 단어는 이미 상대의 의도를 부정적으로 정의해 버린 결과이기 때문이다. 진정한 관찰은 카메라 렌즈처럼 건조해야 한다. "제가 기획안에 대해 설명하는 도중에 세 번 정도 질문이 들어왔고, 그 과정에서 제 설명이 잠시 중단되었습니다"라고 말하는 것이 관찰의 정석이다. 관찰 단계에서 상대를 방어적으로 만들지 않아야만, 그 뒤에 이어지는 진짜 메시지가 상대의 뇌에 도달할 수 있는 통로가 열린다.

두 번째 단계인 '느낌'에서 우리는 감정과 생각을 구분하는 법을 배워야 한다. "나는 당신이 무례하다고 느낍니다"라는 표현은 감정이 아니라 상대의 태도에 대한 나의 '판단'이다. 비폭력 대화에서 감정은 훨씬 더 원초적이고 자기중심적이어야 한다. 당황스럽다, 혼란스럽다, 불안하다, 혹은 서운하다와 같은 언어들이 그 예다. 느낌을 주어로 말하는 순간, 대화의 책임 소재는 나에게로 돌아온다. "당신 때문에 화가 났다"는 공격이지만, "나는 그 상황에서 당혹감을 느꼈다"는 나의 내면 상태를 공유하는 고백이다. 내가 공격받지 않는다는 확신이 들 때, 비로소 상대는 방패를 내려놓고 나의 이야기에 귀를 기울이기 시작한다.

세 번째 단계인 '욕구'는 감정의 뿌리를 찾아가는 과정이다. 모든 부정적인 감정 뒤에는 충족되지 못한 아름다운 욕구가 숨어 있다. 서운함 뒤에는 존중받고 싶다는 욕구가, 불안함 뒤에는 명확한 정보를 얻고 싶다는 욕구가 자리한다. 갈등을 해결하는 실질적인 열쇠는 감정 그 자체가 아니라, 감정 너머에 있는 이 '필요(Needs)'를 드러내는 데 있다. 욕구를 말할 때 우리는 비로소 성격 차이라는 늪에서 벗어나 '조율 가능한 비즈니스 과제'의 영역으로 이동하게 된다. "나에게는 업무의 자율성이 보장되는 환경이 중요합니다"라는 표현은 상대를 탓하는 것이 아니라, 내가 최상의 성과를 내기 위한 조건을 설명하는 것이다.

마지막 단계인 '요청'은 대화의 마침표이자 행동의 변화를 끌어내는 구체적인 설계다. 많은 갈등이 "좀 더 잘해 달라"거나 "태도를 고쳐 달라"는 모호한 요구에서 좌초된다. 요청은 반드시 관찰 가능하고 실행 가능한 '행동 단위'여야 한다. "다음 회의 때는 제가 의견을 마칠 때까지 기다려 주실 수 있을까요?" 혹은 "보고서 제출 전에 10분만 대면 리뷰 시간을 가질 수 있을까요?"와 같이 구체적일수록 협력의 가능성은 커진

     세대 갈등은 구조의 문제다

다. 또한 요청은 거절의 권리를 포함해야 한다. 상대에게 선택권을 남겨 두는 요청은 강요가 아닌 '초대'가 되며, 자발적인 협력을 이끌어 내는 마법 같은 힘을 발휘한다.

비폭력 대화는 관계를 단순히 매끄럽게 만드는 윤활유가 아니라, 관계의 투명도를 높이는 정밀한 현미경이다. 숨기지 않고 말하되 공격하지 않는 구조, 감정을 억누르지 않되 감정에 휘둘리지 않는 이 방식은 특히 권위와 존중이 충돌하는 세대 간 소통에서 제3의 길을 열어 준다. 기성세대의 지시가 명령이 아닌 요청으로 변하고, MZ세대의 이견이 반항이 아닌 관찰로 전달될 때 조직은 비로소 감정 노동의 굴레에서 벗어날 수 있다. 소통은 타고난 성격이 아니라 설계 가능한 기술이다. 이 네 단계의 구조를 익히는 순간, 당신의 언어는 상대를 찌르는 흉기가 아니라 함께 성장을 일궈내는 가장 강력한 도구가 될 것이다.

▶ Case Study1: 비폭력 대화(NVC)의 실전 적용

상황

팀원이 기한이 임박해서야 업무 협조가 어렵다고 통보한 상황

일반적인 갈등 대화(비난 중심)

"김 대리, 마감이 코앞인데 이제 와서 못 하겠다고 하면 어떡해요? 책임감이 너무 없는 거 아닙니까? 항상 이런 식으로 막판에 사람 당황하게 만드는데, 이건 기본 예의 문제예요."

결과: 김 대리는 수많은 상황적 이유를 대며 변명하거나, 팀장을 권위적이라고 느끼며 마음을 닫음

비폭력 대화 구조 적용(NVC 중심)

관찰:　“김 대리, 오늘 오후 마감인 건에 대해 1시간 전에 협조가 어렵다는 메일을 받았습니다.”

느낌:　“예정된 일정을 조정해야 하는 상황이라 제가 지금 상당히 당혹스럽고 걱정이 됩니다.”

욕구:　“저는 우리 팀의 업무가 예측 가능한 범위 내에서 안정적으로 진행되는 것을 매우 중요하게 생각합니다.”

요청:　“혹시 다음부터는 마감 준수가 어렵다고 판단되는 시점에, 최소 하루 전에는 저와 먼저 상의해 주실 수 있을까요? 그래야 제가 대안을 마련하거나 자원을 지원할 수 있으니까요.”

Case 분석

　팀장은 김 대리의 ‘인격(책임감)’을 공격하지 않았다. 오직 발생한 ‘사실’과 그로 인한 자신의 ‘상태’, 그리고 조직 운영의 ‘원칙’만을 말했다. 김 대리는 공격받지 않았기에 방어할 필요가 없으며, 팀장의 요청이 합리적이라는 점을 즉각 이해하고 개선을 약속하게 된다.

▶ Case Study2: 피드백 수용과 정서적 안전망의 설계

상황

　팀장이 수정한 기획안에 대해 팀원이 말없이 불쾌한 표정을 지으며 자리로 돌아간 상황

　　　　　　　　　　세대 갈등은 구조의 문제다

일반적인 갈등 대화(판단 중심)

"이 주임, 아까 회의 때 표정이 왜 그래요? 내가 수정 좀 했다고 그렇게 티를 내면 무안해서 어디 피드백이나 주겠습니까? 요즘 친구들은 자기 생각만 맞다고 고집 부리는 경향이 있는 것 같아요. 좀 더 유연하게 받아들이는 법을 배우세요."

결과:　　　이 주임은 자신의 감정을 '고집'이나 '태도' 문제로 치부하는 팀장에게 반감을 느끼고 소통을 포기함

비폭력 대화 구조 적용(NVC 중심)관찰

"이 주임, 아까 기획안 수정 방향을 전달했을 때 이 주임이 미간을 찌푸리고 아무 대답 없이 자리로 돌아가는 모습을 보았습니다."

느낌:　　　"정성껏 준비한 안이 반려되어 이 주임의 마음이 상한 건 아닌지 조심스럽고, 한편으로는 제 의도가 제대로 전달되지 않은 것 같아 답답한 마음도 듭니다."

욕구:　　　"저는 우리 팀원들이 피드백 과정을 통해 서로의 관점을 충분히 이해하고, 함께 더 나은 결과물을 만들어 내는 즐거움을 느꼈으면 합니다."

요청:　　　"혹시 아까 제가 제안한 수정안 중에 받아들이기 어렵거나 보완이 필요하다고 생각하는 지점이 있었나요? 있다면 지금 솔직하게 말씀해 주세요. 다시 한번 검토해 보고 싶습니다."

Case 분석

팀장은 이 주임의 '태도'를 나쁘다고 규정(낙인)하지 않았다. 대신 자신이 목격한 구체적인 '행동'을 언급하고, 그로 인해 유발된 자신의 '추측과 감정'을 솔직하게 열어 보였다.

리더가 먼저 자신의 취약함을 드러내며(자기 개방), 팀원의 의견을 들을 준비가 되었음을 알릴 때 비로소 심리적 안전감이 형성된다. 이 주임은 이제 "팀장님은 꼰대야"라고 비난하는 대신, 자신이 왜 그 지점에서 불편함을 느꼈는지 업무적 맥락을 설명할 용기를 얻게 된다.

감정 vs 사실 구분하기: 관계의 소용돌이를 멈추는 인식의 칼날

조직 안에서 발생하는 소통의 비극은 대개 '무엇을 말했느냐?'가 아니라 '어떻게 해석되었느냐?'의 지점에서 잉태된다. 동일한 데이터를 기반으로 업무 보고를 해도, 어떤 리더는 이를 성실한 정보 공유로 받아들이는 반면, 어떤 리더는 자신에 대한 도전이나 불성실한 변명으로 치부한다. 이 결정적인 차이를 만드는 핵심 기제가 바로 '감정'과 '사실'의 분리 능력이다. 안타깝게도 인간의 뇌는 감정과 사실을 한 덩어리로 뭉뚱그려 처리하는 데 익숙하다. 정보가 들어오는 순간 우리는 본능적으로 의미를 부여하고, 그 의미에 감정의 색칠을 입힌다. 감정과 사실이 뒤섞이는 순간 대화는 목적지를 잃은 채 정보의 전달이 아닌 '관계의 충돌'로 변질되며, 이때부터 문제의 본질과는 상관없는 감정적 소모전이 시작된다.

세대 갈등의 현장 또한 이 낡은 구조의 반복이다. 기성세대가 무심코

   세대 갈등은 구조의 문제다

던지는 "요즘 애들은 참 책임감이 없어"라는 발언은 언뜻 개인적인 소회처럼 보이지만, 그 내부에는 특정한 지각 사건(사실)과 상실감(감정), 그리고 특정 집단에 대한 편견(해석)이 지독하게 얽혀 있다. 이 문장을 마주한 MZ세대는 이를 업무 피드백으로 듣지 않는다. 대신 자신의 존재 가치를 부정당하는 인격적 공격으로 받아들인다. 반대로 "윗분들은 원래 변화를 싫어해"라는 후배의 말 역시 기성세대에게는 합리적인 제언이 아닌, 자신들의 헌신을 무시하는 집단적 조롱으로 느껴진다. 이런 언어 구조가 지배하는 조직에서는 누구도 문제의 본질에 다가갈 수 없다. 구성원 모두가 상처받지 않기 위해 두꺼운 방어막을 치고, 상대의 허점을 찾아 반격할 기회만 엿보게 되기 때문이다.

우리는 사실보다 '해석'에 압도적으로 빠르게 반응하는 존재이다. "보고서가 늦어지고 있다"는 객관적인 사실보다 "저 직원이 나를 무시하고 있다"는 해석이 뇌의 편도체를 먼저 자극하고, 뒤이어 분노나 서운함이라는 감정이 폭발한다. 문제는 이 가공된 해석과 감정을 여과 없이 언어화할 때 발생한다. 상대방은 내가 겪은 구체적인 사실을 듣는 것이 아니라, 내가 내린 부정적인 평가만을 듣게 된다. 평가받는 인간은 본능적으로 변명하거나 반박하며, 대화는 "누가 더 잘못했는가"를 따지는 진흙탕 싸움으로 흐른다. 갈등의 화살이 사람을 향하는 순간, 생산적인 논의는 불가능해진다.

이 파괴적인 흐름을 멈추는 유일한 장치가 바로 '사실 중심 언어'다. 이는 누구나 관찰 가능한 정보, 수치로 환산 가능한 기록, 구체적인 시간과 행동만을 기반으로 한 정밀한 표현이다. "업무 태도가 엉망이다"라는 말은 주관적인 평가에 불과하지만, "이번 주 업무 진행 상황 공유가 약속된 시간보다 세 차례 지연되었다"는 문장은 부인할 수 없는 사실이다. "항상 제멋대로다"라는 일반화 대신 "지난 기획 회의에서 팀원들의 동의 없이 최종안을 변경했다"는 기록을 제시해야 한다. 사실 중심 언어는 상대를 굴복시키기 위한 수단이 아니라, 상대가 방어 기제를 내려놓고 상황 자체를 객관적으로 직시하게 만드는 심리적 안전장치다.

감정과 사실을 분리하는 훈련은 단순히 말투를 고치는 기술이 아니라, 사고의 운영체제 자체를 업데이트하는 과정이다. 갈등이 폭발하려는 찰나에 우리는 내면에서 두 가지 질문을 던져야 한다. "지금 내 눈앞에 펼쳐진 객관적 사실(Fact)은 무엇인가?" 그리고 "그 사실이 내 안의 어떤 감정(Feeling)을 건드렸는가?" 이 두 가지를 칼로 자르듯 분리하는 순간, 언어의 방향은 비난에서 '자기표현'으로 바뀐다. 예를 들어 상사가 결과물을 보고 "이게 최선이야?"라고 힐난할 때, 직원은 "나를 무능하게 본다"는 해석 대신 사실을 분리해 낼 수 있어야 한다. "팀장님께서 요구하신 기준치에 비해 데이터 양이 부족하다는 말씀이시군요(사실). 그 말씀을 들으니 제 노력이 제대로 전달되지 않은 것 같아 조금 힘이 빠집니다(감정)." 이 구조로 대화의 틀을 유지하면, 논의의 초점은 인격이 아닌 '데이터 보완'이라는 실무적 과제로 수렴된다.

세대별로 이 구조를 수용하는 방식에도 미묘한 차이가 존재한다. MZ세대는 인과관계가 명확한 논리적 근거와 구체적인 사례를 소통의 '기본 예의'라고 생각한다. 감정이 뒤섞인 추상적인 비난은 이들에게 소통이 아닌 '가스라이팅'처럼 느껴질 수 있다. 반면 기성세대는 사실의 나열만큼이나 대화에 담긴 맥락(Context)과 정서적 교감을 중시한다. 사실만 건조하게 내뱉는 언어는 관계를 거부하는 차가운 거절로 해석될 여

세대 갈등은 구조의 문제다

지가 있다. 따라서 감정을 완전히 거세하는 것이 아니라, 사실을 뼈대로 세우되 감정을 '정직한 정보'로서 덧붙여야 한다. 사실만 말하면 기계처럼 느껴지고, 감정만 말하면 아이처럼 보인다. 이 두 가지를 완벽하게 분리하되 병렬적으로 구조화할 때, 비로소 세대 간의 보편적인 공용어가 탄생한다.

결국 감정과 사실의 분리는 갈등의 화살촉을 '사람'에게서 '구조'로 돌리는 일이다. "누가 나쁜가?"라는 소모적인 질문을 "어떤 시스템적 결함이 이 상황을 만들었는가?"라는 생산적인 질문으로 치환하는 과정이다. 이러한 소통 방식이 정착된 조직에서는 실수가 비난의 대상이 아닌 소중한 '데이터'가 된다. 잘못을 감추기 급급한 조직은 퇴보하지만, 사실을 투명하게 드러내고 감정을 건강하게 공유하는 조직은 매 순간 학습하며 진화한다. 상대를 바꾸려 애쓰지 마십시오. 대신 나의 언어에서 평가와 해석을 걷어 내고 맑은 사실만을 남겨 두십시오. 내가 흔들리지 않고 구조화된 언어를 유지할 때, 상대 또한 그 질서에 동참하게 된다. 갈등은 더 이상 피해야 할 공포가 아니라, 우리 조직의 민낯을 점검하고 체력을 키우게 만드는 가장 정직한 자원이 될 것이다.

▶ Case Study1: 감정과 사실의 분리

상황

보고서의 수치 오류를 발견한 팀장이 팀원에게 피드백을 주는 장면

감정과 사실이 뒤섞인 대화(갈등 폭발형)

"박 대리, 일을 도대체 어떻게 하는 거예요? 기본이 안 돼 있네. 숫자

하나 제대로 못 맞추면서 무슨 보고서를 쓴다고 그래요? 나를 골탕 먹이려고 일부러 이러는 거예요, 아니면 원래 꼼꼼하지 못한 성격인 거예요?"

해석:　박 대리는 '무능하고 불성실한 사람'으로 낙인찍혔다고 느끼며, 업무 본질보다 팀장에 대한 적개심을 키움

감정과 사실을 분리한 대화(성장 지향형)

"박 대리, 방금 제출한 보고서의 3페이지 수익률 지표가 지난달 원천 데이터와 5% 정도 차이가 나는 것을 발견했습니다(사실). 중요한 보고를 앞두고 이런 오차가 발견되니 제가 지금 상당히 당황스럽고 걱정이 되네요(감정). 이 수치가 잘못 전달되면 우리 팀의 신뢰도에 영향을 줄 수 있기 때문입니다(이유). 지금 즉시 수치 산출 근거를 재검토해서 30분 내로 수정본을 공유해 주겠습니까?(요청)"

Case 분석

후자의 대화에서 팀장은 박 대리의 성격이나 태도를 단 한 단어도 언급하지 않았다. 오직 '발견된 오차'라는 사실과 그로 인해 발생한 리더의 '심리적 상태'만을 공유했다. 박 대리는 비난받았다는 수치심 대신, 자신의 실수가 미칠 영향력을 실감하며 즉각적인 보완 작업에 몰입하게 된다.

▶ Case Study2: 업무 지시와 우선순위의 충돌

상황

새로운 급무를 지시하러 온 팀장과 이미 업무 포화 상태인 팀원

　세대 갈등은 구조의 문제다

감정과 사실이 뒤섞인 대화(권위 압박형)

박 팀장: 정 사원, 지금 이 자료 정리 좀 바로 해줘요. 요즘 정 사원 보면 회사 일이 우선인지 자기 편한 게 우선인지 모르겠어. 다들 바쁘게 뛰어다니는데 혼자 여유로운 척하는 거예요? 책임감이 부족한 것 같은데, 일단 시키는 대로 빨리 끝내요.

해석: 정 사원은 현재 수행 중인 과도한 업무량은 무시당한 채 이기적인 사람으로 몰렸다고 느끼며, 팀장에 대한 강한 반발심과 무력감을 경험함

감정과 사실을 분리한 대화(문제 해결형)

박 팀장: 정 사원님, 지금 제안서 마감이 오늘 오후 4시까지인데 추가로 협력사 리스트 정리가 필요한 상황입니다(사실). 제가 업무를 추가로 요청하려다 보니 정 사원님이 현재 맡고 있는 세 가지 프로젝트의 진행 일정에 차질이 생길까 봐 우려되는 마음이 큽니다(감정). 모든 업무를 오늘 안에 완수하기에는 물리적 시간이 부족해 보여서요(이유). 현재 업무 리스트를 저와 함께 검토해서 어떤 것을 먼저 처리하고 어떤 것을 내일로 미룰지 우선순위를 다시 조정해 볼까요?(요청)

Case 분석

팀장은 정 사원의 '태도'나 '인성'을 비난하지 않았다. 대신 '추가된 업무'와 '남은 시간'이라는 객관적인 사실에 집중했다. 리더가 자신의 미안함이나 우려를 솔직하게 표현하고 우선순위 조정을 제안할 때, 팀원은

"나를 배려하고 있다"는 신뢰를 느끼게 된다. 정 사원은 비난을 방어하는 데 에너지를 쓰는 대신, 어떻게 하면 효율적으로 업무를 완수할지 리더와 함께 머리를 맞대게 된다.

세대 갈등은 구조의 문제다

Chapter 8

세대 맞춤 대화법

MZ에게 통하는 말의 알고리즘

조직 내 리더들이 가장 흔히 토로하는 깊은 고뇌는 "도대체 요즘 젊은 직원들은 무슨 생각을 하는지 도통 모르겠다"는 불확실성에서 시작된다. 똑같은 지시를 내려도 누군가는 군말 없이 일사불란하게 움직이는 반면, 누군가는 그 자리에 멈춰 서서 리더의 눈을 똑바로 응시하며 '왜'라는 질문을 던진다. 이는 단순히 태도의 불량함이나 세대적인 반항심의 표출이 아니다. 그 보다는 서로 전혀 다른 인지환경과 기술적 배경에서 형성된 '사고의 운영체제(OS, Operating System)'가 근본적으로 다르기 때문이라고 보는 것이 타당하다. 리더가 아날로그적 수직 구조의 OS를 사용하고 있다면, MZ세대는 초연결성과 투명성을 기반으로 한 디지털 분산형 OS를 장착하고 있다. 두 체제가 충돌할 때 발생하는 마찰은 성격의 문제가 아니라 시스템의 호환성 문제다.

▶ 권위의 해체와 논리적 타당성의 시대

MZ세대는 인류 역사상 디지털 환경에서 성장하고 자아를 형성한 최초의 세대다. 이들에게 정보는 기성세대처럼 소수의 권력자가 독점하고 배분하는 희소 자원이 아니라, 손가락 끝의 검색 한 번으로 언제든 획득할 수 있는 공공의 자산이다. 이러한 정보의 민주화는 그들이 '권위'를 인식하는 근본적인 패러다임을 송두리째 바꾸어 놓았다. 과거의 리더들에게 권위는 직급과 연차라는 구조적 위치에서 자연스럽게 발생하는 당연한 권리였다. 상사의 경험은 곧 조직의 정답이었고, "내가 해봐서 아는데"라는 경험적 확신은 그 자체로 강력한 설득력을 가졌다.

그러나 정보가 투명하게 공개된 시대의 MZ세대에게 권위는 주어지는 선물이 아니라 끊임없이 실력으로 증명해야 하는 고난도의 과제다. 이들은 상대의 직함이나 명성보다 그 사람이 내뱉는 말의 '논리적 완결성'과 제시하는 '데이터의 정합성'을 먼저 평가한다. 상사가 제시하는 가이드가 합리적인 근거를 결여하고 있거나 단순히 과거의 관습에 의존하고 있다면, 그것은 존중해야 할 지시가 아니라 수정해야 할 오류로 인식된다. 이들에게 신뢰는 계급장에서 나오는 것이 아니라, 상대가 제시하는 설명의 구조와 타당성에서 발생한다.

▶ 즉각적 피드백과 정보적 정합성의 요구

MZ세대의 사고 구조를 지탱하는 또 다른 축은 '즉각적인 피드백'과 '데이터화된 소통'에 대한 익숙함이다. 소셜 미디어의 좋아요와 댓글, 실시간으로 수치화되는 온라인의 즉각적인 반응 속에서 자란 이들에게 말은 단순한 감정의 교류를 넘어, 고도로 설계된 메시지의 교환 행위

세대 갈등은 구조의 문제다

다. 이들은 자신의 발언이 기록되고 비교되며 즉각 평가받는 환경에 최적화되어 있기에, 조직 내에서의 대화 역시 매우 효율적인 '정보 요청과 처리'의 관점에서 접근한다. 따라서 맥락이 거세된 명령이나 모호한 감정에 호소하는 지시는 이들의 인지 회로에서 무의미한 잡음으로 분류되어 즉각 차단된다. 이들에게 통하는 언어를 설계하기 위해서는 리더가 먼저 그들의 머릿속에서 작동하는 '의미 설계형 필터'를 통과할 수 있는 논리적 구조를 갖추어야 한다.

▶ 제1원칙: 이유의 시각화
― 맥락의 결핍은 저항을 낳는다

MZ세대에게 효과적으로 전달되는 대화의 첫 번째 절대 원칙은 '이유의 시각화'다. 이들에게 이유가 설명되지 않은 요청은 정당성 없는 통제이자 권력 남용으로 읽힌다. "그냥 시키는 대로 해" 혹은 "까라면 까는 거야"라는 식의 발언은 리더십의 카리스마를 보여 주는 것이 아니라, 업무의 본질을 설명할 능력을 상실한 리더의 무능을 자백하는 꼴이 된다. MZ세대는 어떤 행동을 개시하기 전에 무의식적으로 '이 일이 왜 필요한가', '이 과업이 조직의 비전과 어떻게 연결되는가', 그리고 '나의 커리어 성장에 어떤 기여를 하는가'를 묻는다.

이 질문에 대한 명확한 답변이 설계되지 않은 지시는 구성원의 발걸음을 무겁게 만든다. 반면 현재 상황의 긴급성, 해당 업무가 전체 프로젝트에서 차지하는 비중, 그리고 왜 다른 누구도 아닌 '당신'이 이 일을 맡아야만 하는지에 대한 논리적 맥락(Context)이 포함된 지시는 강력한 동기 부여의 촉매제가 된다.

▶ 제2원칙: 평가가 아닌 기준의 공유

― 형용사를 버리고 수치를 잡아라

두 번째로 리더들이 명심해야 할 점은 '인격적 평가가 아닌 객관적 기준의 공유'다. MZ세대는 '잘했다/못했다', '열심히 한다/나태하다'와 같은 형용사적 평가보다, 어떤 '준거 지침(Criteria)'에 의해 그러한 결론이 도출되었는지 그 과정을 집요하게 파고든다. 이는 그들이 정교한 평가 기준표에 기반한 교육을 받았고, 온라인 환경에서 별점과 평점이라는 객관적 수치를 통해 세상을 필터링해 왔기 때문이다.

"자네, 이번 보고서가 너무 미흡해"라는 말은 상대에게 아무런 정보도 주지 못한 채 개인의 자존감만 갉아먹는 감정적 공격으로 수신된다. 하지만 "우리가 사전에 합의한 '데이터의 최신성'과 '비용 대비 효율성'이라는 기준에서 볼 때, 이번 결과물은 경쟁사 분석 수치가 누락되어 보완이 필요하네"라는 말은 감정 소모 없이 즉각 개선 가능한 고급 정보로 처리된다. 사람이라는 주체를 평가하지 말고, 결과물이라는 객체를 평가하는 '기준'을 제시하십시오. 기준이 투명하고 공정해지는 순간, MZ세대는 방어 기제를 내려놓고 스스로 문제를 해결하는 '능동적 학습 모드'로 전환한다.

▶ 제3원칙: 과정의 설계

― 과거의 단죄에서 미래의 베타 테스트로

세 번째 원칙은 피드백의 방향타를 '과거의 결과'가 아닌 '미래 과정의 설계'로 돌리는 것이다. 이미 종료된 결과에 대해 사후적인 비판을 쏟아내는 것은 리더의 화풀이는 될지언정 구성원의 행동 변화를 끌어내지

　　　　　　　　　　　세대 갈등은 구조의 문제다

는 못한다. 오히려 자존감만 훼손시켜 업무 회피를 유발할 뿐이다. 진정으로 MZ세대를 움직이는 힘은 실패를 '학습의 기회'로 치환하고 다음 프로젝트에 적용 가능한 정교한 가이드를 제공하는 데서 나온다.

"결과가 왜 이 모양이야?"라는 추궁 대신, "이번 과정에서 자네가 선택한 A라는 경로가 결과적으로 B라는 오류로 이어졌는데, 다음번엔 C라는 변수를 변제하고 D라는 프로세스를 도입해 보면 어떨까?"라는 제안이 훨씬 강력하다. 이들에게 피드백은 훈계가 아니라 다음 성공을 위한 '베타 테스트 리포트'가 되어야 한다. 통제 가능한 변수를 함께 짚어 주고 개선의 여지를 논리적으로 열어줄 때, 이들은 비로소 리더를 자신을 감시하는 교관이 아닌, 함께 성장을 도모하는 '페이스메이커'로 인정하게 된다.

▶ 이성적 배려가 감성적 위로를 압도한다

MZ세대에게 통하는 말의 본질은 사실 따뜻한 위로나 부드러운 말투에 있지 않다. 많은 리더가 착각하는 지점이 바로 여기다. MZ세대는 모호한 감정적 공감보다 '정보적 정합성'을 훨씬 더 높은 수준의 존중으로 받아들인다. 업무가 과중한 상황에서 "힘들지? 조금만 더 고생하자"라는 감성적인 접근은 종종 공허한 립서비스나 가스라이팅으로 치부된다.

오히려 "이 업무의 프로세스에서 병목 현상을 일으키는 불필요한 보고 단계를 내가 직접 제거해 주겠네. 자네는 오직 핵심 기획에만 집중하게"라는 리더의 이성적인 액션과 배려가 그들에게는 훨씬 더 큰 감동과 신뢰를 준다. 결국 MZ세대와의 소통은 화려한 설득의 기술이 아니라 정교한 '설계의 기술'이다. 상대를 감정적으로 통제하려 들지 말고, 상대가 스스로 최선의 선택을 내릴 수 있도록 완벽하고 투명한 정보 구조를 제공하는 것, 그것이 세대 갈등을 종결짓는 가장 세련되고 현대적인 리더십의 언어다.

▶ Case Study1: MZ세대의 자발적 협력을 끌어내는 언어 설계

상황

금요일 오후 4시, 경영진의 긴급 요청으로 추가된 시장 조사 업무를 팀원에게 지시해야 하는 상황

실패한 대화(권위에 기반한 명령형)

박 팀장: "김 대리, 미안한데 이거 시장 조사 자료 좀 월요일 아침 회의 전까지 정리해 놔요. 경영진이 갑자기 찾는 거라 급해. 주말에 잠깐 시간 내서 봐주면 좋겠네. 다 우리 팀 잘 되라고 하는 일이니까 이해하지?"

김 대리: '(인식)또 맥락 없는 긴급 업무네. 내 주말 계획은 안중에도 없나? 조직을 위한다는 핑계로 개인의 희생을 당연시하는 전형적인 가스라이팅이다. 대충 숫자만 맞춰서 내야지.'

성공한 대화(정보에 기반한 설계형)

박 팀장: "김 대리님, 방금 경영진 회의에서 우리가 추진 중인 A 신사업의 경쟁사 동향 데이터를 월요일까지 보고하라는 긴급 요청이 내려왔습니다(상황의 투명한 공유). 월요일 오전 9시 회의에서 이 데이터가 없으면 우리 팀이 어렵게 확보한 내년도

　　　　　　　　세대 갈등은 구조의 문제다

예산안이 승인되지 못할 리스크가 큽니다(업무의 이유와 치명적 맥락 설명). 이 분야는 김 대리님이 지난 상반기 프로젝트에서 가장 깊이 있게 데이터셋을 구축했기에 이번에도 김 대리님의 전문성이 반드시 필요합니다(전문성 인정 및 대체 불가능성 강조). 금요일 오후라 정말 미안하지만, 내일 중으로 핵심 지표 위주로 1페이지 초안만 잡아줄 수 있을까요? 나머지 시각화 작업은 월요일 오전에 제가 직접 돕겠습니다(구체적 범위 설정 및 리더의 지원 약속)."

김 대리: (인식)'갑작스럽지만 이 업무가 우리 팀 예산과 직결된 중요한 일이라는 걸 알겠다. 팀장이 나를 이 분야의 전문가로 인정하고 있고, 본인도 지원하겠다는 의사를 보이니 내 성과로도 연결될 수 있겠어. 효율적으로 빠르게 정리해 보자.'

▶ Case Study2: 비효율적 관행 개선 - '강요'가 아닌 '효율'의 대화

상황

불필요하게 긴 대면 보고나 수동 보고 체계에 대해 의문을 제기하는 스마트한 박 대리를 설득하거나 조율해야 하는 상황

실패한 대화(연차와 관습 중심)

박 팀장: "박 대리, 보고서는 출력해서 대면으로 보고하는 게 기본이야. 요즘 애들은 왜 자꾸 메신저로만 때우려고 그래? 얼굴 보고 이야기해야 책임감이 생기는 거야. 나 때는 상사 출근 전에 보고서 다 올려놨어. 군소리 말고 출력해 와요."

박 대리: (인식)'수정사항 생기면 또 뽑아야 하는데 종이 낭비, 시간 낭
비 아닌가? 대면 보고를 해야 책임감이 생긴다는 건 논리적
근거가 전혀 없어. 그저 본인이 편하고 대접받고 싶어서 그러
는 거잖아.'

결과: 박 대리는 조직의 비합리성에 실망하여 이직을 고민하게 되고,
최소한의 정보만 공유하는 폐쇄적인 소통 방식을 취함.

성공한 대화(데이터와 효율 중심)

박 팀장: "박 대리님이 제안한 메신저 기반의 수시 보고 방식이 실시간
소통 면에서 효율적이라는 점에 공감합니다(상대 의견 존중
및 장점 인정). 다만, 이번 건은 여러 부서의 이해관계가 얽혀
있어 최종 의사 결정권자가 전체 맥락을 한눈에 파악할 수 있
는 공식적인 문서 형태의 보고가 필요합니다(대면 보고의 목
적과 배경 설명). 이번 결정은 기록으로 남겨야 나중에 박 대
리님의 성과를 증명하는 근거가 되기도 하니까요(개인의 이
익 연결). 대신 일상적인 업무 공유는 박 대리님이 제안한 소
통공간 채널을 통해 간소화하도록 시스템을 바꾸어 봅시다
(대안적 수용과 시스템 설계)."

박 대리: (인식)'무조건 옛날 방식을 고집하는 게 아니었구나. 공식 문
서가 나중에 내 성과 증빙 자료가 된다는 점은 생각지 못했
네. 팀장님이 내 제안도 일부 수용해 주셨으니 이번 중요한
보고는 정석대로 준비해 보자.'

결과: 박 대리는 자신의 의견이 조직 운영에 반영되었다는 효능감

   세대 갈등은 구조의 문제다

을 느끼며, 특정 상황에서 대면 보고나 서면 보고가 필요한
이유를 합리적으로 수용하게 됨.

리더로서 당신의 말이 단순한 '지시'로 공중에 흩어질 것인지, 혹은 구
성원과 함께 성과를 만드는 강력한 '설계 도구'가 될 것인지는 오직 당신
이 제공하는 '맥락의 깊이'와 '정보의 투명성'에 달려 있다. 상대를 억지로
움직이려 애쓰기 전에, 당신이 내뱉는 문장이 그들의 사고 알고리즘에
부합하는 정교한 논리 구조를 갖추고 있는지 먼저 점검하라. 그것이 세
대 갈등이라는 안개를 뚫고 성장의 목적지로 나아가는 유일한 길이다.

기성세대를 움직이는 존중의 언어: 경험을 신뢰로 전환하는 소통법

많은 후배 세대 구성원들이 선배 세대와 대화하며 느끼는 가장 큰 벽
은 '내용이 맞는데도 화를 낸다'는 당혹감이다. 합리적인 데이터와 논리
를 가지고 제안했음에도 불구하고, 돌아오는 반응이 차갑거나 심지어
불쾌함을 표출하는 기성세대의 모습은 MZ세대에게 이해할 수 없는 수
수께끼처럼 보인다. 하지만 이 현상은 성격의 결함이 아니라, 기성세대
가 성장해 온 '소통의 토양'을 들여다봐야 풀리는 문제다. 기성세대는 정
보가 극도로 부족하고 폐쇄적인 환경에서 커리어를 쌓아왔다. 지식은
인터넷 검색으로 얻는 공공재가 아니라, 특정 직급과 연차를 가진 사람
의 머릿속에만 존재하는 희소한 권력이었다. 상사에게 묻고 선배의 등
너머로 배우는 과정에서, 이들에게 소통의 핵심은 '정보의 전달' 그 자체

가 아니라 그 정보를 주고받는 '관계의 질서'를 지키는 것이었다.

이러한 배경 때문에 기성세대는 대화의 첫 단추를 끼울 때 논리적 정합성보다 '관계 신호'를 먼저 수신한다. 상대가 내뱉는 문장의 참과 거짓을 판단하기 전에, 저 사람이 나를 조직의 일원으로 존중하는지, 현재의 위계질서를 인정하는지, 그리고 이 대화에 책임감을 가지고 임하는지를 본능적으로 감지한다. 이들에게 말은 단순한 데이터의 교환이 아니라, 서로의 위치를 확인하고 신뢰의 두께를 가늠하는 정서적 행위다. 따라서 내용이 아무리 타당하더라도 관계 신호가 부정적이거나 무례하게 느껴진다면, 기성세대의 뇌는 그 메시지를 '유익한 정보'가 아닌 '지위와 체면에 대한 공격'으로 분류하게 된다.

기성세대에게 통하는 언어 설계의 제1원칙은 바로 '맥락이 없는 본론은 폭력이다'라는 사실을 인식하는 것이다. 속도와 효율을 중시하는 후배 세대는 인사치레를 생략하고 곧바로 문제점으로 진입하는 것을 미덕이라 여기지만, 기성세대에게 이는 관계의 영토를 침범하는 행위와 같다. "이 방식은 비효율적입니다"라는 말은 후배에게는 객관적 사실의 적시일 뿐이지만, 기성세대에게는 그 방식을 고수해 온 자신의 과거와 판단력을 도마 위에 올리는 선전포고로 읽힌다. 이들에게는 본론에 들어가기 앞서 상대의 역할과 노고를 인정하는 '관계의 완충지대'가 반드시 필요하다. "지금까지 이 방식으로 안정적으로 운영되어 온 덕분에 큰 흐름을 잡을 수 있었습니다"라는 짧은 인정의 문장은, 이어질 비판적 제안이 공격이 아닌 협력임을 보증하는 안전장치가 된다.

두 번째 원칙은 모든 반박을 '제안'의 형식을 빌려 전달하는 기술이다. 기성세대에게 공개적인 자리에서의 반박은 단순한 의견 차이가 아니라

세대 갈등은 구조의 문제다

'체면의 손상'으로 직결된다. 특히 수직적 위계가 명확했던 조직 문화에서 성장한 이들에게, 아랫사람의 직설적인 수정 요청은 자신의 존재 가치와 리더십을 흔드는 신호로 수신될 확률이 높다. 따라서 "그건 틀렸습니다"라는 단정적인 표현 대신, "선배님의 안을 바탕으로 다른 관점을 하나 더 보태보고 싶습니다"라는 확장형 언어를 사용해야 한다. 반박은 관계를 단절시키지만, 보완과 확장은 관계를 유지하면서도 목적지에 도달하게 한다. 기성세대는 자신의 전문성이 존중받고 있다는 확신이 들 때 비로소 타인의 의견을 수용할 마음의 문을 열게 된다.

세 번째로 주목해야 할 지점은 '감정의 언어'를 '책임의 언어'로 번역하는 과정이다. 최근의 조직 문화는 개인의 감정을 솔직하게 드러내는 것을 권장하지만, 기성세대에게 감정은 철저히 사적인 영역이었다. 그들이 평생을 몸담아 온 조직에서 공적인 신뢰란 오직 행동과 결과, 그리고 그 결과에 대해 지는 책임감으로만 증명되었다. 후배가 "지금 이 업무 지시가 너무 당황스럽고 힘듭니다"라고 감정을 호소하면, 선배는 이를 공감의 대상으로 보는 것이 아니라 프로답지 못한 태도나 개인적인 불평으로 오해하기 쉽다. 이때 감정을 "이 부분의 리스크를 줄이기 위해 제가 이 정도 범주까지 책임지고 완수하겠습니다"라는 식의 책임 언어로 바꾸어 말해 보자. 기성세대에게 책임은 곧 성숙함의 지표이며, 신뢰를 형성하는 유일한 공용어다.

결국 기성세대를 움직이는 말의 본질은 상대를 이기려는 '설득의 기술'이 아니라, 상대가 기꺼이 내 손을 잡게 만드는 '신뢰의 설계'에 있다. 이들은 논리적 완벽함에 고개를 끄덕이기 전에, 관계가 안전한지를 먼저 확인하고 싶어 한다. 존중과 인정이 선행되고, 반박이 아닌 대안이 제시되며, 그 제안에 책임이라는 보증이 더해질 때 기성세대는 후배의 가장 든든한 조력자이자 멘토가 된다. 기성세대를 소통이 불가능한 '꼰대'로 규정하는 순간 갈등은 영속되지만, 그들을 '관계 안정 속에서 합리적으로 움직이는 집단'으로 재정의하는 순간 새로운 협력의 창구가 열린다. 세대 소통의 성공은 말투의 변화가 아니라, 상대가 듣고 싶어 하는 신호를 먼저 보내주는 전략적 배려에서 시작된다.

▶ Case Study1: 관계와 책임을 강조한 기성세대 맞춤형 소통

상황

  팀장이 제안한 구식 마케팅 방식에 대해 실무진이 반대 의견을 내야 하는 상황

실패한 대화(직설형)

  "팀장님, 그 방식은 요즘 트렌드랑 너무 안 맞아요. 지난번에도 효율이 안 좋았잖아요. 요즘 MZ세대는 그런 광고 안 봅니다. 제 생각대로 인플루언서 협업으로 가야 성공해요."

결과: 팀장은 자신의 경험이 무시당했다고 느끼며, 팀원의 태도가 오만하다고 판단해 방어적으로 본인의 안을 강행함

성공한 대화(존중과 책임 결합형)

  "팀장님, 말씀하신 기존 채널 관리 덕분에 우리 브랜드의 신뢰도가 견고하게 유지될 수 있었다고 생각합니다(인정과 존중). 다만 이번 타깃의 특성상 제가 분석한 새로운 접근 방식을 기존 안과 병행해 보면 어

세대 갈등은 구조의 문제다

떨까 싶어 제안드립니다(대안 제시). 인플루언서 협업을 통해 도달률을 높이는 실험적인 파트를 제가 직접 전담해서 추진해 보고 싶습니다. 성과 지표는 제가 책임지고 매주 보고드리겠습니다(책임 언어). 팀장님의 노련한 관점에서 보실 때 보완할 점이 있다면 지도 부탁드립니다(맥락적 마무리)."

Case 분석

팀원은 팀장의 과거 성과를 먼저 인정함으로써 심리적 방어벽을 낮췄다. 또한 '틀렸다'는 말 대신 '병행'과 '실험'이라는 단어를 선택해 팀장의 체면을 지켜주었다. 마지막으로 '내가 책임지겠다'는 책임 언어를 덧붙임으로써, 팀장으로 하여금 "이 친구가 허황된 소리를 하는 게 아니라 자기 일을 확실히 하려 하는구나"라는 신뢰를 갖게 했다. 이는 논리로 이긴 대화가 아니라, 관계로 얻어 낸 승리다.

▶ Case Study2: 경험의 자산화와 리스크 관리형 소통

상황

새로운 협업 툴(Slack, Notion 등) 도입을 제안했으나, 부서 내 보안과 혼선을 이유로 주저하는 박 부장님을 설득해야 하는 상황

실패한 대화(기술 중심)

"부장님, 요즘 세상에 아직도 이메일이랑 카톡으로 일하는 곳은 우리밖에 없어요. 협업 툴 쓰면 업무 효율이 2배는 좋아지는데 왜 자꾸 반대하세요? 일단 깔아 보고 쓰면서 익히면 다 됩니다. 적응 못 하시는 게 문

제예요.”

결과:　　　박 부장은 본인을 ‘시대에 뒤처진 사람’으로 취급하는 대리에게 불쾌감을 느끼며, 오히려 보안 리스크를 더 강하게 주장하며 도입을 차단함

성공한 대화(경험 자산화와 리스크 완화형)

“부장님께서 평소 강조하시는 ‘정보의 보안’과 ‘업무기록 관리’가 우리 팀 운영의 핵심이라는 점에 깊이 공감합니다(가치 인정). 다만 최근 프로젝트 규모가 커지면서 이메일만으로는 부장님께 실시간 보고를 드리는 데 물리적인 한계가 있음을 느꼈습니다(문제 상황 공유). 그래서 보안이 강화된 기업 전용 협업 툴을 활용해, 부장님이 일일이 확인하지 않으셔도 한눈에 팀 전체 상황을 파악하실 수 있는 ‘실시간 운영관리 체계’를 구축해 보고 싶습니다(부장님 중심의 이득 제안).”

“우선 우리 팀 내에서만 2주간 시범 운영을 해 보며 부장님이 걱정하시는 보안 취약점을 제가 집중적으로 점검하겠습니다(리스크 전담 약속). 부장님의 오랜 관리 노하우를 이 시스템에 어떻게 녹여낼지 중간중간 조언 주시면 큰 도움이 될 것 같습니다(지도 요청).”

Case 분석

팀원은 부장님이 가진 ‘관리의 전문성’과 ‘보안에 대한 신중함’을 공격의 대상이 아닌 구조 설계의 핵심 가치로 끌어들였다. 새로운 툴을 도입하자는 제안을 “내 방식이 더 편하다”가 아니라 “부장님이 더 편하게 관리하실 수 있게 돕겠다”는 명분으로 치환한 것이다.

　　　　세대 갈등은 구조의 문제다

특히 '실시간 운영관리 체계'나 '리스크 집중 점검' 같은 단어를 사용해 기성세대가 중요하게 여기는 통제권과 안전성을 보장해 주었다. 리더는 자신의 영역이 침범당하는 것이 아니라 확장된다고 느낄 때, 비로소 후배의 새로운 제안을 기꺼이 수용하게 된다.

언어의 지뢰밭:
서로에게 절대로 해서는 안 되는 '프레임의 언어'

우리가 조직 내 갈등을 마주할 때 범하는 가장 치명적인 실수는 갈등의 원인을 오직 '말의 내용'에서만 찾으려 한다는 점이다. 하지만 대화를 파국으로 이끄는 진정한 주범은 내용 그 자체가 아니라, 그 말을 담아내는 '구조'와 '프레임'에 있다. 똑같은 비판이라도 어떤 틀에 담기느냐에 따라 그것은 성장을 위한 밑거름이 되기도 하고, 상대의 자존감을 무너뜨리는 흉기가 되기도 한다. 특히 세대 간의 골이 깊은 조직에서 가장 경계해야 할 것은 상대를 살아 있는 인격체가 아닌, 특정 집단의 표본으로 박제해 버리는 '세대 프레임 언어'의 사용이다.

"요즘 애들은 원래 그래" 혹은 "윗사람들은 죄다 꼰대야"라는 문장이 대화의 수면 위로 올라오는 순간, 그 자리에 모인 개인들은 사라진다. 이제 대화는 박 대리와 김 부장의 소통이 아니라, 'MZ세대'라는 추상적 집단과 '기성세대'라는 관성적 집단의 전면전으로 변질된다. 이 프레임이 씌워지는 순간, 문제 해결을 위한 논리적 사고는 정지되고 오직 자신의 정체성을 지키기 위한 방어 기제만이 풀가동된다. 상대의 말이 맞느냐 틀리느냐는 더 이상 중요하지 않다. 오직 '공격당했다'는 불쾌한 감정만이 대화의 주도권을 쥐게 되며, 이때부터 대화는 조정의 영역을 넘어 자존심을 건 소모적인 전쟁터가 된다.

세대 프레임 언어의 가장 큰 폐해는 개인의 구체적인 행동을 집단의 보편적 특성으로 성급하게 일반화한다는 데 있다. 한 개인의 사소한 실수는 그 세대 전체의 결함으로 확장되고, 과거의 한 단면은 현재의 모든 상황을 규정하는 절대적인 잣대가 된다. 이렇게 집단으로 규정당한 상대는 자신의 행동을 수정할 의지를 상실한다. "어차피 내가 뭘 해도 '요즘 애들'이라서 그렇다고 생각할 텐데, 굳이 노력할 필요가 있나?"라는 냉소가 그 자리를 대신하기 때문이다. 비난은 거세지지만 책임은 증발해 버리는 기이한 구조, 이것이 바로 프레임 언어가 만들어 내는 비극의 풍경이다.

갈등을 폭발시키는 또 다른 언어 구조는 '일반화의 함정'이다. "항상", "원래", "다들" 같은 단어들은 단 하나의 사례를 전체의 진리인 양 포장한다. "요즘 직원들은 항상 자기 권리만 챙겨"라는 말은 사실을 전달하는 것처럼 보이지만, 실제로는 근거 없는 일반화로 상대의 존재를 지우는 행위다. 이러한 절대적 단어들은 대화에서 숨 쉴 틈을 없애버린다. 상대는 자신의 예외적인 노력이나 개별적인 상황을 설명할 기회를 박탈당했다고 느끼며, 이는 곧 깊은 소외감과 반발심으로 이어진다. 논리가 사라진 자리에는 오직 낙인만이 남게 된다.

비교 언어 역시 세대 간의 평화로운 공존을 방해하는 강력한 독소다. "우리 때는 안 이랬는데", "예전에는 상상도 못 할 일이지"라는 표현은 과거와 현재를 수평적인 변화가 아닌 수직적인 우열 구조로 재편한다. 이 말의 행간에는 항상 '과거의 방식은 옳았고 현재의 방식은 틀렸다' 혹은

'나는 고생했는데 너희는 편하다'라는 암묵적인 도덕적 우월감이 깔려 있다. 이러한 비교 프레임은 소중한 경험의 공유를 세대 간의 자존심 싸움으로 변질시킨다. 서로의 다름을 이해하기 위한 재료가 되어야 할 경험이, 상대를 누르기 위한 무기로 돌변하는 순간 조직의 화합은 멀어진다.

정체성을 직접적으로 타격하는 '낙인찍기' 언어는 대화의 통로를 가장 확실하게 폐쇄하는 장치다. "꼰대 같다", "MZ스럽다", "사회성이 부족하다"와 같은 표현은 상대의 행동이 아닌 존재 자체에 사형 선고를 내리는 것과 같다. 이러한 말들은 사실 관계를 따질 수 없는 감정적 규정이기 때문에 논리적인 반박이 불가능하다. 낙인이 찍힌 사람은 자신을 설명하려 하기보다 분노를 투사하거나 아예 관계를 단절하는 쪽을 택한다. 이 단계에 이르면 대화는 이미 사멸한 것이나 다름없으며, 남는 것은 서로에 대한 차가운 경멸과 거대한 정서적 장벽뿐이다.

상대의 경험을 사소한 것으로 치부하는 '감정 무시 언어' 또한 갈등의 골을 깊게 만든다. "그게 뭐가 힘들어, 나 때는 더했어", "별일도 아닌데 왜 그렇게 예민해?" 같은 말은 상대가 겪고 있는 고통이나 고민의 무게를 부정하는 행위다. 이는 문제 해결을 위한 객관적 조언이 아니라, 상대의 주관적 세계를 파괴하는 신호로 작동한다. 자신의 감정이 존중받지 못한다고 느끼는 구성원은 더 이상 솔직한 의견을 내놓지 않는다. 갈등은 사라진 것처럼 보일지 모르나, 그것은 해결된 것이 아니라 표면 아래로 내려가 거대한 암반처럼 굳어지고 있는 것이다.

권위에 기댄 '압박의 언어'는 대화의 민주성을 완전히 무력화한다. "내가 누군지 알아?", "이 바닥에서 내 경력이 몇 년인데"라는 지위 선언은 설득을 포기한 리더의 마지막 수단이다. 이 순간 대화는 정보의 교환이 아니라 힘의 논리에 의한 굴복의 과정으로 전락한다. 상대는 말의 타당성을 검토하기를 멈추고, 오직 생존을 위해 복종하거나 보이지 않는 곳에서 저항할 준비를 한다. 자발적인 협력은 사라지고, 오직 영혼 없는 순응만이 조직을 채우게 된다.

이러한 파괴적인 언어 구조들의 공통점은 논리를 우회하여 인간의 자존감과 정체성을 직접 공격한다는 것이다. 언어가 이 지점을 건드리는 순간, 인간의 뇌는 즉각적으로 방어 모드에 돌입하며 합리적인 소통의 문을 닫아버린다. 세대 맞춤 대화법의 핵심은 단순히 상냥한 말투를 쓰는 것이 아니다. 서로 다른 인지 구조를 가진 구성원들이 각자의 정체성을 위협받지 않으면서도 공통의 목표를 향해 나갈 수 있도록 메시지의 틀을 재설계하는 고도의 전략적 행위다.

관계를 회복하는 유일한 길은 '행동 중심 언어'로의 복귀다. 개인의 인격이나 세대적 특성이 아닌, 구체적으로 관찰된 행동과 그로 인한 결과에 집중하는 것이다. "회의 자료의 수치가 누락되었습니다"라는 사실 중심의 표현은 상대를 방어적으로 만들지 않으면서도 문제를 해결의 테이블 위로 올린다. 여기에 맥락과 의미를 더하고 상대에게 선택의 여지를 남겨 두는 구조를 결합할 때, 대화는 비로소 공격이 아닌 '조정'의 기능을 회복한다. 세대를 바꿀 수는 없지만, 우리가 서로를 향해 내뱉는 말의 구조는 지금 당장 바꿀 수 있다.

▶ Case Study1: 프레임 언어를 걷어 낸 생산적 대화

상황

보고서 마감 기한을 지키지 못한 팀원에게 피드백을 주어야 하는 상황

세대 갈등은 구조의 문제다

최악의 대화(세대 프레임 및 일반화)

"김 대리, 또 늦었네? 요즘 애들은 항상 책임감이 문제야. 우리 때는 마감 지키려고 밤도 새우고 그랬는데, 김 대리는 워라밸만 중요하지? 이런 식으로 사회생활 하면 본인만 손해라는 거 몰라?"

분석: '요즘 애들', '항상', '우리 때는'이라는 지뢰를 모두 밟음. 김 대리는 업무 개선보다 자신의 세대를 비하한 상사에게 강한 반감을 느낌

최선의 대화(행동 및 구조 중심)

"김 대리, 이번 보고서가 약속된 시간보다 3시간 늦게 도착했습니다(사실 관찰). 마감이 늦어지면 유관 부서와의 협의 일정 전체가 밀리게 되어 제가 지금 상황을 수습하는 데 어려움을 겪고 있어요(영향과 감정). 혹시 업무량 조절이 필요했거나 과정상에 병목 현상이 있었나요? 어떤 구조적인 지원이 있다면 다음부터는 마감을 맞출 수 있을지 김 대리의 의견을 듣고 싶습니다(이유 탐색 및 협력 요청)."

Case 분석

후자의 대화에는 김 대리의 성격이나 세대에 대한 평가가 전혀 없다. 오직 '3시간 지각'이라는 사실과 그로 인한 '일정 차질'이라는 결과에만 집중한다. 상사는 김 대리를 혼내는 권위자가 아니라, 업무의 병목을 해결해 주는 '지원자'의 포지션을 취함으로써 김 대리가 스스로 해결책을 제시하고 책임감을 느끼게 유도했다.

▶ Case Study2: 개인의 자율과 조직의 규칙이 충돌할 때

상황

점심시간 외에 개인적인 용무(커피 구매, 산책 등)로 자리를 자주 비우는 팀원에게 주의를 주는 상황

최악의 대화(인격 모독 및 낙인찍기)

"박 주임, 여기가 학교예요? 내 눈에만 자꾸 자리에 없는 거 보여요? 요즘 애들은 개인주의가 심하다더니, 팀원들 눈치는 안 봐요? 기본 매너가 없네. 다들 자기 자리 지키고 일할 때 혼자 밖에서 노니까 좋습니까? 태도가 그게 뭐예요?"

분석:　　'요즘 애들', '이기주의', '태도' 등 인격적인 공격 언어를 사용함. 박 주임은 자신의 업무 효율이나 몰입도는 무시당한 채 '불량 사원'으로 낙인찍혔다고 느껴 방어적으로 변함

최선의 대화(규칙 확인 및 합의 지향)

"박 주임님, 최근 일주일 동안 오후 2시에서 3시 사이 자리에 계시지 않는 모습이 네 번 확인되었습니다(사실 관찰). 협업 부서에서 박 주임님을 급하게 찾을 때 연결이 안 되면, 제가 상황을 설명하기가 난처하고 팀의 업무 흐름이 끊길까 봐 우려됩니다(영향과 감정). 혹시 집중력이 떨어지는 시간에 자극이 필요해서인가요? 급한 용무로 자리를 비울 때는 메신저 상태를 '외출'로 바꾸거나 팀원들에게 미리 공유해 주는 규칙을 정하면 어떨까요? 박 주임님의 자율성을 존중하면서도 팀 소통에 차질이 없게 할 방안을 같이 논의해 봅시다(구조적 제안)."

　　　　　　　　　　세대 갈등은 구조의 문제다

후자의 대화에서 팀장은 박 주임의 '성향'을 비난하지 않았다. 대신 '자리에 없는 빈도'라는 객관적 데이터와 '협업 시의 공백'이라는 실질적인 리스크를 언급했다. 리더는 박 주임을 가르쳐야 할 대상으로 보는 대신, 함께 팀의 소통 규칙을 만들어가는 파트너로 대우했다. 박 주임은 감시받는다는 불쾌감 대신, 자신의 행동이 팀에 미치는 구체적인 영향력을 깨닫고 시스템 안에서 자율성을 발휘하는 법을 배우게 된다.

Part 5

가장 어려운 것,
피드백과 갈등 대화

Chapter 9

피드백이 갈등이 되는 이유

평가형 프레임의 함정과 성장의 단절

조직 내에서 피드백은 성장을 위한 가장 강력한 도구로 칭송받지만, 역설적으로 가장 빈번하게 갈등을 점화하는 도화선이 되기도 한다. 우리는 동료나 후배를 위해 '피드백'을 준다고 믿지만, 실제 대화의 구조를 면밀히 뜯어 보면 그것은 개선을 위한 조언이라기보다 일방적인 '판정'에 가까운 경우가 많다. "이 부분은 좀 부족하네요", "일 처리가 미흡합니다", "생각이 너무 짧았던 것 같아요"와 같은 문장들은 겉으로는 업무적 보완점을 지적하는 듯 보이지만, 구조적으로는 상대를 특정한 기준표 위에 올려놓고 낙인을 찍는 행위다. 피드백의 본질은 학습과 변화에 있음에도 불구하고, 전달 방식이 '평가'의 형식을 띠는 순간 상대는 가르침을 받는 파트너가 아니라 심판대에 선 피고인의 입장이 된다.

평가형 피드백의 가장 치명적인 결함은 그것이 철저하게 '주관적 판단'과 '암묵적 비교'를 기반으로 설계되어 있다는 점이다. "보고서 수준이 낮다"는 말 뒤에는 상사가 머릿속에 그려놓은 이상적인 보고서나, 혹

세대 갈등은 구조의 문제다

은 다른 유능한 팀원의 성과물이라는 비교 대상이 숨겨져 있다. 그러나 이러한 기준은 대화 과정에서 투명하게 공유되지 않는다. 피드백을 받는 사람은 자신이 왜 '부족'이라는 판정을 받았는지에 대한 구체적인 정보는 얻지 못한 채, 오직 자신이 기대에 미치지 못했다는 결과값만 전달받는다. 이 지점에서 피드백은 업무 개선을 위한 단서가 아니라, 상대의 정체성을 공격하는 메시지로 변질된다. "나는 무능하다", "나는 신뢰받지 못하고 있다"라는 부정적인 정체성 메시지가 뇌를 지배하는 순간, 성장은 멈추고 방어가 시작된다.

인간의 뇌 구조는 평가형 피드백을 받는 순간 즉각적인 '위협'으로 인식하도록 설계되어 있다. 이는 성격이나 태도의 문제가 아니라 생물학적 본능에 가깝다. 자신에 대한 부정적인 평가가 감지되면 뇌의 편도체가 활성화되면서 '투쟁-도피-경직' 반응을 일으킨다. 이때 뇌는 새로운 정보를 저장하고 분석하는 전두엽의 기능을 일시적으로 차단하고, 오직 자존감을 방어하는 데에만 모든 에너지를 쏟아붓는다. 리더가 아무리 논리적이고 타당한 근거를 들이밀어도 상대의 귀에는 들리지 않는 이유가 바로 여기에 있다. 경보음이 요란하게 울리는 건물 안에서 수학 문제를 풀 수 없듯이, 심리적 위협을 느끼는 상태에서는 어떤 고차원적인 피드백도 학습으로 연결되지 않는다.

평가형 피드백이 일상화된 조직에서 나타나는 공통적인 징후는 변명과 침묵, 그리고 책임의 분산이다. 피드백을 받는 사람은 비난의 화살을 피하기 위해 외부 상황을 탓하거나, 겉으로는 수긍하는 척하며 내면의 문을 닫아버린다. 더 심각한 경우, 피드백을 준 사람의 자질이나 공정성을 문제 삼으며 역공을 펼치기도 한다. 이러한 반응들은 모두 자존감을 지키려는 처절한 몸부림이다. 결국 조직 내에서는 실수가 숨겨지고 실패 사례가 공유되지 않는 '학습 정체' 현상이 발생한다. 피드백이 성장의 기회가 아니라 '처벌의 예고'로 인식되기 때문에, 구성원들은 새로운 시도보다는 비난받지 않을 만큼의 최소한의 노력에만 안주하게 된다.

또한 평가형 피드백은 조직 내의 권력 관계를 불필요하게 고착화한다. 평가를 내리는 자는 자연스럽게 '심판'의 위치에 서고, 평가를 받는 자는 '관찰 대상'으로 전락한다. 이 수직적 구조 안에서 피드백은 더 이상 대등한 주체 간의 협의가 아니라 상급자의 권력을 확인하는 의례가 된다. 상사는 말하는 사람으로, 부하 직원은 듣는 사람으로 고정되는 순간 대화는 사라지고 지시만 남는다. 이는 리더를 '코치'가 아닌 '감시자'로 만들며, 구성원들로 하여금 스스로 생각하고 판단하는 자율성을 포기하게 만든다. 창의적인 해법보다는 상사의 입맛에 맞는 결과물을 내놓는 것이 생존 전략이 되는 것이다.

진정한 피드백은 '안전감'이라는 토양 위에서만 꽃을 피울 수 있다. 실수를 공개해도 인격적 모독을 당하지 않는다는 확신, 모르는 것을 물었을 때 무능력자로 낙인찍히지 않는다는 믿음이 전제될 때 비로소 뇌는 학습 모드로 전환된다. 피드백은 누구의 판단이 옳은지를 가리는 전쟁이 아니라, 우리가 직면한 문제를 함께 탐색하고 해결해 나가는 공동의 여정이어야 한다. 성과 관리가 아니라 성장을 관리하기 위해서는 '평가'의 언어를 버리고 '관찰과 질문'의 언어를 채택해야 한다. "당신은 왜 이 모양인가"를 묻는 대신 "우리가 목표로 하는 지점에 도달하기 위해 지금 어떤 변화가 필요한가"를 함께 고민하는 순간, 피드백은 갈등의 씨앗이 아닌 혁신의 도구로 다시 태어난다.

▶ Case Study1: 평가형 피드백과 코칭형 피드백의 차이

상황

마케팅 전략 기획안이 팀장의 기대보다 구체적이지 못한 경우

실패한 대화(평가형 피드백)

"이 대리, 이번 기획안은 정말 실망스럽네요. 고민을 전혀 안 한 것 같아요. 내용이 너무 뻔하고 알맹이가 없잖아요. 우리 팀 수준이 이 정도밖에 안 되나 싶어서 걱정됩니다. 다시 해 오세요."

결과:　　이 대리는 수치심과 분노를 느끼며, '도대체 어느 정도를 원하는 거야?'라는 막막함과 함께 팀장에 대한 적개심을 키움

성공한 대화(관찰 및 질문 중심 피드백)

"이 대리, 이번 기획안에서 타깃 분석 데이터는 매우 정교하게 정리되었네요(강점 관찰). 다만, 실행 방안 부분에서 예산 대비 예상 전환율에 대한 구체적인 시뮬레이션이 빠져 있는 것을 확인했습니다(사실 지적). 이 상태로 보고가 들어가면 예산 승인을 받는 데 어려움이 예상되는데, 이 대리는 이 지표를 보완하기 위해 어떤 데이터가 더 필요하다고 생각하나요?(영향 공유 및 질문) 퇴근 전까지 보완 방향을 같이 논의해 봅시다(지원 의사)."

Case 분석

첫 번째 대화는 '실망', '뻔하다', '알맹이 없다'와 같은 주관적 평가 언어를 사용하여 이 대리의 인격과 능력을 공격했다. 반면 두 번째 대화는

잘된 점을 먼저 인정하고, 부족한 부분을 '수치 시뮬레이션의 부재'라는 구체적인 사실로 짚어 주었다. 또한 일방적인 명령이 아닌 질문을 통해 이 대리가 주도적으로 해결책을 생각하게 유도했으며, 리더가 함께 고민하겠다는 안전감을 제공했다.

▶ Case Study2: 결과의 비난과 성장의 복기

상황

야심 차게 준비한 신규 채널 광고 캠페인의 전환율이 목표치에 미달한 경우

실패한 대화(결과 중심 비난)

"김 주임, 이번 광고 성과가 왜 이 모양이죠? 비용은 비용대로 쓰고 결과는 처참하네요. 처음부터 내가 안 될 것 같다고 하지 않았나? 내 말이 맞잖아. 김 주임의 판단 착오 때문에 팀 실적만 다 깎아 먹게 생겼어요. 이번 일은 김 주임이 책임지고 반성문 수준의 경위서 제출하세요."

결과:　　　김 주임은 실패의 원인을 분석하기보다 자책감에 빠지거나, '결과가 나쁘면 모든 과정이 쓰레기가 되는구나'라는 냉소에 빠져 새로운 도전을 기피하게 됨

성공한 대화(과정 복기 및 가설 검증)

"김 주임님, 이번 캠페인의 최종 전환율이 목표 대비 30% 수준에 머문 수치를 확인했습니다(사실 확인). 첫 시도였던 만큼 기대가 컸기에 아쉬운 마음이 드는 것은 사실입니다(감정 공유). 하지만 이번 실패를 통

　　　　　　　　　세대 갈등은 구조의 문제다

해 우리가 얻은 '반응 없는 타깃'에 대한 데이터는 향후 전략 수립에 중요한 자산이 될 거예요(의미 부여). 김 주임님이 보기에 당초 우리가 세웠던 가설 중 어떤 지점에서 오차가 발생한 것 같나요? 다음 실험에서는 무엇을 다르게 시도해 볼 수 있을지 분석 보고서로 공유해 주시겠어요?(성장 질문)"

Case 분석

첫 번째 대화는 리더의 감정을 쏟아 내는 데 집중하며 팀원을 '범인'으로 몰아세웠다. 이는 조직 내에 '실패=문책'이라는 공포를 심어 혁신을 가로막는 지름길이 된다. 반면 두 번째 대화는 결과를 '실패'가 아닌 '다음 단계로 가기 위한 학습 데이터'로 재정의했다.

리더는 비난자가 아닌 '공동의 학습자' 포지션을 취함으로써 김 주임이 위축되지 않고 실패의 원인을 정밀하게 해부할 수 있는 심리적 안전감을 제공했다. 김 주임은 비난을 피하기 위한 변명이 아니라, 더 정교한 가설을 들고 다시 일어설 힘을 얻게 된다.

성장형 피드백 구조:
정체성의 낙인을 지우고 행동의 설계도를 그리다

조직의 리더들이 피드백 과정에서 겪는 가장 큰 딜레마는 '좋은 의도로 건넨 조언이 왜 관계의 단절로 이어지는가'이다. 이 질문에 대한 해답은 피드백의 화살촉이 어디를 향하고 있느냐에 달려 있다. 성장형 피드백은 근본적으로 상대를 교정하거나 개조하려 들지 않는다. 대신 상대의 '행동'을 미세하게 조정하는 데 모든 에너지를 집중한다. 이 미묘한 차이는 조직 커뮤니케이션에서 가장 결정적인 분기점이 된다. 평가형 피드백이 사람의 정체성을 과녁 삼아 "당신은 이런 사람이다"라고 규정한다면, 성장형 피드백은 업무 시스템과 행동의 인과관계를 겨냥하여 "이 변수를 바꾸면 결과가 달라진다"는 가능성을 제시한다. 누구의 태도가 나쁜지, 성격이 결함이 있는지 묻지 않고, 오직 무엇이 일어났으며 그로 인해 어떤 물리적 영향이 발생했는지에만 천착하는 것이다.

평가형 피드백이 수신자에게 "나는 부족한 존재"라는 무거운 정체성 메시지를 남긴다면, 성장형 피드백은 "나의 특정 행동이 이 결과를 만들었다"는 기능적 정보를 남긴다. 전자는 인격적 위협을 느껴 방어 기제를 유도하고 위축을 만들지만, 후자는 당사자에게 '통제감'을 회복시켜 준다. 통제감이란 스스로의 선택과 노력을 통해 외부의 결과를 바꿀 수 있다는 효능감의 핵심이다. 사람이 학습하고 성장할 수 있는 유일한 심리적 토양은 바로 이 통제감이다. 자신이 고장 난 기계가 아니라, 시스템을 운용하는 숙련된 엔지니어로서 특정 부품(행동)을 교체하면 다시 정상 작동할 수 있다는 확신을 가질 때 비로소 성장이 시작된다.

성장형 피드백의 설계도는 관찰, 영향, 기준, 그리고 선택지라는 네 가지 기둥으로 지탱된다. 이 구조는 심리학적으로 매우 정교한 설득의 흐름을 따른다. 첫 단계인 '관찰'에서는 주관적 해석이나 감정 섞인 평가를 철저히 배제하고, 카메라 렌즈에 포착된 물리적 행동만을 건조하게 전달한다. 이어지는 '영향' 단계에서는 그 행동이 개인의 기분이 아닌, 조직의 업무 흐름이나 최종 결과, 그리고 동료와의 관계에 미친 실질적인 변화를 설명한다. 그 다음, 우리 조직이 지향하는 명확한 '기준'을 제

　　　　　　　세대 갈등은 구조의 문제다

시함으로써 왜 이 변화가 필요한지 당위성을 부여한다. 마지막으로 일방적인 명령이 아닌, 상대가 취할 수 있는 구체적인 '선택지'를 제안함으로써 대화를 마무리한다.

이 구조의 진정한 위력은 책임의 위치를 '존재'에서 '행동'으로 옮겨 놓는다는 점에 있다. 평가형 피드백에서는 책임의 화살이 사람의 심장을 겨눈다. "네가 문제다"라는 메시지는 상대를 벼랑 끝으로 몰아세우지만, "이 행동이 이런 결과를 초래했다"는 메시지는 문제를 사람에게서 떼어 내 테이블 위에 올려놓는다. 사람은 바꾸기 힘들고 성격은 고치기 불가능에 가깝지만, 구체적인 행동은 언제든 조정할 수 있다. 이 관점의 전환 하나만으로 피드백의 성격은 '심판'에서 '공동의 문제 해결'로 완전히 탈바꿈한다.

성장형 피드백은 시간의 축을 '과거'에서 '미래'로 이동시킨다. 조직 내 갈등의 상당 부분은 이미 되돌릴 수 없는 과거의 잘잘못을 따지는 데서 기인한다. 누가 더 잘못했는지, 누가 더 책임이 큰지를 두고 벌이는 대화는 결국 소모적인 감정싸움으로 흐르기 마련이다. 하지만 성장형 피드백은 과거를 단지 데이터를 수집하는 창구로만 활용할 뿐, 대화의 본체는 항상 "다음에는 무엇을 할 것인가"라는 미래 설계에 둔다. 과거를 평가하면 감정적 앙금이 남지만, 미래를 설계하면 구체적인 행동 지침이 남는다. 이 지점에서 리더십은 '결과를 판정하는 심판'에서 '성공을 설계하는 기획자'로 진화하게 된다.

성장형 피드백이 뿌리내린 조직에서는 소통의 질이 근본적으로 달라진다. 구성원들은 자신의 실수를 숨기기보다 더 나은 대안을 찾기 위한 정보로 공개하며, 모르는 것을 드러내는 데 주저함이 없다. 피드백이 자신을 해치는 처벌이 아니라, 더 잘 일할 수 있게 돕는 유용한 도구라는 경험이 축적되기 때문이다. 리더 또한 피드백 과정에서 느끼는 심리적 부담을 획기적으로 덜 수 있다. 누군가를 비난하거나 부족함을 지적해야 한다는 감정 노동에서 벗어나, 객관적 사실과 기준을 설명하는 정보 전달자의 역할을 수행하면 되기 때문이다.

결국 성장형 피드백은 단순한 커뮤니케이션 기술을 넘어 조직의 문화를 결정짓는 설계의 일부다. 평가의 언어를 쓰는 조직은 각자도생의 방어 문화를 만들지만, 성장의 언어를 쓰는 조직은 함께 진화하는 학습 문화를 형성한다. 말투를 부드럽게 하거나 칭찬을 섞는 지엽적인 기술에 매몰되지 마십시오. 핵심은 사람을 평가의 대상에서 제외하고, 행동을 설계의 주체로 세우는 구조적 전환에 있다. 이 구조가 정착되는 순간, 피드백은 더 이상 갈등의 발원지가 아니라 조직의 성과를 지탱하는 가장 단단한 인프라가 될 것이다.

▶ Case Study1: 통제감을 회복시키는 성장형 피드백

상황

팀원이 고객사 미팅에서 준비되지 않은 발언으로 오해를 불러일으킨 상황

평가형 피드백(방어 유발)

"박 대리님, 오늘 미팅 태도는 정말 실망스러웠어요. 왜 그렇게 경솔하게 말했나요? 박 대리님은 항상 앞뒤 생각 안 하고 말하는 경향이 있어요. 사회생활 그렇게 하면 신뢰 잃기 딱 좋습니다. 주의하세요."

인식:　　'나는 경솔한 사람'이라는 낙인이 찍히며, 자신의 성격을 부정
　　　　당했다는 느낌에 분노와 위축을 동시에 느낌

성장형 피드백(행동 설계)

"박 대리님, 오늘 미팅에서 확정되지 않은 할인율을 언급하신 부분이
있었습니다(관찰). 그 발언 이후 고객사가 예산안 재검토를 요청하면서
우리 쪽 최종 승인 일정이 일주일 연기되었습니다(영향). 우리 팀의 대
외 커뮤니케이션 원칙은 승인된 가이드라인 안에서만 수치를 제시하는
것입니다(기준). 다음 미팅에서는 답변하기 모호한 질문이 나올 경우,
'확인 후 서면으로 공유하겠다'는 선택지를 활용해 보는 건 어떨까요?
이번 지연 건은 제가 함께 수습안을 찾아보겠습니다(선택지 및 지원)."

Case 분석

전자의 대화는 박 대리의 인격을 비난하며 미래의 대안을 제시하지
못했다. 반면 후자의 대화는 특정 '발언'과 그로 인한 '일정 지연'이라는
팩트에 집중했다. 특히 '확인 후 공유'라는 구체적인 선택지를 제시함으
로써 박 대리가 다음에는 상황을 통제할 수 있다는 자신감을 갖게 했다.
박 대리는 공격받았다고 느끼는 대신, 다음에는 어떤 기술을 써야 할지
명확한 행동 설계도를 얻게 된다.

▶ Case Study2: 감정적 방치를 넘어서는 자원 재배치형 피드백

상황

팀원이 연이은 업무 과부하로 인해 평소보다 업무 퀄리티가 현저히

떨어진 상황

평가형 피드백(방어 유발)

"이 주임님, 요즘 왜 이렇게 정신을 못 차려요? 결과물이 예전만 못하
네요. 초심을 잃은 건가요, 아니면 태만해진 건가요? 다들 바쁜 건 마찬
가지인데 이 주임님만 유독 실수가 많네요. 자기관리 좀 똑바로 하세요."

인식:　　　현재 겪고 있는 물리적 한계는 무시당한 채 '태도 문제'로 치
　　　　　부되었다고 느끼며, 조직에 대한 헌신 욕구가 급격히 하락함

성장형 피드백(행동 설계)

"이 주임님, 이번 주 제출하신 세 건의 보고서에서 평소에 하지 않던
수치 오타와 서식 불일치가 발견되었습니다(관찰). 정밀한 검토가 필요
한 기획 업무 도중에 운영 관련 긴급 호출(CS)이 시간당 3회 이상 겹치
면서 집중력이 분산된 것으로 보입니다(원인 분석). 업무의 정확도는
우리 팀이 고객과 쌓은 가장 큰 자산이기에 이 현상을 가볍게 넘기기 어
렵네요(가치 공유). 당분간 오전 2시간은 '몰입 시간'으로 정해 긴급 호
출에서 제외해 드릴 테니, 기획 업무에만 집중해 보는 건 어떨까요? 남
은 운영 업무는 제가 다른 팀원과 조정해 보겠습니다(구조적 지원)."

Case 분석

전자의 대화는 팀원의 에너지 고갈 상태를 '초심'이나 '자기관리'라는
모호한 도덕적 잣대로 비난했다. 이는 팀원을 더 깊은 번아웃으로 몰아
넣을 뿐이다. 반면 후자의 대화는 '오타 발생'이라는 현상과 '긴급 호출

　　　　　　　　　세대 갈등은 구조의 문제다

중첩'이라는 환경적 요인을 연결했다.

리더는 팀원의 인성을 교정하려 드는 대신, '몰입 시간 확보'라는 구체적인 구조적 해결책을 제안했다. 이를 통해 팀원은 비난받았다는 수치심 대신, 리더가 자신의 업무 환경을 보호해 주고 있다는 심리적 안전감을 느끼게 된다. 결과적으로 팀원은 스스로 업무 퀄리티를 회복할 수 있는 물리적·심리적 자원을 얻게 된다.

실전 문장 템플릿:
관계를 살리고 성과를 설계하는 언어의 문법

조직 안에서 피드백이 오갈 때, 우리는 흔히 '말센스'나 '화술'의 중요성을 강조하곤 한다. 하지만 현장에서 수많은 갈등을 목격해 온 전문가들은 입을 모아 말한다. 피드백의 성패는 타고난 언변이 아니라, 80% 이상의 비중으로 '문장의 구조'에 의해 결정된다는 사실이다. 대부분의 소통 재앙은 악의적인 의도 때문이 아니라, 문장 설계의 실패에서 비롯된다. 동일한 데이터를 전달하더라도 어떤 순서로 정보를 배치하느냐에 따라 상대의 뇌는 이를 '성장을 위한 연료'로 받아들이기도 하고, '인격에 대한 사격'으로 오인해 방어막을 치기도 한다. 결국 피드백은 성격의 문제가 아니라 구조의 문제이며, 세련된 감각의 영역이 아니라 정밀한 설계의 영역이다.

우리가 피드백 앞에서 주저하게 되는 이유는 크게 두 가지 극단에 서 있기 때문이다. 상대의 마음을 다치게 하지 않으려다 정작 중요한 핵심 메시지를 흐려 버리는 '모호함의 늪'에 빠지거나, 솔직함이라는 미명 아래 날것의 감정을 여과 없이 쏟아 내어 관계를 파괴하는 '직설의 덫'에 걸리는 것이다. 전자는 메시지의 실종을 낳고, 후자는 신뢰의 붕괴를 초래한다. 이 위태로운 줄타기에서 우리를 구해 줄 생존 도구가 바로 '문장 템플릿'이다. 템플릿은 감정을 메마르게 만드는 기계적인 화법이 아니다. 오히려 감정에 휘둘려 대화의 본질을 잃지 않도록 돕는 안전 가이드이자, 감정 대신 '행동 정보'를 전면에 배치하여 상대가 변화할 수 있는 실질적인 경로를 열어 주는 이정표다.

성장형 피드백의 첫 번째 벽돌은 '관찰 템플릿'이다. 이 단계의 절대 원칙은 판단을 거세하고 오직 사실만을 카메라 렌즈처럼 담아내는 것이다. 우리는 흔히 "김 대리는 태도가 너무 불성실해"라고 말하며 그것이 관찰이라고 착각하지만, 사실 '불성실'은 이미 내 안에서 내려진 판결문이다. 해석은 주관적일 수밖에 없기에 상대는 즉각적으로 반박의 논리를 찾게된다. 반면 "이번 주 회의에서 발언 기회가 세 번 있었으나 모두 침묵하셨습니다"라는 문장은 좋고 나쁨의 가치를 부여하지 않는다. 오직 일어난 사실만을 공유할 뿐이다. 이처럼 카메라 렌즈 같은 언어를 사용할 때, 상대의 뇌는 방어 기제 대신 '인식 모드'를 작동시킨다. 사실 앞에서는 설령 마음이 불편할지언정 부정할 근거를 찾기 어렵기 때문이다. 이것이 바로 피드백의 시작점에서 '공통의 현실'을 구축하는 기술이다.

다음으로 이어지는 '영향 템플릿'은 행동과 결과 사이의 보이지 않는 선을 연결해 주는 과정이다. 많은 리더가 여기서 실수한다. 행동의 결과를 말하는 대신 자신의 기분을 말해 버리는 것이다. "그 행동은 정말 무례했어"라는 말은 감정의 배설일 뿐 상대에게 어떤 유용한 정보도 주지 못한다. 하지만 "그 발언으로 인해 회의의 논의 흐름이 10분간 중단

　　　　　　　　　　　세대 갈등은 구조의 문제다

되었습니다"라는 문장은 행동이 조직의 시스템에 미친 실질적인 타격을 보여 준다. 영향을 말할 때 핵심은 개인적 감정이 아니라 '구조적 결과'에 집중하는 것이다. "내가 기분이 나쁘다"는 공감을 강요하지만, "업무 시간이 지연되었다"는 수정의 필요성을 역설한다. 피드백의 목표는 감정의 정화가 아니라 상대의 통제감을 회복시켜 변화를 이끌어 내는 데 있기 때문이다.

세 번째 단계인 '기준 템플릿'은 자칫 개인의 취향 문제로 흐를 수 있는 대화를 조직의 공식적인 언어로 승격시킨다. "내 스타일이 아니야" 혹은 "내가 보기엔 부족해"라는 말은 리더 개인의 주관에 불과하며, 이는 세대 간 공정성 시비를 낳는 주범이 된다. 그러나 "우리 팀의 품질 기준은 오차 범위 1% 이내입니다"라는 말은 거부할 수 없는 시스템의 요구다. 기준을 제시하는 순간, 피드백은 '나와 너'의 개인적인 싸움에서 '우리와 시스템'의 조율 문제로 이동한다. 같은 규칙이 모두에게 적용된다는 투명성을 확보할 때, 상대는 자신이 특별히 공격받는다는 피해의식에서 벗어나 공정함에 기반한 수긍을 선택하게 된다.

마지막을 장식하는 '선택지 템플릿'은 상대에게 변화의 열쇠를 쥐여 주는 통제감 회복의 단계다. "앞으로 좀 더 잘해 봐"라는 막연한 훈계는 압박감만 가중할 뿐 방법론을 제시하지 못한다. 성숙한 피드백은 상대의 자율성을 존중하면서도 명확한 방향을 제안해야 한다. "다음번 보고 때는 데이터 요약본을 먼저 공유해 주시겠어요? 아니면 제가 구성을 먼저 잡아드릴까요?"와 같이 구체적인 행동 선택지를 제공하는 것이다. 명령이 아닌 제안의 형식을 취할 때, 상대는 통제당한다는 불쾌감 대신 스스로 행동을 설계하고 결정한다는 주도성을 느끼게 된다. 인간은 스스로 선택한 경로일 때 가장 강력한 실행 동기를 얻는다.

결국 탁월한 피드백은 솔직함을 무기로 상대를 제압하는 기술이 아니라, 상대가 학습할 수 있는 최적의 환경을 문장으로 설계하는 기술이다. 감정은 설득의 대상이 아니라 올바른 구조를 통해 자연스럽게 가라앉혀야 할 결과물이다. 대화의 순서를 바꾸고 정보를 재배치하는 것만으로도, 조직의 문화는 비난의 악순환에서 성장의 선순환으로 나아갈 수 있다. 말은 사람을 직접적으로 바꾸지는 못할지라도, 말의 구조는 사람들이 행동을 선택하는 원리를 근본적으로 변화시킨다. 이 정교한 문장 템플릿이 반복되어 쌓일 때, 비로소 조직은 감정 노동의 피로를 넘어 성과와 관계가 조화를 이루는 학습 공동체로 진화할 것이다.

▶ Case Study1: 문장 템플릿을 활용한 갈등 중재

상황

협업 부서와의 미팅에서 감정적인 대응으로 분위기를 경직시킨 팀원과의 면담

실패한 문장 구조(감정과 평가 중심)

"이 대리님, 아까 미팅에서 왜 그렇게 감정적으로 굴었어요? 상대 부서 사람들도 당황했잖아요. 본인 성격 죽여야 사회생활 편해져요. 나중에 사과라도 하세요. 정말 실망입니다."

분석:　　‘감정적’, ‘성격’, ‘실망’ 등 평가와 감정 언어만 나열됨. 해결책은 모호하고 인격적 상처만 남김

　　　　세대 갈등은 구조의 문제다

성장형 템플릿 구조(관찰-영향-기준-선택지)

"이 대리님, 오늘 미팅 중 상대 팀의 일정 변경 요청에 대해 '그건 말도 안 된다'며 목소리를 높이신 장면이 있었습니다(관찰). 그 직후 논의가 중단되면서 원래 확정하려던 마케팅 예산안 승인이 보류되었습니다(영향). 우리 팀의 협업 원칙은 이견이 있을 때 대안 수치를 먼저 제시하며 조율하는 것입니다(기준). 내일 보충 미팅에서는 감정적인 대응 대신 우리가 수용 가능한 '조정 기간'을 데이터로 제안해 보는 건 어떨까요? 제가 직접 옆에서 조율을 도울까요, 아니면 이 대리님이 직접 메일로 먼저 제안해 보시겠습니까?(선택지)"

Case 분석

이 문장 구조에서 팀장은 이 대리의 성격을 탓하지 않았다. 오직 '특정 발언'과 그로 인한 '예산 승인 보류'라는 구조적 피해를 연결했다. 이어 팀의 원칙을 상기시키고, 이 대리가 주도적으로 상황을 수습할 수 있는 두 가지 선택지를 제시했다. 이 대리는 비난받았다는 느낌 대신, 자신이 무엇을 실수했고 어떻게 복구해야 하는지에 대한 명확한 설계도를 얻게 되었다.

▶ Case Study2: 기술적 누락과 시스템적 보완의 설계

상황

공유 문서의 권한 설정을 잘못하여 외부 파트너사에게 민감한 내부 정보가 유출될 뻔한 상황

실패한 문장 구조(비난과 위협 중심)

"김 사원님, 도대체 정신을 어디다 두고 일하는 거예요? 보안 사고 터지면 본인이 책임질 겁니까? 기본 중에 기본인 권한 설정도 못 해서야 어디 무서워서 일을 맡기겠어요? 이번 일 인사과에 보고하려다 참는 줄 아세요. 앞으론 정신 똑바로 차리고 일하세요."

분석:　　'정신', '인사과 보고' 등 공포 분위기를 조성하고 개인의 부주의함만 탓함. 공포는 위축을 낳을 뿐, 재발 방지를 위한 학습으로 이어지지 않음

성장형 템플릿 구조(관찰-영향-기준-선택지)

"김 사원님, 오늘 오전 외부 파트너사에 공유된 링크의 접근 권한이 '전체 공개'로 설정되어 내부 단가표가 노출될 뻔한 상황이 있었습니다(관찰). 다행히 즉시 수정되었지만, 자칫 회사의 가격 전략이 경쟁사에 유출되어 수억 원대 손실이 발생할 수 있었던 중대한 사안이었습니다(영향). 우리 팀의 디지털 보안 원칙은 외부 공유 시 '지정된 이메일'만 접근 가능하도록 2중 잠금을 설정하는 것입니다(기준). 다음부터는 공유 전 제게 '권한 체크' 완료 보고를 먼저 하시겠습니까, 아니면 우리 팀의 보안 체크리스트에 '공유 권한 확인' 항목을 추가해서 스스로 검증해 보시겠습니까?(선택지)"

Case 분석

이 대화에서 팀장은 김 사원의 '부주의'라는 성격적 결함을 공격하지 않았다. 대신 '권한 설정 오류'라는 구체적인 행동과 그것이 가져올 '수

　　　　　　　　　　　　　　　세대 갈등은 구조의 문제다

억 원대 손실'이라는 비즈니스적 리스크를 논리적으로 연결했다.

특히 팀장은 분노를 쏟아 내는 대신, 시스템적으로 실수를 차단할 수 있는 보안 체크리스트 활용이라는 실무적 대안을 제시했다. 김 사원은 인격적인 모독을 당했다는 자괴감에서 벗어나, 자신이 다루는 업무의 무게감을 실감하며 시스템을 통해 실수를 보완하는 성숙한 프로의 자세를 배우게 된다.

Chapter 10

갈등 상황 대화 매뉴얼

비대칭적 권위 구조를 성장의 파트너십으로 전환하기

조직 내에서 가장 빈번하고 파괴적인 갈등은 언제나 '상사와 후배' 사이의 수직적 접점에서 발생한다. 이 갈등의 본질은 사실 세대 차이나 개인의 성격 결함에 있지 않는다. 그보다는 관리와 책임이라는 무거운 짐을 진 상사와, 수행과 학습이라는 역동적인 위치에 있는 후배 사이의 '역할 비대칭성'에서 기인한다. 상사는 통제권을 통해 불확실성을 제거하려 하고, 후배는 자율성을 통해 자신의 존재감을 증명하려 한다. 이 두 에너지가 충돌할 때, 대화는 정보의 교환이 아닌 '위치 싸움'으로 변질된다. "왜 이렇게 했어?"라는 상사의 질문에 후배가 "그게 아니라요"라고 대답하는 찰나, 대화의 본질은 사라지고 누가 더 주도권을 쥐고 있는가를 다루는 권력 전쟁이 시작된다.

상사는 무의식적으로 자신의 과거 경험과 지위를 소환하며 "내가 몇 번이나 강조했느냐?"는 식으로 권위를 확인하려 든다. 반면 후배는 자신이 무능하거나 무책임해 보일까 봐 "상황이 어쩔 수 없었다"는 방어 논리를 펼친다. 문제는 양쪽 모두 스스로를 '합리적'이라고 믿는다는 점이다. 상사는 기준을 바로잡으려 노력하고 있고, 후배는 배경을 설명하고 있을 뿐이라고 생각한다. 그러나 이 평행선 같은 대화 속에서 '학습'은 철저히 배제된다. 서로가 정당성만을 외치는 구조에서는 아무리 유능한 인재들이 모여 있어도 갈등은 피로와 불신만을 남긴 채 조직의 에너지를 갉아먹는다.

이 비대칭적 갈등을 해소하는 열쇠는 권위를 직접 휘두르는 방식에서 '구조적 대화'를 설계하는 방식으로 이동하는 데 있다. 리더가 해야 할 진정한 역할은 상대를 제압하는 것이 아니라, 상대가 방어 기제를 내려놓고 문제를 직시할 수 있는 환경을 문장으로 구축하는 것이다. 이를 위해 리더에게 필요한 것은 감정의 인내가 아니라 '말의 순서'를 재배치하는 기술이다. 인정, 사실, 영향, 기대, 그리고 선택이라는 5단계 흐름을 유지할 때, 리더는 권위라는 칼을 휘두르지 않고도 조직의 질서를 바로잡고 후배의 자발적인 변화를 이끌어 낼 수 있다.

첫 단계인 '인정'은 상대의 존재와 노고를 먼저 수신했다는 신호다. 이는 결과물에 대한 찬사가 아니라, 갈등 상황에서 관계를 안정시키는 일종의 '심리적 안전벨트'다. "이 보고서를 완성하기 위해 며칠간 고생한 점은 잘 알고 있습니다"라는 한마디가 선행될 때, 뒤이어 나오는 쓴소리는 비난이 아닌 지도로 수용될 가능성이 커진다. 이어지는 '사실' 단계에서는 주관적 해석을 도려낸 순수한 정보를 전달해야 한다. 태도를 지적하는 대신 수치나 마감 시간, 구체적인 행동 데이터를 제시함으로써 문제를 객관화하고 개인 공격의 소지를 차단한다.

그 다음은 그 사실이 조직에 미친 '영향'을 투명하게 연결하는 과정이다. 개인의 기분이나 호불호가 아니라, 일정의 지연이나 자원의 낭비, 팀 신뢰의 저하 등 실질적인 구조적 결과를 설명할 때 갈등은 비로소 사적인 영역을 벗어나 공적인 업무 개선 과제로 승격된다. 여기에 조직의 명확한 '기대'와 기준을 언어화하고, 마지막으로 후배가 스스로 통제할 수 있는 구체적인 '선택지'를 제공하십시오. 이 과정을 거치면 상사는 지시자가 아닌 '기준 관리자'가 되고, 후배는 지적받는 피고인이 아닌 '시스템 개선의 주체'로 남게 된다.

후배의 입장에서도 대화의 프레임을 바꾸는 것은 매우 중요하다. 많은 후배가 갈등 상황에서 빠지는 함정은 '변명 모드'다. 자신을 방어하려는 장황한 설명은 상사의 눈에는 책임 회피로 비치기 십상이다. 후배에게 필요한 것은 정당성의 증명이 아니라 '학습 의지의 표현'이다. 상사의 메시지를 우선 수용하고("말씀하신 지표 누락 부분 확인했습니다"), 의사 결정의 배경이 된 맥락을 변명이 아닌 정보로서 제공하며("당시 실시간 데이터 확보가 어려워 지난달 수치를 활용했습니다"), 미래의 행동에 대한 책임과 구체적인 개선안을 제안해야 한다. 이 구조를 통해 후배는 변명하는 직원이 아닌 '성장하는 전문가'로 각인된다.

상사-후배 갈등의 핵심은 결국 권위의 무게를 줄이고 정보와 책임의 부피를 키우는 데 있다. 권위는 즉각적인 복종을 끌어낼 수는 있지만, 진정한 의미의 혁신이나 지속 가능한 학습을 만들어 내지는 못한다. 갈등을 피해야 할 재앙이 아닌 '조직을 업데이트하는 데이터'로 인식하십시오. 상사와 후배가 동일한 대화의 틀을 공유할 때, 갈등은 더 이상 사람 사이의 감정싸움이 아니라 시스템을 정교하게 다듬는 설계 과정이 된다. 결국 갈등 관리의 수준은 그 조직 구성원들이 사용하는 언어의 설

세대 갈등은 구조의 문제다

계 수준에서 결정되며, 이는 곧 조직의 품격이자 경쟁력이 된다.

▶ Case Study1:
상사-후배 간의 '위치 싸움'을 '문제 해결'로 바꾸기

상황

마감 기한을 어긴 후배 사원과 이를 질책하려는 팀장의 대화

최악의 대화(권위와 변명의 충돌)

팀장:　"김 대리, 내가 마감 엄수하라고 몇 번을 말했어? 아직도 기본이 안 돼 있네(지위 확인 및 평가)."

후배:　"그게 아니라요, 협업 부서에서 자료를 늦게 줬어요. 저도 최선을 다했다고요(정당성 방어 및 변명)."

팀장:　"자꾸 남 탓할 거야? 김 대리 책임감이 문제라는 생각 안 들어?(인격 공격)"

최선의 대화(구조와 책임의 결합)

팀장:　"김 대리, 프로젝트 진행하느라 고생이 많아요(인정). 다만 이번 기획안 제출이 예정보다 4시간 지연되었습니다(사실). 이로 인해 후속 작업자인 디자인 팀의 퇴근이 늦어졌고 전체 일정이 힘들어졌습니다(영향). 우리 팀은 지연 사유가 발생할 경우 최소 2시간 전에 미리 공유하는 것을 원칙으로 합니다(기대/기준). 다음에는 지연 예상 시 즉시 공유를 부탁해요. 지금 상황을 수습하기 위해 디자인 팀에 제가 직접 양해를 구할

까요, 아니면 김 대리가 직접 일정을 조정해 보겠습니까?(선택지)”

후배: “지연으로 인해 팀에 지장을 드린 점 인정합니다(수용). 협업 부서의 데이터 전달이 늦어져 이를 확인하느라 보고가 늦었습니다(맥락 공유). 앞으로는 지연이 예상되는 즉시 팀장님께 공유하여 리스크를 관리하겠습니다(책임). 이번 건은 제가 직접 디자인 팀에 연락해 업무 우선순위를 조정하고 내일 오전까지 마무리하겠습니다(제안).”

Case 분석

팀장은 권위 대신 '영향'과 '기준'을 말했고, 후배는 변명 대신 '맥락'과 '책임'을 말했다. 이 대화에서 누구도 상처받지 않았으며, 오히려 다음 상황에서 어떻게 행동해야 할지에 대한 명확한 시스템 가이드라인이 세워졌다. 갈등이 성장의 자원으로 전환된 순간이다.

▶ Case Study2:
업무 범위의 모호함을 '역할의 정렬'로 바꾸기

상황

원래 담당 업무가 아닌 자질구레한 행정 처리나 지원 업무를 지시받은 후배와 팀장의 대화

최악의 대화(불만과 억압의 충돌)

후배: “팀장님, 이건 제 역할과 책임이 아닌 것 같은데요. 제가 왜

  세대 갈등은 구조의 문제다

이런 잡무까지 해야 하나요?"(불만 표출 및 경계 긋기)

팀장: "회사가 다 자기 하고 싶은 일만 하는 곳인 줄 알아? 선배들도
다 겪으면서 배운 거야. 이 정도도 못 버티면 큰 일은 어떻게
맡겨?(꼰대 프레임 및 가스라이팅)"

후배: (속마음) '내 전문성을 무시당하는 기분이야. 여긴 비전이 없
어(이탈 동기 강화).'

최선의 대화(맥락과 공헌의 결합)

팀장: "박 사원님, 지금 진행 중인 메인 프로젝트로 바쁜 와중에 갑
작스럽게 행사 지원 업무를 요청하게 되어 미안한 마음이 크
네요(공감/사과). 이번 행사는 우리 팀의 올해 성과를 경영진
에 직접 보여 주는 중요한 자리라, 박 사원의 꼼꼼한 실무 감
각이 꼭 필요해서 부탁하게 되었습니다(맥락/기대)."

후배: "중요한 행사라는 점은 이해했습니다. 다만, 지금 제가 맡은
핵심 과제와 병행하기에는 물리적인 시간이 부족해서 퀄리티
가 떨어질까 봐 우려됩니다(우려 전달)."

팀장: "박 사원의 전문성이 낭비되지 않게 하는 것이 저의 역할이기
도 합니다(인정). 행사에 필요한 자료 취합까지만 박 사원이
맡아 주고, 단순 세팅은 제가 인턴 사원에게 배정하겠습니다.
이 업무 배분이 박 사원의 기존 프로젝트에 미칠 영향은 어느
정도일까요? 제가 일정을 조정해 주길 원하나요, 아니면 자료
취합 범위만 좁혀볼까요?(선택지/조율)"

후배: "배려해 주셔서 감사합니다. 자료 취합까지만 제가 전담한다

면 기존 프로젝트 일정을 유지할 수 있을 것 같습니다(제안).
이번 행사가 성공적으로 마무리될 수 있도록 제가 맡은 부분
은 완벽히 준비하겠습니다(책임)."

Case 분석

이 대화에서 팀장은 "까라면 까"라는 권위 대신 이 업무가 왜 박 사원
에게 가야만 하는지에 대한 전략적 맥락을 설명했다. 후배 또한 무조건
적인 거부 대신 자신의 현재 리소스 상태를 객관적으로 전달하며 협상
에 임했다.

결국 리더는 후배를 '부려먹는 대상'이 아닌 '귀한 자원'으로 대우했고,
후배는 '희생자'가 아닌 '팀의 성공을 돕는 기여자'로 자신의 포지션을 재
설정했다. 업무의 성격은 바뀌지 않았지만, 대화의 구조가 바뀌자 감정
적 저항은 사라지고 효율적인 자원 배분만 남게 되었다.

팀 내 의견 충돌:
개인의 자존심을 넘어 집단 지성으로 가는 설계도

조직 내 팀 단위에서 발생하는 갈등은 단순히 두 개인 사이의 불화보
다 훨씬 깊고 치명적인 감정적 흔적을 남긴다. 개인 간의 갈등이 사적인
선호나 일시적인 오해의 산물이라면, 팀 내 의견 충돌은 구성원 각자의
소속감과 전문가로서의 정체성 전체를 흔들어놓기 때문이다. 팀 안에
서 의견이 부딪히는 순간, 우리 뇌는 무의식적으로 자신의 생각을 단순
한 '아이디어'가 아닌 '팀의 생존과 방향을 결정짓는 절대적 가치'로 격상

   세대 갈등은 구조의 문제다

시킨다. "이 안이 더 효율적입니다"라는 말의 행간에는 "나의 판단이 팀의 성과를 담보하며, 이를 거부하는 것은 팀의 미래를 그르치는 일이다"라는 강력한 심리적 확신이 깔리게 된다. 이때부터 논의는 최적의 해법을 찾는 탐색의 과정이 아니라, 누가 팀의 방향성을 대표하느냐를 두고 벌이는 치열한 '정통성 경쟁'으로 변질된다.

이러한 경쟁 구도에서 가장 먼저 희생되는 것은 '반박의 기능성'이다. 건강한 조직에서 반박은 논리적 허점을 보완하는 축복이어야 하지만, 정체성 경쟁이 지배하는 팀에서 반박은 곧 인격적 부정으로 치부된다. "그건 현실을 너무 모르는 소리예요"라는 문장은 내용상으로는 실현 가능성에 대한 의문일 뿐이지만, 수신자의 심리 회로에서는 자신의 전문성과 그간의 기여를 단번에 무너뜨리는 공격 신호로 변환된다. 이 지점에서 대화는 설계 논의의 궤도를 이탈하여 '체면 관리'라는 진흙탕 싸움으로 이동한다. 구성원들은 이제 팀의 해법을 고민하기보다, 자신의 입장을 방어하고 상대의 논리적 허점을 찾아내는 데 모든 지적 에너지를 쏟아붓는다. 회의는 길어지고 결론은 지연되며, 설령 결론이 나더라도 마음으로 동의하지 않는 '심리적 태업' 상태가 팀 전체로 번져나간다.

팀 내 의견 충돌을 생산적인 집단 지성으로 전환하기 위해 필요한 것은 구성원 개개인의 인격적 도야나 성인군자 같은 자제력이 아니다. 감정이 소용돌이치는 현장에서 사람에게 "참으라"거나 "객관적이 되라"고 요구하는 것은 거의 효과가 없다. 대신 대화가 흘러가는 '틀' 자체를 강제로 재설계해야 한다. 이를 위해 도입해야 할 구조가 바로 목표 합의, 기준 설정, 대안 비교, 그리고 결정 방식의 명시다. 이 네 가지 기둥은 팀 갈등을 감정의 늪에서 건져내어 다시 '설계의 테이블' 위로 올려놓는 가장 강력한 안전장치다.

'목표 합의'는 모든 파편화된 의견을 하나의 공동 목적지로 수렴시키는 단계다. 이 과정이 생략되면 사람들은 각자 자기가 중요하게 생각하는 가치(속도, 비용, 품질 등)만을 정답이라 우기게 된다. "무엇이 좋은가"를 묻기 전에 "우리가 이번 프로젝트에서 반드시 달성해야 할 우선순위는 무엇인가"를 먼저 확정해야 한다. 목표가 선명해질수록 개인의 취향은 설 자리를 잃고, 논의의 초점은 팀의 성공 조건으로 이동한다. 이어지는 '기준 설정'은 목표를 측정 가능한 언어로 치환하는 작업이다. 기준이 없는 팀에서는 목소리 큰 사람이나 직급이 높은 사람이 진리가 되지만, 명확한 기준표가 존재하는 팀에서는 데이터와 타당성이 권위를 갖는다. 기준은 논쟁을 없애는 것이 아니라, 논쟁의 방향을 '누가 옳은가'에서 '무엇이 기준에 부합하는가'로 바꾸어 놓는다.

'대안 비교' 단계는 의견 충돌을 개인 공격에서 '구조적 옵션의 비교'로 전환하는 핵심 기술이다. 사람을 주어로 삼지 않고 선택지를 주어로 삼는 문법을 사용해야 한다. "당신 방식은 리스크가 커요"가 아니라 "A안은 실행 속도는 빠르나 리스크 관리 측면에서 이런 보완이 필요합니다"라고 말하는 것이다. 이렇게 선택지가 중심이 되면 구성원들은 자연스럽게 공격받는 '피고인'에서 문제를 분석하는 '평가자'로 위치가 바뀐다. 마지막으로 '결정 방식 명시'는 갈등의 종결을 책임지는 장치다. 다수결로 할지, 팀장이 최종 책임을 질지, 혹은 소규모 테스트 후 재논의할지를 미리 합의해두면, 자신의 의견이 채택되지 않더라도 그것을 '개인적 패배'가 아닌 '합의된 시스템의 결과'로 받아들이게 된다. 불만은 남을 수 있어도 관계의 파열은 막을 수 있는 것이다.

세대 갈등은 구조의 문제다

결국 팀 갈등 관리의 핵심 역량은 상대를 무릎 꿇리는 설득력이 아니라, 갈등이 흐르는 길을 닦는 '구조 설계 능력'이다. 설득은 상대를 바꾸려는 시도이기에 저항을 부르지만, 구조는 상황을 바꾸기에 자연스러운 행동 변화를 유도한다. 회의 전 기준표를 준비하고, 발언 가이드라인을 공유하며, 결정의 맥락을 기록으로 남기는 팀은 갈등이 발생해도 그것을 '학습 데이터'로 전환해낼 수 있다. 팀이 성숙해진다는 것은 서로가 똑같은 생각을 하는 상태가 되는 것이 아니라, 서로 다르게 생각하더라도 '같은 구조' 안에서 안전하게 논쟁할 수 있는 상태가 되는 것을 의미한다. 지속 가능한 성과를 내는 팀은 항상 감정보다 구조를 먼저 선택한다.

▶ Case Study1: 체면 전쟁을 멈추고 시스템 결정을 내리는 팀 회의

상황

신규 서비스 출시일을 두고 '완성도'를 중시하는 기획자와 '시장 선점'을 중시하는 마케터의 충돌

구조가 없는 대화(감정적 대립)

마케터:	"기획자님은 현장을 너무 모르시네요. 지금 안 나가면 경쟁사에 다 뺏겨요!"

기획자:	"마케터님이야말로 품질은 생각 안 하세요? 이런 허술한 제품 나가면 브랜드 이미지 다 망가집니다."

결과:	서로의 전문성을 비하하며 감정이 상함. 결론 없이 회의 종료 후 서로를 '고집불통'이라 비난함.

구조를 도입한 대화(목표 합의 및 기준 비교)

팀장:　　　"두 분의 의견 모두 팀의 성공을 위한 고민에서 나온 것임을 압니다(인정). 먼저 이번 출시의 최우선 목표가 '초기 시장 점유'인지 '장기적 브랜드 신뢰'인지 합의해 봅시다(목표 합의)."

팀 전체:　 "지금은 시장 진입이 급선무이므로 '시장 점유'를 1순위로 두되, '치명적 오류 제로'를 최소 기준(Cut-off)으로 잡읍시다(기준 설정)."

팀장:　　　"자, 그럼 '완성도 우선 안(A)'과 '속도 우선 안(B)'을 방금 정한 기준표에 대입해 보죠. 각 안이 가진 기회비용은 무엇인가요?(대안 비교)"

기획자/마케터: "B안으로 가되, 기획자님이 우려하는 C기능의 오류 가능성은 별도 패치로 해결하는 절충안은 어떻습니까?"

팀장:　　　"좋습니다. 오늘 논의된 근거를 바탕으로 최종 결정은 제가 책임지고 승인하겠습니다(결정 방식 명시 및 책임)."

Case 분석

이 대화에서 팀장은 누가 옳은지 판정하지 않았다. 대신 '목표'와 '기준'이라는 객관적 잣대를 먼저 세우게 함으로써 두 전문가가 자신의 주장에서 한 발짝 물러나 시스템 전체를 보게 만들었다. 결과적으로 갈등은 감정의 상처가 아닌, 리스크를 보완한 합리적인 제안으로 승화되었다.

　　　　　　　　　세대 갈등은 구조의 문제다

▶ Case Study2: 개인의 희생이 아닌 자원의 재배치를 위한 회의

상황

특정 시기에 업무가 몰린 부서에서 '누가 야근을 할 것인가?'를 두고 벌어지는 갈등

구조가 없는 대화(도덕적 압박과 회피)

팀장:　"요즘 다들 바쁜 거 알지만, 이번 프로젝트 마감까지는 다 같이 좀 고생합시다. 누구는 남아서 일하는데 누구는 일찍 가고 그러면 팀 분위기가 어떻게 되겠어요?"

팀원:　"팀장님, 저는 이번 주 내내 야근했습니다. 왜 매번 성실한 사람만 더 일해야 하나요? 일이 안 끝나는 건 제 탓이 아니라 업무 배분 문제 아닌가요?"

결과:　'의리'와 '공정'이라는 추상적인 가치가 충돌하며, 열심히 일한 사람은 억울함을 느끼고 일찍 가는 사람은 죄책감을 느끼는 냉랭한 분위기가 형성됨.

구조를 도입한 대화(데이터 기반의 부하 조절)

팀장:　"현재 우리 팀의 업무량이 임계치를 넘었다는 점을 인정합니다. 개인의 희생을 강요하기보다, 업무의 '시급성'과 '중요도'를 기준으로 재조정해 봅시다(현상 인정 및 기준 제시)."

팀 전체:　"매트릭스에 넣어 보니, 당장 오늘 밤을 새워야 할 일은 A 과제뿐이고, B와 C는 다음 주로 미뤄도 전체 일정에 지장이 없습니다(업무 분류)."

팀장: "그럼 A 과제에만 집중합시다. 이번 주 야근 데이터가 가장 적은 제가 오늘 A의 기초 조사를 맡을 테니, 어제까지 고생한 이 대리님은 오늘 정시 퇴근하세요. 대신 내일 오전 컨디션을 회복해서 최종 검수를 책임져 주시겠습니까?(자원 재배치 및 역할 부여)"

팀원: "무조건적인 야근이 아니라 효율적인 배분이라니 동의합니다. 오늘 푹 쉬고 내일 오전 중으로 완벽하게 마무리하겠습니다(협력 확약)."

Case 분석

이 대화에서 팀장은 '애사심'이나 '팀워크' 같은 감정적 호소에 매몰되지 않았다. 대신 업무를 데이터화하여 무엇이 진짜 급한 일인지 가려내고, 팀원들의 피로도를 고려해 공평하게 업무를 재배치했다.

갈등의 원인을 '개인의 이기심'이 아닌 '비효율적인 업무 구조'로 정의했기에, 팀원들은 서로를 원망하는 대신 각자의 역할을 효율적으로 수행하는 데 집중할 수 있게 되었다. 리더가 직접 실무의 일부를 분담하며 '공정의 기준'을 몸소 보여 준 것 역시 시스템적 신뢰를 높이는 신의 한 수가 되었다.

회의 · 성과 · 책임의 삼각지대:
비난의 연쇄를 끊어 내는 구조적 리더십

조직의 역사에서 가장 끈질기게 살아남아 구성원들을 괴롭히는 갈등

세대 갈등은 구조의 문제다

은 표면적으로는 성격 차이나 감정 문제처럼 보이지만, 그 뿌리를 캐내어 보면 반드시 '성과와 책임'이 맞물리는 지점에 닿아 있다. 특히 회의실이라는 공개적인 공간에서 성과를 논하고 책임 소재를 규명하는 과정은 단순히 업무를 효율화하는 절차를 넘어, 개인의 평판과 전문성, 그리고 조직 내에서의 생존 위상까지 동시에 건드리는 고도의 심리적 사건이다. 이 영역에서의 갈등은 단 한 번의 실언이나 단 한 줄의 보고서로도 팀 전체의 신뢰 구조를 송두리째 흔들 수 있는 파괴력을 지닌다. 업무적 언어로 포장된 "이번 성과는 왜 이 모양입니까?"라는 질문이 수신자의 뇌에서 "당신은 이 조직에 존재할 가치가 있습니까?"라는 정체성 위협으로 번역되는 순간, 합리적인 토론의 창구는 즉각 폐쇄된다.

우리는 흔히 성과를 객관적인 수치나 데이터로만 인식한다고 착각하지만, 인간에게 성과란 단순한 숫자가 아니라 자신의 노력에 대한 증거이자 존재 이유를 확인받는 지표다. 성과가 기대에 미치지 못했을 때 발생하는 갈등이 그토록 예민한 이유는, 그것이 개인의 가치평가와 직결되기 때문이다. 낮은 성과를 지적받는 순간 사람의 뇌는 학습 모드에서 방어 모드로 급격히 전환된다. 이는 의지의 문제가 아닌 생물학적 생존 반응이다. 특히 책임 소재가 불분명한 조직일수록 이러한 방어 기제는 극대화된다. 결과가 좋을 때는 모두가 공을 나누려 하지만, 결과가 나쁠 때 책임이 특정 개인에게 집중되는 구조에서 '책임'은 성장을 위한 자산이 아니라 회피해야 할 위험 요소가 된다. 사람들은 문제를 해결하기 위해 머리를 맞대기보다, 자신의 이름이 책임 리스트에 오르지 않도록 방어적인 논리를 구축하는 데 모든 지적 자원을 탕진하게 된다.

가장 위험한 상황은 공개적인 회의 석상에서 이루어지는 성과 비판이다. 다른 동료들이 지켜보는 가운데 자신의 결정이나 결과가 부정당하는 순간, 인간의 뇌는 메시지의 내용보다는 '체면의 손상'이라는 통증만을 감지한다. 이때 전달되는 정보는 거의 저장되지 않으며, 오직 "누가 나를 공격했는가?"에 대한 감정적 기억만이 강렬하게 남는다. 공개 피드백이 의도와 달리 조직의 개선보다 관계의 파열을 더 많이 만들어 내는 이유가 바로 여기에 있다. "이것은 당신 책임입니다"라는 선언은 사실 여부를 떠나 상대에게 변명할 명분을 제공할 뿐이다. 책임의 화살을 맞은 사람은 원인을 분석하기보다 그 화살을 피하거나 다른 곳으로 돌릴 논리를 먼저 찾기 마련이다.

갈등을 생산적인 에너지로 전환하기 위해 리더가 취해야 할 전략은 상대를 다독이는 정서적 위로가 아니라, 대화의 '순서'를 완전히 재설계하는 것이다. 사실, 영향, 공동 목표, 역할 분리, 그리고 개선 설계로 이어지는 5단계 구조는 책임이라는 날카로운 칼날을 학습이라는 안전한 도구로 바꾸어 놓는 필터와 같다. 첫 번째 단계인 '사실'에서는 해석과 평가를 완전히 걷어 내고 오직 검증 가능한 데이터와 숫자, 일정만을 테이블 위에 올린다. "업무에 소홀했다"는 주관적 판단 대신 "마감 기한이 3일 경과했다"는 사실을 제시함으로써 문제를 개인의 성향이 아닌 '상황의 속성'으로 분리해 내는 것이다. 사람 대신 사건이 대화의 중심에 설 때, 비로소 방어 모드의 전원은 꺼지기 시작한다.

이어지는 '영향' 단계에서는 개인을 비난하는 대신, 이 결과가 조직과 팀 전체에 미친 실질적인 파급 효과를 연결한다. 이는 문제를 개인의 과실에서 공동의 맥락으로 확장하는 작업이다. 사람은 개인적인 공격에는 날을 세우지만, 공동의 손실 앞에서는 협력적인 태도를 취할 확률이 높

　　　　　　　　　　　　　　　세대 갈등은 구조의 문제다

다. 그 다음 '공동 목표'를 다시 상기시킴으로써 대화의 당사자들이 서로 마주 보는 적이 아니라, 같은 곳을 바라보는 파트너임을 확인시킨다. 목표가 명확해지면 대화는 비난이 아닌 방향 재설정의 기능을 회복한다.

가장 중요한 전환점은 '역할분리' 단계다. 누가 잘못했는지를 따지는 과거 지향적 문법에서 벗어나, 지금 이 시점에서 누가 무엇을 할 것인지를 설계하는 미래 지향적 문법으로 이동하는 것이다. 책임이 과거에 묶여 사람을 가두는 감옥이라면, 역할은 미래를 향해 행동을 배분하는 설계도다. 마지막으로 '개선설계'를 통해 구체적인 체크포인트와 일정을 확정할 때, 갈등은 비로소 휘발되지 않는 학습 데이터로 정착된다. 성과와 책임의 갈등이 줄어든 조직은 사람들이 더 유순해졌기 때문이 아니라, 대화의 구조가 더 정교해졌기 때문에 강한 것이다. 구조 없는 솔직함은 흉기가 되지만, 구조를 갖춘 대화는 위기 속에서도 성취를 만들어 낸다.

▶ Case Study1: 비난의 회의를 성과의 설계로 바꾸기

상황

핵심 프로젝트의 수주 실패 후, 원인을 분석하고 책임을 논해야 하는 주간 회의

구조가 없는 회의(비난과 방어의 연쇄)

팀장:　　"이번 수주 실패, 김 차장님이 제안서 신경 안 쓴 탓 아닙니까? 다들 고생했는데 김 차장님 혼자 너무 안일했던 거 같아요(인격 공격 및 책임 전가)."

김 차장: "제 탓이라니요? 영업 팀에서 경쟁사 정보를 늦게 준 게 근본

원인입니다. 저 혼자 밤샘하면 뭐 합니까?(방어 및 타 부서 비난)"

결과:　　팀 분위기는 냉각되고, 부서 간 감정의 골만 깊어짐. 다음 프로젝트를 위한 개선점은 하나도 도출되지 않음.

구조를 도입한 회의(사실 중심의 개선 설계)

팀장:　　"이번 프로젝트 수주 결과, 기술 점수에서 경쟁사 대비 5점 낮은 평가를 받았습니다(사실). 이로 인해 상반기 매출 목표 달성에 15%의 차질이 생겼고 팀 전체의 인센티브 구조에도 영향이 있게 되었습니다(영향). 우리의 목표는 하반기 프로젝트에서 동일한 기술 격차를 반복하지 않는 것입니다(공동 목표)."

팀장:　　"누구의 과실을 따지기보다, 제안서 작성 프로세스에서 기술 검토 단계가 누락된 시스템적 원인을 찾고 싶습니다. 김 차장님은 기술 표준 리스트를 업데이트해 주시고, 영업 팀은 정보 공유 시점을 앞당겨 주십시오(역할 분리)."

김 차장:　　"알겠습니다. 다음 프로젝트부터는 제안서 초안 단계에서 기술팀의 교차 검토를 거치는 프로세스를 제가 설계해서 이번 주 내로 공유하겠습니다(개선 설계)."

Case 분석

팀장은 김 차장 개인을 비난하는 대신 '5점 차이'라는 사실과 '매출 차질'이라는 영향에 집중했다. 대화의 방향을 '과거의 죄'가 아닌 '미래의

　　　　　　　　　　　　　　　　세대 갈등은 구조의 문제다

프로세스 보완'으로 돌리자, 방어적이었던 김 차장은 스스로 개선안을 제안하는 주체로 변모했다. 갈등이 시스템을 강하게 만드는 동력으로 치환된 사례다.

▶ Case Study2: 개인의 실수를 팀의 매뉴얼로 바꾸기

상황

마케팅 캠페인 도중 잘못된 할인 쿠폰이 발송되어 고객들의 항의가 빗발치는 긴급 상황

구조가 없는 회의(공포와 위축의 연쇄)

팀장:　　"이 주임님, 대체 확인을 어떻게 한 거예요? 이런 초보적인 실수를 하면 팀 전체가 개망신 아닙니까? 사유서 준비하시고, 이번 달 고과는 기대도 하지 마세요(위협 및 공포 조성)."

이 주임:　(고개를 숙인 채) "죄송합니다… 제가 잠깐 착오가 있었습니다(심리적 위축 및 방어 기제)."

결과:　　이 주임은 사고를 수습하기보다 비난을 피하는 데 급급해지며, 팀원들은 '나도 실수하면 저렇게 되겠구나'라는 공포심에 새로운 도전을 기피하게 됨.

구조를 도입한 회의(사고 복구와 재발 방지 설계)

팀장:　　"오늘 오전 발송된 쿠폰의 할인율이 10%가 아닌 50%로 설정되어 약 1,000명의 고객에게 잘못 전달되었습니다(사실). 현재 고객센터 유입량이 평소보다 5배 증가하여 운영팀 업무가 마비된

상태입니다(영향). 우리의 당면 과제는 고객의 실망을 최소화하면서 손실을 막는 것입니다(공동 목표)."

팀장: "이 주임님 개인의 부주의를 탓하기보다, '1인 확인 후 즉시 발송'이라는 현재의 시스템이 리스크를 걸러내지 못했다는 점에 주목해야 합니다. 이 주임님은 지금 즉시 정정 문구와 보상안 초안을 작성해 주시고, 박 대리님은 발송 전 시스템상 '더블 체크' 기능을 구현할 수 있는지 IT팀과 논의해 주세요(역할 분리 및 지원)."

이 주임: "죄송합니다. 수습에 최선을 다하겠습니다. 향후에는 발송 버튼 활성화 전 팀장님이나 사수에게 승인 링크가 자동으로 전송되는 검증 시스템 방식을 제가 직접 설정해 보겠습니다(재발 방지 설계)."

Case 분석

팀장은 발생한 사고를 이 주임의 '지능'이나 '성실함'의 문제로 몰고 가지 않았다. 대신 사고의 규모와 그것이 팀에 미치는 구체적인 파급효과를 정의했다. 갈등의 화살을 '사람'이 아닌 '검증 시스템의 부재'라는 구조적 결함으로 돌리자, 팀원은 죄책감에 함몰되는 대신 자신의 실수를 시스템적으로 보완하려는 능동적인 태도를 보였다.

비난이 멈춘 자리에서 비로소 '더블 체크 시스템'이라는 강력한 방어 구조가 탄생하게 되었다.

세대 갈등은 구조의 문제다

Part 6

조직에서 세대를
연결하는 법

Chapter 11

세대 공감 조직문화 만들기

심리적 안전감이라는 시스템 설계

조직 내에서 세대 갈등을 해소하고 생산적인 협업을 이끌어 내는 가장 강력한 엔진은 바로 '심리적 안전감'이다. 우리는 흔히 심리적 안전감을 단순히 팀 분위기가 화기애애하거나, 상하 관계없이 자유롭게 농담을 주고받는 정도로 오해하곤 한다. 그러나 조직 심리학의 관점에서 정의하는 진정한 심리적 안전감은 훨씬 더 냉철하고 구조적인 개념이다. 그것은 구성원이 자신의 의견을 제시하거나 실수를 고백했을 때, 그로 인해 처벌받거나 불이익을 당하지 않을 것이라는 확신이 조직 전체에 흐르는 상태를 의미한다. 세대 갈등이 겉으로 드러나지 않으면서도 내부에서 곪아가는 이유는 대개 이 안전감이 결여되어 있기 때문이다. 신입 사원이 입을 다물고 기성세대가 독백을 이어가는 현상은 성격의 문제가 아니라, 문제를 제기했을 때 돌아올 '낙인'에 대한 생존 본능적 회피의 결과다.

심리적 안전감이 부재한 조직에서는 소통의 왜곡이 일상화된다. 회의

실에서는 늘 발언하던 사람만 목소리를 높이고, 나머지 구성원들은 침묵을 지키며 '중간만 가자'는 암묵적 규칙을 내면화한다. 이러한 환경에서 실수는 개인이 감당해야 할 치욕이자 인사상의 불이익으로 취급되기에, 발생한 문제는 은폐되고 시스템적인 학습은 원천 차단된다. 특히 새로운 가치관을 가진 세대는 문제를 제기했다가 조직의 조화를 깨뜨리는 '피곤한 존재'로 낙인찍히는 것을 두려워하게 된다. 결국 조직은 거대한 침묵의 카르텔에 갇히게 되며, 표면적인 평온 아래에서 세대 간의 불신과 오해는 층층이 쌓여만 간다.

진정한 세대 공감 문화는 리더 한두 명의 선의나 배려만으로 구축되지 않는다. 개인의 성품에 의존하는 문화는 리더가 바뀌는 순간 모래성처럼 허물어지기 때문이다. 따라서 심리적 안전감은 철저하게 구조적 설계를 통해 확보되어야 하며, 그 첫 번째 기둥은 '실수 공개 프로세스'의 제도화다. 조직은 실수를 개인의 유능함을 판단하는 잣대가 아닌, 시스템의 결함을 찾아내는 귀한 데이터로 재정의해야 한다. 프로젝트가 지연되었을 때 "누가 게으름을 피웠는가"를 묻는 대신, "우리의 일정 수립 단계에서 어떤 변수를 놓쳤는가"를 묻는 정례화된 학습 회의를 운영해야 한다. 비난이 사라진 자리에 분석이 들어설 때, 구성원들은 비로소 방어 모드를 해제하고 성장을 위한 정보를 공유하기 시작한다.

두 번째 설계는 '다층적 의견 제기 루트'를 마련하는 것이다. 공식적인 회의 석상에서 상사의 눈치를 보며 손을 드는 것은 누구에게나 심리적 압박을 준다. 이를 보완하기 위해 익명 제안 시스템이나 회의 전 온라인 의견 수렴 채널을 적극적으로 활용해야 한다. 예를 들어, 메신저의 특정 채널에 "이번 주 논의가 필요한 리스크"를 익명으로 투표하거나 미리 작성하게 함으로써, 발언의 문턱을 낮추어 주는 것이다. 이렇게 모인 의견을 회의의 공식 안건으로 다루는 구조가 정착되면, 평소 침묵하던 구성원들의 다양한 시각이 조직의 의사 결정에 반영되는 선순환이 일어난다. 이는 MZ세대가 중시하는 '절차적 공정성'과 '수평적 소통'을 실질적으로 구현하는 장치가 된다.

마지막으로 가장 결정적인 요소는 '리더의 반응 규칙'이다. 심리적 안전감의 생사 여부는 구성원이 용기 내어 문제를 제기했을 때 리더가 보이는 첫 2초의 반응에 달려 있다. 리더가 당황하거나 불쾌한 기색을 내비치는 대신, 사실과 영향, 그리고 공동 목표에 집중하여 대응하는 훈련이 필요하다. "그런 의견을 내주어 고맙다. 그 지점이 우리 목표 달성에 어떤 변수가 될지 함께 검토해 보자"는 반응은 문제 제기 자체를 긍정적인 행동으로 보상하는 신호가 된다. 리더가 먼저 자신의 취약함을 드러내고 실수를 공유하는 '취약성 모델링'을 실천할 때, 조직의 안전감은 비로소 공고해진다.

체크리스트를 통해 우리 팀의 안전감을 수시로 점검하는 것도 잊지 말아야 한다. 회의에서 소수의 발언권 독점이 일어나는지, 실수를 숨기지 않고 드러내는 문화가 있는지, 리더의 반응이 해결 중심인지, 그리고 제안의 루트가 다양하게 열려 있는지를 끊임없이 확인해야 한다. 이러한 노력이 쌓여 심리적 안전감이 문화로 정착되면, 세대 차이는 더 이상 갈등의 씨앗이 아니다. 오히려 서로 다른 시각이 충돌하며 새로운 아이디어를 만들어 내는 '혁신의 자원'으로 전환된다. 결국 세대 공감 조직문화의 종착지는 모두가 편안한 상태가 아니라, 모두가 안전하게 도전하고 학습하며 함께 성과를 만들어 내는 '강력한 실행 공동체'다.

세대 갈등은 구조의 문제다

▶ Case Study1: 비난의 공포를 학습의 용기로 바꾼 팀

상황

핵심 고객사의 데이터 전송 과정에서 신입 사원의 실수로 정보 유출 리스크가 발생한 상황

안전감이 없는 조직의 대화(범인 찾기와 방어)

팀장:　“이거 누가 담당했어? 박 사원, 기본 가이드라인 안 읽었어? 이 사고 때문에 우리 팀 평판이 어떻게 되겠어!”

박 사원:　“죄송합니다… 그런데 선임님이 가르쳐 주실 때는 별말씀 없으셨거든요(선임에게 책임 전가).”

결과:　박 사원은 앞으로 실수를 철저히 숨기게 되고, 팀 내에는 서로 감시하고 책임을 떠넘기는 냉소적 분위기가 형성됨.

안전감이 구축된 조직의 대화(시스템 분석과 개선)

팀장:　“박 사원, 이번 데이터 오류를 즉시 보고해줘서 고마워요. 덕분에 대형 사고로 번지기 전에 대응할 골든타임을 확보했습니다(보상). 먼저 현재 유출 범위를 차단하는 조치를 취합시다(사실/영향).”

팀장:　(상황 수습 후) “우리의 목표는 개인의 주의력에 의존하지 않는 안전한 전송 프로세스를 만드는 것입니다(공동 목표). 박 사원이 이번에 겪은 혼선이 다른 신입 사원들에게도 일어날 수 있으니, 전송 전 체크리스트를 어떻게 보완하면 좋을지 박 사원의 의견을 들려주세요(행동 설계).”

박 사원: "매뉴얼의 3번 항목이 실제 연계방식과 달라 혼동이 있었습
니다. 그 부분을 수정하고 승인 절차를 한 단계 추가하면 좋
을 것 같습니다."

Case 분석

팀장은 실수를 저지른 개인을 문책하기보다 '보고를 빨리한 행동'을
칭찬함으로써 심리적 안전감을 즉각 회복시켰다. 문제를 '개인의 성실
함'이 아닌 '시스템의 매뉴얼 오류'로 전환하여 접근하자, 박 사원은 방
어 대신 적극적인 개선안을 내놓는 기여자로 변모했다. 갈등이 일어날
틈 없이 조직의 시스템이 한 단계 업그레이드된 순간이다.

▶ Case Study2: 정체된 프로젝트와 실패의 재정의

상황

수개월간 공들인 신규 프로젝트가 시장 반응 저조로 중단 결정이 내
려진 상황

안전감이 없는 조직의 대화(좌절과 낙인)

팀장: "결국 이렇게 끝나는군요. 이번 프로젝트에 들어간 비용이랑
시간, 누가 책임질 겁니까? 처음부터 제가 기획안 부실하다고
하지 않았나요? 이제 우리 팀은 당분간 조용히 지내야겠네요."

팀원: (속마음) '시키는 대로 다 했는데 결과가 안 좋으니 우리 탓만
하시네. 앞으로는 절대 어려운 일 안 맡을 거야. 무난한 일만
골라 해야지.'

　　　　　　　세대 갈등은 구조의 문제다

결과:　　　팀원들은 '실패자'라는 낙인을 피하기 위해 모험적인 시도를
　　　　　　중단하고, 조직은 혁신 동력을 상실한 채 침체됨.

안전감이 구축된 조직의 대화(복기와 자산화)

팀장:　　　"지난 6개월간 프로젝트 완수를 위해 최선을 다해 준 팀원들
　　　　　　모두 고생 많았습니다. 비록 시장 지표는 기대에 못 미쳤지
　　　　　　만, 우리는 이 과정을 통해 소중한 시장 데이터와 고객의 목
　　　　　　소리를 얻었습니다(의미 부여)."

팀장:　　　"이번 프로젝트 중단은 실패가 아니라 '가설 검증의 종료'입니
　　　　　　다. 우리가 세웠던 가설 중 어떤 것이 유효했고 어떤 것이 틀
　　　　　　렸는지 정리해 봅시다. 이 데이터는 다음 프로젝트의 성공 확
　　　　　　률을 높일 가장 강력한 자산이 될 것입니다(학습으로 전환)."

팀원:　　　"사실 제가 담당했던 마케팅 채널에서 전환율이 낮았던 원인
　　　　　　이 타깃 설정의 오류였다는 점을 복기했습니다. 이번 데이터
　　　　　　분석을 통해 타깃팅을 정교화할 새로운 알고리즘을 제안해
　　　　　　보고 싶습니다."

Case 분석

　팀장은 프로젝트 중단이라는 부정적 상황을 '책임 추궁'의 도구가 아
닌 '학습의 기회'로 재정의했다. 리더가 결과에 대한 책임을 구성원에게
전가하지 않고 "성공을 위한 데이터 축적"으로 가치를 부여하자, 팀원들
은 실패에 대한 공포에서 벗어날 수 있었다.

　이러한 안전감은 팀원들이 자신의 실수를 솔직하게 고백하고, 그로부

터 얻은 통찰을 팀의 자산으로 공유하게 만드는 원동력이 된다. 갈등은 서로를 탓할 때 발생하지만, 성장은 함께 배울 때 일어난다.

공정성과 투명성: 감정의 늪을 건너는 이성적 설계

조직 내 세대 갈등이 불거질 때, 우리는 대개 겉으로 드러나는 감정적 징후들에 주목한다. 누군가는 억울함을 호소하고, 누군가는 무시당했다는 느낌에 냉소적인 태도를 보이며, 또 다른 누군가는 인정받지 못했다는 불편함을 숨기지 않는다. 그러나 이러한 감정의 파고를 헤치고 깊숙한 뿌리를 들여다보면, 그곳에는 거의 예외 없이 '불공정 인식'이라는 거대한 암초가 자리 잡고 있다. 갈등은 단순히 개인의 성격이 나쁘거나 태도가 불량해서 발생하는 것이 아니다. 실제로 조직 갈등의 상당수는 "누가 더 많은 노력을 기울였는가?"가 아니라, "조직이 나를 얼마나 공정하게 대우하고 있는가?"에 대한 인식의 차이에서 출발한다. 동일한 제도 아래 일하면서도 어떤 이는 기회가 열려 있다고 믿는 반면, 다른 이는 처음부터 승패가 정해진 기울어진 운동장이라고 느낀다. 이 인식의 괴리가 세대 간 소통을 가로막는 실질적인 장벽이 된다.

불공정이 싹트는 조직은 대개 '정보의 블랙박스'를 가지고 있다. 평가 기준은 명문화되어 있지 않거나 공개되지 않으며, 핵심적인 의사 결정 과정은 밀실에서 이루어진다. 승진과 보상의 근거는 충분히 설명되지 않은 채 결과만 통보될 뿐이다. 이러한 환경에서 디지털 네이티브 세대는 "아무리 열심히 해도 결국 선택받는 자는 정해져 있다"는 절망 섞인 확신을 갖게 되고, 기성세대는 "요즘 친구들은 왜 이렇게 결과에 예민하

　　　　　세대 갈등은 구조의 문제다

고 불만이 많은지 모르겠다”며 혀를 찬다. 하지만 이것은 세대의 특성 문제가 아니라 '정보 비대칭'이 만든 비극이다. 공식적인 기준이 보이지 않을 때 사람들은 본능적으로 비공식적인 기준을 찾아 나선다. "누가 상사와 더 친밀한가?", "누가 더 목소리가 큰가?"와 같은 지표들이 조직 정치의 중심이 되고, 이는 곧 신뢰의 파산으로 이어진다.

MZ세대에게 공정성은 삶의 철학이자 생존의 문법이다. 모든 정보가 리뷰와 순위로 공개되는 환경에서 성장한 그들에게 조직 내의 암묵적 기준은 해독 불가능한 암호와 같다. 반면 기성세대는 헌신과 성실, 위기 상황에서의 잔류 여부 등 명문화되지 않은 기준을 공유하며 조직을 지탱해 왔다. 갈등은 바로 이 지점에서 폭발한다. "왜 저 사람이 승진했나요?"라는 질문에 상사가 "회사 사정상 어쩔 수 없었다"거나 "종합적인 판단이다"라고 답하는 순간, 대화는 단절된다. 이것은 의견의 충돌이 아니라 정보 접근 권한의 차이가 낳은 '신뢰의 격차'다. 세대 갈등을 해결하기 위해서는 사람의 태도를 고치려 들기보다, 그들이 발을 딛고 있는 정보 구조를 투명하게 재설계하는 것이 급선무다.

공정성의 핵심은 결과의 평등이 아니라 '과정의 투명성'에 있다. 인간은 자신에게 불리한 결과라 할지라도 그 과정이 합리적이고 투명하게 드러난다면 이를 수용할 수 있는 이성적 존재다. 반대로 과정이 가려지면 아무리 좋은 결과라도 의구심과 불신을 낳는다. 투명성이란 조직의 모든 기밀을 공개하라는 의미가 아니다. 구성원이 "이 결정은 어떤 기준에서 내려졌는가?", "내가 더 나은 기회를 얻으려면 무엇을 보완해야 하는가?"라는 질문에 스스로 답할 수 있는 상태를 만드는 것이다. 투명한 구조가 뒷받침될 때 비로소 사람들은 "나를 싫어해서 내린 결정"이라는 감정적 해석 대신, "내가 보완해야 할 역량"이라는 행동적 설계로 눈을 돌리게 된다.

투명성이 확보된 조직에서의 대화는 결이 다르다. 승진에서 탈락한 팀원에게 단순히 위로를 건네는 대신, 다음 단계로 가기 위해 필요한 구체적인 역량 세 가지를 명확히 짚어줄 수 있다. 보상에 대한 불만을 가진 이에게는 팀 성과와 개인 기여도가 어떤 비율로 반영되었는지 수치로 설명할 수 있다. 이러한 대화는 당장의 불만을 완전히 제거하지는 못할지라도, 조직에 대한 깊은 불신이 쌓이는 것을 막아 준다. 불만은 대화로 관리 가능하지만, 불신은 조직의 협업 능력을 근본적으로 침식시키기 때문이다. 공정성과 투명성은 단순한 윤리적 가치를 넘어 조직의 생존을 결정짓는 전략적 자산이다.

결국 세대 공감 조직문화의 완성은 사람을 바꾸는 것이 아니라 사람이 정보를 해석하는 '시스템'을 바꾸는 데 있다. 리더는 결정권자로서의 권위보다는 결정 과정을 설명하는 '설계자'로서의 역량을 발휘해야 한다. 공정함을 단순히 설계하는 데 그치지 않고, 구성원들이 공정하다고 '느끼게' 만드는 설명 체계를 구축하십시오. 이 순간부터 세대 갈등은 소모적인 감정싸움이 아니라, 합리적으로 조정 가능한 시스템의 문제로 전환된다. 신뢰와 투명성이라는 단단한 토양 위에서만 서로 다른 세대는 비로소 같은 방향을 바라보며 협력하고 성장할 수 있다.

▶ Case Study1: '블랙박스 평가'를
'성장형 공유'로 전환하기

상황

핵심 프로젝트의 리더 선발 과정에서 연차가 낮은 팀원이 발탁되자, 선배 사원들이 공정성 문제를 제기하며 반발하는 상황

불투명한 조직의 대응(불신 유발)

팀장:　　　"이번 인사는 경영진의 종합적인 판단 결과입니다. 선배로서 너그럽게 이해하고 도와주세요. 다 회사 잘되자고 하는 일 아닙니까?"

선배 사원들: (뒤돌아서며) "결국 라인을 잘 탄 거네. 기준도 없고 그냥 상사 마음대로구먼. 이제 열심히 할 필요가 없어."

결과:　　　선배 세대의 사기 저하와 신입 리더에 대한 비협조로 프로젝트 동력 상실.

투명한 구조를 적용한 대응(신뢰 회복)

팀장:　　　"이번 프로젝트 리더 선발의 핵심 기준은 세 가지였습니다: 신규 플랫폼 숙련도, 데이터 기반 의사 결정 경험, 그리고 유연한 커뮤니케이션 능력입니다(기준 공개)."

팀장:　　　"선배님들의 노련한 리스크 관리 능력도 귀중하지만, 이번 과업의 성격상 신기술 대응력을 우선순위에 두었습니다. 대신 선배님들께는 전체 프로젝트의 품질을 감수하는 '시니어 어드바이저' 역할을 부탁드리고자 합니다(과정 설명 및 역할 분리)."

팀장: "이번 과정에서 부족했던 평가 지표에 대해서는 다음 분기 평
         가 가이드라인에 반영하여 투명하게 공유하겠습니다. 의견
         주시면 적극 수렴하겠습니다(미래 설계)."

Case 분석

팀장은 '경영진의 판단'이라는 모호한 방패 뒤에 숨지 않았다. 선발 기준을 구체적인 역량 지표로 제시함으로써 '감정적 거부'를 '논리적 이해'로 전환했다. 또한 탈락한 선배들에게도 조직 내에서 기여할 수 있는 명확한 역할을 다시 설계해 줌으로써 자존감을 보호하고 협력을 이끌어 냈다. 공정성이 시스템으로 작동할 때 갈등은 비로소 멈춘다.

▶ Case Study2: '개인적 호의'를 '구조적 보상'으로 전환하기

상황

특정 팀원이 팀의 어려운 과업을 도맡아 해결했으나, 이에 대한 보상이 팀장의 사적인 칭찬에만 그쳐 팀원들이 '특혜' 혹은 '착취'라고 느끼는 상황

불투명한 조직의 대응(불만 유발)

팀장: "박 대리, 이번에 고생 많았어. 내가 나중에 맛있는 거 한 번
         살게. 박 대리 같은 사람 있어서 우리 팀이 돌아간다니까. 다
         들 박 대리 좀 본받아!"

동료들: "결국 팀장님 예쁨받는 사람만 계속 일 몰아받고, 보상은 밥 한
         끼인가? 기준 없이 저렇게 편애하면 누가 힘든 일을 하겠어?"

   세대 갈등은 구조의 문제다

결과:　　박 대리는 '일만 하는 사람'으로 낙인찍혀 소외감을 느끼고,
　　　　동료들은 팀장의 칭찬을 공정하지 못한 '감정적 보상'으로 치
　　　　부하며 냉소적인 태도를 보임.

투명한 구조를 적용한 대응(신뢰 회복)

팀장:　　"이번 긴급 장애 대응 건에서 박 대리님이 보여 준 기여는 우
　　　　리 팀 전체의 핵심성과지표(KPI) 중 '운영 안정성' 지표를
　　　　20% 향상시킨 성과입니다(데이터 기반 인정)."

팀장:　　"팀의 위기 상황에서 자발적으로 리스크를 전담한 행위에 대
　　　　해, 우리 팀의 '긴급 과업 기여 포상 규정'에 따라 특별 휴가 2
　　　　일과 상반기 인사고과 '탁월' 등급의 근거로 기록하겠습니다
　　　　(보상 기준 명시)."

팀장:　　"앞으로 누가 어떤 어려운 과업을 맡더라도 동일한 보상 체계
　　　　가 작동하도록 '고난도 업무 리스트와 보상 규정'을 시각화하
　　　　여 팀 공유 문서에 게시하겠습니다(시스템 구축)."

Case 분석

이 대화에서 팀장은 '밥 한 끼'나 '칭찬'이라는 사적인 영역의 보상을
'인사 고과'와 '포상 규정'이라는 공적인 시스템의 영역으로 옮겨왔다.
칭찬을 개인에 대한 편애가 아닌 '지표 향상'에 대한 결과로 정의하자,
동료들은 이를 시기 어린 특혜가 아닌 '나도 도전하면 얻을 수 있는 정
당한 결과'로 인식하게 된다.

공정성은 리더의 선한 의지에서 나오는 것이 아니라, 누구나 예측 가

능한 투명한 보상 설계도 위에서 피어난다. 갈등의 원인이었던 '편애'의 프레임이 '공정한 보상'의 구조로 바뀌는 순간이다.

소통 구조 설계: 용기에 의존하지 않는 시스템의 힘

많은 조직의 리더들이 소통의 중요성을 역설하며 "우리 팀은 언제나 문이 열려 있다"거나 "무슨 말이든 자유롭게 하라"고 선언한다. 하지만 이러한 선언이 실제 현장에서 작동하는 경우는 극히 드물다. 소통을 중요하게 여긴다는 '구호'는 가득하지만, 정작 소통이 어떤 경로를 통해 흐르고 어떻게 결과로 연결되어야 하는지에 대한 '설계'가 부재하기 때문이다. 소통을 단순히 개인의 성품이나 조직의 분위기, 즉 '문화'의 영역으로만 치부하는 착각은 세대 갈등과 조직 내 불신을 반복하게 만드는 가장 결정적인 원인이다. 소통은 문화이기 이전에 기초여야 한다. 도로가 닦여 있지 않은 곳에서 운전자의 매너를 탓해 봐야 물류가 흐르지 않듯, 구조가 없는 조직에서 구성원에게 솔직함을 요구하는 것은 공허한 메아리에 불과하다.

구조 없는 소통의 가장 큰 특징은 소통의 책임을 전적으로 개인의 '용기'에 떠넘긴다는 점이다. "할 말이 있으면 언제든 찾아오라"는 말은 언뜻 민주적으로 보이지만, 심리적으로는 "네가 위험을 감수하고 나를 설득해 봐라"는 높은 진입장벽을 세우는 것과 같다. 이 구조에서 소통은 시스템이 아니라 개인의 리스크 선택이 된다. 말을 해서 얻는 이득보다 침묵해서 얻는 안전이 클 때, 구성원들은 자연스럽게 입을 닫는다. 결국 성격이 외향적이거나 권력을 가진 소수의 목소리만 조직을 지배하게

세대 갈등은 구조의 문제다

되고, 조용하지만 날카로운 통찰을 가진 다수의 의견은 사장된다. 기성세대는 "요즘 애들은 능동적이지 않다"고 비판하고, MZ세대는 "말해 봐야 입만 아프다"며 냉소하는 배경에는 이처럼 소통이 설계되지 않은 시스템의 결함이 자리 잡고 있다.

지속 가능한 소통을 위해서는 노력보다 반복 가능한 '구조'가 필요하다. 리더의 기분이 좋을 때만 열리는 소통이 아니라, 리더의 컨디션이나 구성원의 성향과 무관하게 작동하는 기계적 프로세스가 구축되어야 한다. 그 핵심은 '누가 말하느냐'가 아니라 '언제 어떻게 말하게 되어 있는가'를 규정하는 것이다. 가장 먼저 도입해야 할 장치는 '정례화된 대화 포맷'이다. 구조가 없는 조직에서 피드백은 대개 문제가 터졌을 때만 이루어지는 '사건 중심'의 호출이다. 이는 소통을 처벌이나 질책과 연결하게 만든다. 반면, 매주 정해진 시간에 이루어지는 일대일 미팅이나 프로젝트 종료 후의 회고 미팅이 정착된 조직에서 피드백은 공기처럼 당연한 일상이 된다. 특히 "정해진 시간이 없으면 먼저 말을 꺼내는 것이 결례"라고 생각하는 젊은 세대에게 정례적인 소통 채널은 침묵이라는 방어 전략을 해제시키는 가장 안전한 통로가 된다.

또한, 소통의 품질을 결정짓는 중요한 요소는 '기록 기반의 소통'이다. 기록이 없는 조직의 대화는 기억의 왜곡과 해석의 차이로 인해 필연적으로 감정싸움으로 번진다. "그때 그렇게 결정하지 않았느냐"는 물음에 "상황이 어쩔 수 없었다"거나 "기억이 나지 않는다"는 답변이 돌아오는 순간, 논의는 증발하고 불신만 남는다. 회의의 요약본을 공유하고, 결정의 근거를 문서화하며, 변경 사항을 투명하게 기록하는 시스템은 갈등의 여지를 물리적으로 차단하는 장치다. 기록은 단순히 정보를 보존하는 것이 아니라, 서로가 같은 현실을 공유하고 있다는 '공통의 토대'를 만드는 작업이다. 기록이 인프라로 정착될 때, 조직 내 갈등의 상당 부분은 감정 소모 없이 데이터 수정만으로 해결될 수 있다.

마지막으로 소통 구조 설계에서 간과해서는 안 될 원칙은 '의견 제기와 결정 권한의 분리'다. 많은 갈등은 자신의 의견이 거부당하는 것을 자신의 지위나 인격이 부정당하는 것으로 오해할 때 발생한다. 의견을 내는 과정은 모두에게 열려 있되, 최종 결정을 내리는 책임자를 명확히 규정하는 역할 분리 구조가 필요하다. 누구든 안전하게 의견을 낼 수 있는 '제안의 단계'와 시스템적 기준에 따라 결정을 내리는 '확정의 단계'가 분리되면, 논의는 체면 경쟁이 아닌 최적의 대안 탐색으로 전환된다. 내 의견이 채택되지 않더라도 그것이 공격이 아니라 '역할에 따른 선택'임을 인지할 때, 구성원은 조직의 결정에 기꺼이 승복하는 성숙함을 보인다.

소통 구조를 설계한다는 것은 사람을 착하게 만들거나 공감 능력을 개조하려는 시도가 아니다. 오히려 사람의 약점을 인정하고, 누가 어떤 상태이든 상관없이 정보가 흐를 수 있는 파이프라인을 구축하는 일이다. 세대 공감 조직은 사람을 바꾸려 하지 않고, 사람이 움직이는 길을 바꾼다. 말하지 않는 사람을 탓하기 전에 말할 수밖에 없는 구조를 만든다. 분위기를 좋게 하려고 애쓰기보다 정보가 투명하게 흐르는 인프라를 설계한다. 소통이 개인의 용기가 아닌 조직의 당연한 기능으로 작동할 때, 비로소 세대 차이는 갈등의 불씨가 아니라 조직을 혁신하는 동력이 된다.

   세대 갈등은 구조의 문제다

▶ Case Study1: 용기가 필요 없는 소통 시스템의 도입

상황

상사의 지시에 의문이 있어도 침묵하다가 프로젝트 막바지에 문제가
터지는 일이 반복되는 팀

구조가 없는 소통(개인의 용기에 의존)

팀장:　　　"나는 항상 열려 있어. 문제 있으면 언제든 와서 말해. 왜 다
　　　　　들 가만히 있다가 일이 터지고 나서야 그래?"

팀원:　　　(속마음) '바빠 보이시는데 괜히 끼어들었다가 싫은 소리
　　　　　들을까 봐 겁나지. 그리고 말한다고 들어주실 것 같지도
　　　　　않고…'

결과:　　　리더는 소외감을 느끼고 팀원은 불만이 쌓이며, 정작 비즈니
　　　　　스 리스크는 걸러지지 않음.

설계된 소통 구조(정례화 및 도구 활용)

시스템 1: (정례화)매주 목요일 오후 2시, 모든 팀원과 15분간 '장벽 제
　　　　　거(Roadblock) 미팅'을 정기적으로 수행함.

시스템 2: (기록)미팅 전 공유 문서에 '이번 주 업무를 방해하는 요소'를
　　　　　딱 한 문장씩 적게 함.

대화 사례:

팀장:　　　"김 대리, 공유 문서에 적힌 'A사 피드백 지연' 건을 봤어요.
　　　　　정례 미팅 시간이니 편하게 말해 봐요. 내가 상위 부서에 협

조를 요청해야 할 단계인가요?"

김 대리: "네, 사실 지난주에 말씀드리려 했는데 타이밍을 못 잡았습니
다. 정해진 미팅 시간이니 말씀드리면, 지금 구조로는 마감을
맞추기 어렵습니다. 자원 지원이 필요합니다."

팀장: "알겠습니다. 이 내용은 미팅 로그에 기록하고, 제가 내일까
지 조치 후 결과를 업데이트할게요."

Case 분석

팀장은 팀원에게 "용기를 내서 찾아오라"고 말하지 않았다. 대신 매
주 '말해야만 하는 시간'을 시스템으로 고정했고, 기록을 통해 대화의 주
제를 미리 명시했다. 김 대리는 상사의 기분을 살필 필요 없이 시스템이
정한 순서에 따라 리스크를 보고했을 뿐이다. 소통이 리더의 성품이 아
닌 '업무 프로세스'가 되었을 때, 조직의 위험 관리 능력은 극대화된다.

▶ Case Study2: 감정 소모를 줄이는 비동기 피드백 루프

상황

회의 때마다 목소리 큰 사람의 의견 위주로 결정되고, 반대 의견은 뒷
담화로만 남는 조직

구조가 없는 소통(회의실의 권력 관계)

팀장: "자, 이번 기획안에 대해 자유롭게 의견 있으면 말해 보세요.
우리 팀은 민주적이니까 눈치 보지 말고!"

팀원들: (정적 후) "좋은 것 같습니다.", "팀장님 의견대로 진행하시죠."

결과: 회의는 요식 행위로 전락하고, 실제 발생 가능한 리스크는 회
         의실 밖 커피 타임에서만 공유됨. 리더는 "우리 팀은 소통이
         잘 된다"고 착각하지만 실질적인 아이디어는 고갈됨.

설계된 소통 구조(익명성과 시차의 활용)

시스템 1: (사전 검토)회의 24시간 전까지 공유 문서에 아이디어에 대
         한 질문이나 우려 사항을 최소 한 개씩 익명 댓글로 남기게 함
         (Pre-mortem 기법).

시스템 2: (숙성 시간)회의 직후 결정하는 것이 아니라, 회의 내용을 바
         탕으로 최종 의견을 수정할 수 있는 3시간의 '추가 피드백 시
         간'을 보장함.

대화 사례:

팀장: "공유 문서에 '초기 비용 부담'에 대한 익명 의견이 올라왔네
         요. 아주 날카로운 지적입니다(의견 가치 인정). 이 부분에 대
         해 우리가 대안을 가지고 있는지 논의해 봅시다."

박 주임: (익명으로 올렸던 의견이 건설적으로 다뤄지는 것을 확인)
         "그 의견에 덧붙이자면, 초기 비용을 단계별로 분산하는 방식
         도 검토해 볼 수 있을 것 같습니다."

팀장: "좋은 대안입니다. 지금 바로 결정하지 않고, 3시간 동안 문
         서에 보완책을 각자 업데이트해 주세요. 퇴근 전 최종 합의된
         내용을 시스템에 확정 공지하겠습니다."

팀장은 팀원들에게 "눈치 보지 말고 말하라"는 공허한 격려 대신, 눈치를 볼 필요가 없는 '익명 피드백 시스템'과 생각을 정리할 '물리적 시간'을 구조화했다. 목소리가 작거나 상사와 의견이 다른 팀원도 '익명의 댓글'이라는 도구를 통해 안전하게 전문성을 발휘할 수 있게 되었다.

소통의 장벽을 낮추는 것은 리더의 화법이 아니라, 구성원이 거절당하거나 비난받을 리스크를 기술적으로 차단해 주는 구조적 배려다. 이를 통해 팀은 침묵의 비용을 줄이고 최선의 의사 결정을 내릴 수 있게 된다.

Chapter 12

리더십은 세대를
어떻게 바꿀까

기성 리더의 전환: 통제하는 권위에서 설계하는 시스템으로

조직의 문법이 급격히 재편되는 변곡점에서 리더십의 본질적 역할 또한 근본적인 도전을 받고 있다. 과거의 성공 방정식에 익숙한 기성 리더들에게 체화된 '통제형 리더십'은 한때 일사불란한 효율을 상징했으나, 이제는 조직의 유연성을 가로막는 병목 현상의 주범이 되고 있다. 과거에는 리더가 곧 '정답을 아는 사람'이었으며, 풍부한 경험과 성과가 그 자체로 견고한 권위의 원천이 되었다. 그러나 정답이 사라지고 정보가 민주화된 현대 조직에서 리더가 모든 해답을 쥐고 흔들려 할 때, 조직은 심각한 구조적 한계에 봉착한다. 리더의 경험이 구성원의 창의적 판단을 압도하는 '지식 과잉 개입'과 모든 의사 결정이 리더의 책상 위에서 멈춰 서는 '결정 집중 현상', 그리고 권한은 리더에게 있고 실행의 책임만 구성원에게 전가되는 '책임 불균형'이 바로 그것이다.

이러한 한계를 돌파하기 위해 기성 리더에게 요구되는 가장 시급한 과제는 통제의 언어를 내려놓고 '시스템형 리더십'으로 전환하는 것이다. 리더십은 더 이상 사람을 움직이는 화술이나 심리전이 아니라, 조직 내의 판단과 실행이 막힘없이 흐르도록 통로를 만드는 '구조 설계 능력'으로 재정의되어야 한다. 그 첫 번째 전환은 리더가 스스로를 '답 제공자'에서 '판단 기준 설계자'로 재설정하는 것이다. 많은 리더가 "내가 해봐서 아는데"라는 말로 실무에 직접 개입하고 싶은 유혹을 느낀다. 하지만 현대의 리더는 정답을 가르쳐 주는 대신, 팀이 자율적으로 판단할 수 있는 '가치 투입 비중'을 구조화해야 한다. 예를 들어 특정 과업에서 속도와 리스크 관리, 비용 중 어떤 가치에 우선순위를 둘 것인지 명확한 비율을 제시하는 것이다. 기준이 설계되면 구성원들은 리더의 눈치를 보는 대신 시스템의 목적에 맞는 최적의 결정을 스스로 내리며 '판단 근육'을 키우게 된다.

두 번째 전환은 물리적 통제에서 '책임 분산 구조'로의 이동이다. 과거의 리더십이 통제를 곧 관리와 동일시했다면, 시스템형 리더십은 책임과 권한이 유기적으로 결합된 구조를 만드는 데 집중한다. 이는 단순히 일을 떠넘기는 권한 위임과는 차원이 다르다. 진정한 책임 분산은 판단의 결과가 조직의 학습으로 연결되도록 설계하는 것을 의미한다. 리더가 모든 결정을 독점하는 구조에서는 실패 시 비난할 대상을 찾게 되지만, 책임이 분산된 구조에서는 실패를 시스템의 결함을 보완할 '자원'으로 인식한다. 리더가 통제의 끈을 놓을 때 비로소 구성원들은 안전하게 의사 결정을 내리고, 실패를 통해 조직 전체의 지능을 높이는 선순환 구조에 동참하게 된다.

마지막으로 가장 중요한 변화는 권위의 원천을 이동시키는 것이다. 과거 리더의 권위가 연차와 화려한 과거 경력에서 나왔다면, 현대의 권

                                        세대 갈등은 구조의 문제다

위는 '구조와 데이터의 정당성'에서 나온다. 특히 MZ세대는 리더 개인의 카리스마보다 그 결정이 내려진 과정의 투명성과 논리적 타당성을 신뢰한다. "나를 믿고 따르라"는 호소보다 "이러한 데이터와 기준에 근거하여 내린 판단이다"라는 구조적 설명이 더 강력한 권위를 생성한다. 리더십은 이제 누가 말하느냐의 문제가 아니라, 어떤 투명한 시스템 안에서 결정이 이루어지는가의 문제로 평가받는다. 데이터 기반의 의사결정과 명확한 책임 구조를 구축할 때, 리더는 비로소 세대를 아우르는 강력한 신뢰를 확보할 수 있다.

이러한 구조 중심의 리더십 전환은 단순히 스타일을 바꾸는 차원을 넘어 조직의 심리적 지형을 바꾼다. 구성원들은 리더를 지나치게 의존하거나 책임을 회피하던 태도에서 벗어나, 공정하게 설계된 시스템 안에서 주도적으로 움직이기 시작한다. 리더의 경험은 개입의 도구가 아니라 시스템을 더 정교하게 다듬는 자문 자원으로 남게 된다. 결국 기성 리더의 전환이 완료될 때, 세대 갈등은 소모적인 감정싸움이 아니라 시스템의 미세한 균열을 찾아내어 보완하는 '업데이트 포인트'로 변모한다. 정답을 아는 리더가 아니라 성장의 구조를 설계하는 리더가 이끄는 조직에서, 세대 차이는 갈등의 불씨가 아닌 폭발적인 시너지의 원천이 될 것이다.

▶ Case Study1: '정답 제시'에서 '기준 설계'로 바뀐 리더십

상황

새로운 마케팅 채널 확장 전략을 수립해야 하는 상황에서 팀장의 피드백 방식

통제형 리더의 개입(경험 기반 지시)

팀장:　“내가 작년에 해 보니까 인스타그램 광고는 별로 효과 없더라고요. 이번엔 그냥 유튜브 숏폼에만 집중하세요. 내가 시키는 대로 하는 게 제일 빠릅니다.”

팀원:　(속마음) ‘요즘 트렌드는 또 다른데… 시키는 대로만 하면 나중에 결과 안 나왔을 때 또 내 탓 하겠지.’

결과:　팀원은 수동적으로 변하고, 변화된 시장 환경을 반영할 기회를 상실함.

시스템형 리더의 개입(판단 기준 설계)

팀장:　“이번 채널 확장 전략에서 우리가 지켜야 할 우선순위는 ‘신규 유입률 50%’, ‘전환당 비용 30%’, ‘브랜드 이미지 유지 20%’의 비중입니다(기준 설계).”

팀장:　“팀원들이 리서치한 데이터가 이 비중과 일치한다면 어떤 채널을 선택하든 여러분의 판단을 신뢰하겠습니다. 다만, 예상 리스크에 대한 대응책만 회고 미팅 때 공유해 주세요(책임 분산).”

팀원:　“팀장님이 주신 기준에 대입해 보니 인스타그램보다는 최근 틱톡의 유입 효율이 더 높게 나옵니다. 이 데이터와 실행 계획을 바탕으로 추진해 보겠습니다.”

Case 분석

팀장은 자신의 과거 경험을 강요하지 않았다. 대신 팀이 스스로 판단

　　　　　　　세대 갈등은 구조의 문제다

할 수 있는 '가치 비중(%)'이라는 구조를 설계해 주었다. 팀원은 리더의 허락을 구하는 것이 아니라 시스템의 기준에 따라 주도적으로 의사 결정을 내렸고, 실패하더라도 그것이 데이터의 불일치인지 전략의 오류인지를 학습할 수 있는 명확한 근거를 갖게 되었다. 권위는 팀장의 경험이 아닌 '합리적 기준'에서 발생했다.

▶ Case Study2: '마감 독촉'에서 '병목 해결'로 바뀐 리더십

상황

프로젝트 마감일이 다가오는데 업무 속도가 나지 않는 팀원과 팀장의 대화

통제형 리더의 개입(압박과 감시)

팀장: "박 대리님, 아직도 작업 중인가요? 마감일이 코앞인데 진행률이 왜 이래요? 오늘 밤을 새워서라도 다 끝내놓으세요. 책임감이 부족한 거 아닙니까?"

팀원: (속마음) "작업 도중에 다른 부서 요청이 계속 들어와서 집중을 못 하는 건데… 무작정 쪼기만 하면 결과물 퀄리티가 어떻게 되겠어? 정말 의욕 떨어진다."

결과: 팀원은 극도의 스트레스를 느끼며 겉보기에만 그럴듯한 결과물을 급조하고, 팀장과의 신뢰 관계는 악화됨.

시스템형 리더의 개입(리소스 흐름 최적화)

팀장: "박 대리님, 현재 전체 공정률이 60%에 머물러 있는 것을 확

인했습니다. 우리 팀의 마감 원칙은 'D-1일 전 90% 완성'입니다(기준 공유). 혹시 업무 몰입을 방해하는 외부 요청이나 구조적인 병목 구간이 있나요?(원인 탐색)"

팀원: "사실 오전 내내 타 부서의 운영 문의 응대가 겹치면서 기획안을 쓸 시간이 부족했습니다."

팀장: "그렇군요. 그럼 오늘 오후부터 마감 전까지 박 대리님의 메신저를 '부재중'으로 돌리고, 들어오는 모든 운영 문의는 제가 직접 응대하거나 다음 주로 조정하겠습니다. 대신 박 대리님은 오늘 퇴근 전까지 핵심 기획을 완성하는 데만 집중해 주시겠습니까?(자원 재배치 및 지원)"

Case 분석

팀장은 팀원의 '성실함'을 의심하며 몰아세우지 않았다. 대신 팀의 '마감 원칙'이라는 객관적 지표를 상기시키고, 진행이 더딘 이유를 '시스템의 병목(타 부서 응대)'에서 찾았다.

리더는 단순히 명령하는 사람이 아니라, 팀원이 성과를 낼 수 있도록 방해 요소를 제거해 주는 '퍼실리테이터(Facilitator)'의 포지션을 취했다. 박 대리는 비난받았다는 수치심 대신, 리더의 실질적인 지원 덕분에 업무에만 몰입할 수 있는 환경을 얻게 되었다. 리더십이 개인의 성품이 아닌 업무 흐름을 관리하는 기술이 된 사례다.

세대 갈등은 구조의 문제다

MZ 리더의 과제:
'좋은 사람'의 함정에서 '단단한 리더'로의 전환

조직 역사상 가장 높은 관계 감수성을 지닌 MZ 세대가 리더의 자리에 오르기 시작하면서, 리더십의 풍경은 그 어느 때보다 부드럽고 수평적인 색채를 띠게 되었다. 이들은 위계적 통제의 압박이 개인의 창의성을 얼마나 훼손하는지 몸소 체험한 세대이기에, 권위라는 단어를 조심스럽게 다루며 구성원 한 사람 한 사람의 감정과 의견을 존중하려 애쓴다. 갈등을 최소화하고 유연한 분위기를 유지하려는 이들의 노력은 분명 기존의 경직된 조직 문화를 해체하는 강력한 동력이 된다. 그러나 이러한 인간적인 장점의 이면에는 조직 운영의 본질을 뒤흔들 수 있는 새로운 위험이 숨어 있다. 관계 중심의 접근이 구조적 함정에 빠지는 순간, 리더십은 방향을 잃고 조직은 표면적인 평화 아래서 서서히 침몰하기 시작한다.

MZ 리더들이 가장 자주 빠지는 착각은 '수평적 관계가 곧 효율적 운영'이라는 믿음이다. 이들은 관계가 평등하면 조직도 원활하게 돌아갈 것이라고 낙관하지만, 수평적이라는 개념은 태도의 평등을 의미할 뿐 결코 '책임의 평등'을 보장하지 않는다. 조직 구조 내에서 리더에게 부여된 결정권과 그에 따른 책임은 본질적으로 비대칭적일 수밖에 없으며, 이러한 비대칭성이야말로 조직이 위기 상황에서 빠르게 방향을 틀 수 있게 만드는 안전장치다. 많은 MZ 리더는 이 책임의 무게를 불편하게 여긴 나머지, 자신의 결정이 누군가에게 줄 수 있는 불만이나 손해를 지나치게 의식하며 '결정 회피'라는 선택지를 택하곤 한다.

결정 회피는 종종 "더 많은 의견을 들어 보자"는 민주적 태도로 포장되지만, 실제로는 책임의 공백 상태를 야기하는 장치가 된다. 논의가 길어질수록 결정의 시점은 흐릿해지고, 결과에 대한 책임 소재는 안개처럼 흩어진다. 이러한 공백 속에서 조직은 실패하지 않을 수는 있으나 결코 압도적인 성과를 낼 수도 없다. 구성원들은 리더의 세심한 배려에 감사하면서도, 정작 어디로 가야 할지 모르는 방향 상실의 혼란을 겪게 된다. 리더십의 본질은 모두를 만족시키는 것이 아니라, 모두의 의견을 고려한 뒤 '불편한 결정'을 내리고 그 결과를 온전히 감당하는 데 있다.

더욱 위험한 징후는 갈등 회피 성향에서 나타난다. MZ 리더는 갈등이 관계를 파괴하는 독소라고 믿기에 문제를 직설적으로 지적하기보다 완화하거나 덮어두려 한다. 하지만 갈등이 표면화되지 않는다고 해서 사라지는 것은 아니다. 수면 아래로 내려간 문제는 시간에 따라 이자가 붙어 더 큰 구조적 위험으로 돌아온다. 초기에는 작은 오해였던 것이 나중에는 역할 혼란과 책임 전가라는 괴물이 되어 조직을 잠식한다. 리더가 미움받지 않기 위해, 혹은 좋은 사람으로 남기 위해 갈등을 외면할 때 조직의 학습 능력은 마비된다. 진정한 심리적 안전감은 갈등이 없는 상태가 아니라, 갈등을 구조적으로 해결할 수 있다는 믿음이 있을 때 형성된다.

결국 MZ 리더가 넘어야 할 진정한 성장의 지점은 '인기 의존'에서 벗어나 '역할 기반의 거리'를 확보하는 것이다. 구성원과 친근하게 지내는 것은 훌륭한 자산이지만, 사적 친밀감이 공적 판단의 기준을 흐리게 해서는 안 된다. 리더는 구성원과 나란히 서 있는 동료인 동시에, 조직의 전체 구조를 조망하고 냉정하게 판단을 내려야 하는 설계자여야 한다.

감정을 다독이는 감정 관리자(Empathy Manager)의 역할도 중요하지만, 그보다 선행되어야 하는 것은 명확한 역할과 책임을 배분하는 구조 관리자(Structure Architect)의 역할이다. 구조가 단단하게 설계된 조직에서는 리더가 일일이 감정을 돌보지 않아도 구성원들이 자신의 역할 안에서 예측 가능한 안정감을 느낀다.

진정한 의미의 수평적 리더십은 권위를 제거하는 것이 아니라 권위를 '책임 감당의 방식'으로 재정의하는 것이다. 리더가 불편한 결정을 대신 내리고, 그 결정으로 인한 비판을 정면으로 받아 내며, 실패의 책임을 팀원에게 돌리지 않을 때 그 리더의 권위는 자연스럽게 세워진다. 관계의 온기를 유지하되 구조의 골조를 세우는 일, 그것이 MZ 리더십이 완성되는 마지막 단계다. 리더십은 사람을 설득하여 나를 좋아하게 만드는 마법이 아니라, 조직이 스스로 작동하도록 규칙과 경로를 설계하는 정교한 공학이다.

▶ Case Study1: '좋은 사람'의 함정에서 '단단한 리더'로의 전환

상황

성과가 저조한 팀원에게 업무 개선을 요구해야 하지만, 관계가 서먹해질까 봐 말을 아끼고 있는 MZ 팀장

관계 중심의 회피(구조적 위험 초래)

팀장:　　"요즘 많이 힘들죠? 적응하느라 고생이 많아요. 그냥 할 수 있는 만큼만 천천히 해요. 제가 좀 더 도와줄게요(팀장의 업무 과부하 발생)."

팀원: (속마음) '팀장님이 별말씀 없으신 거 보니 지금 내 방식이 괜
찮은가 보네. 굳이 힘들게 바꿀 필요 없겠다.'

결과: 팀원의 역량 개선은 멈추고, 다른 팀원들은 팀장의 불분명한
태도에 공정성 문제를 제기함.

구조 중심의 직면(책임 기반 대화)

팀장: "우리는 이번 프로젝트에서 '정확성'과 '마감준수'라는 두 가지
핵심 기준을 가지고 있습니다(기준 명시). 현재 박 대리님의
결과물은 지난 3주간 마감에서 평균 2일이 늦어졌고, 이는 팀
전체 일정에 차질을 주고 있습니다(사실과 영향)."

팀장: "우리가 지향하는 수평적 문화는 업무 기준을 낮추는 것이 아
니라, 기준을 지키기 위한 방법을 자유롭게 논의하는 것입니
다. 박 대리님이 마감을 지키기 위해 저나 팀에 요청할 자원
이 무엇인지 말씀해 주세요(역할과 지원)."

팀원: "사실 데이터 수집 단계에서 병목이 있었습니다. 그 부분을
조정해 주시면 마감을 반드시 지키겠습니다."

팀장: "좋습니다. 그 조정은 제가 책임지고 승인하겠습니다. 대신
다음 주부터는 기준에 부합하는 결과를 기대하겠습니다(불편
한 결정과 책임)."

Case 분석

MZ 팀장은 팀원의 기분을 살피느라 문제를 덮어두는 대신, 조직의
'핵심 기준'이라는 구조를 대화의 전면에 내세웠다. 이를 통해 대화는

       세대 갈등은 구조의 문제다

'개인에 대한 공격'이 아니라 '기준 준수를 위한 협상'으로 전환되었다. 리더가 불편함을 감수하고 명확한 피드백이라는 책임을 다했을 때, 팀원은 비로소 자신의 부족함을 인지하고 구체적인 해결책을 고민하기 시작했다. 이것이 바로 관계를 해치지 않으면서도 성과를 만드는 구조 중심 리더십의 힘이다.

▶ Case Study2: '칭찬'의 배신과 '성과'의 언어

상황

성실하지만 결과물의 방향이 매번 빗나가는 팀원에게 방향 수정을 요구해야 하는 상황

감정 중심의 격려(성장 정체 유발)

팀장:　"이 주임님, 항상 늦게까지 남아서 고생하는 거 제가 다 알아요. 그 성실함 하나는 우리 팀 최고예요! 이번에도 고생 많았으니 기운 내세요(정작 기획안의 오류는 언급하지 않음)."

팀원:　(속마음) '열심히만 하면 팀장님이 알아주시는구나. 밤새워서 자료 양을 더 늘리는 데 집중해야지.'

결과:　팀원은 '노력'이 곧 '성과'라고 착각하여 비효율적인 업무 방식을 고수하게 되고, 팀장은 매번 결과물을 대폭 수정하느라 정작 본인의 전략 업무를 놓치게 됨.

목표 중심의 피드백(방향성 정렬)

팀장:　"이 주임님, 이번 프로젝트를 위해 방대한 자료를 조사하며

쏟은 시간과 열정은 충분히 확인했습니다(노력 인정). 하지만 우리의 목표는 '단순 정보 나열'이 아니라 '신규 고객 10% 증대안 도출'입니다(목표 재확인)."

팀장: "현재 제출된 안은 실행 가능성 측면에서 구체적인 예산 대비 효과(ROI)가 빠져 있어 의사 결정을 내리기 어렵습니다(현상 지적). 노력이 성과로 이어지려면, 이제는 자료의 양을 늘리기보다 핵심 지표를 분석하는 데 시간을 80% 이상 배정해야 합니다(구조적 조언)."

팀장: "내일 오전까지 ROI 분석 프레임을 짜볼 수 있겠습니까? 그 과정에서 막히는 부분은 저와 10분만 짧게 상의합시다(실무적 가이드)."

팀원: "제가 '열심히' 하는 것에만 몰두하느라 정작 중요한 목표를 놓치고 있었네요. 분석 위주로 다시 정리해서 보고드리겠습니다."

Case 분석

리더는 '착한 상사'가 되고 싶은 마음 때문에 팀원의 치명적인 결점을 칭찬으로 덮어 버리는 우를 범하지 않았다. 대신 '노력의 양'과 '성과(목표)의 질'을 명확히 분리하여 대화했다.

팀원에게 필요한 것은 막연한 위로가 아니라, 자신의 노력이 어디로 흘러가야 하는지에 대한 '정확한 나침반'이다. 리더가 감정적 격려 대신 냉철한 목표정렬을 선택했을 때, 팀원은 비로소 무의미한 삽질을 멈추고 진정한 유능함을 증명할 기회를 얻게 된다.

                                          세대 갈등은 구조의 문제다

갈등을 자산으로 만드는 리더:
제거의 유혹을 뿌리치고 시스템을 설계하라

조직의 생애 주기에서 갈등은 피할 수 없는 동반자다. 그러나 수많은 리더는 이 동반자를 불청객으로 취급하며 문 밖으로 밀어내기에 급급하다. 회의실에서 날 선 의견이 오가면 서둘러 결론을 내어 논쟁을 잠재우려 하고, 팀 내에 미묘한 긴장감이 흐르면 회식이나 티타임을 통해 분위기를 누그러뜨리려 애쓴다. 갈등을 조직의 에너지를 갉아먹는 소모적인 비용으로만 인식하기 때문이다. 하지만 냉정하게 진단하자면, 갈등이 전혀 없는 조직은 안정적인 조직이 아니라 의사 결정이 멈춘 조직이다. 모두가 고개를 끄덕이는 평온한 회의실은 다양한 관점이 거세되었거나, 반대 의견을 냈을 때 돌아올 유무형의 불이익을 두려워하여 구성원들이 사고를 멈춘 상태임을 시사한다.

갈등은 조직 내에 서로 다른 해석과 기준이 살아 숨 쉬고 있다는 강력한 신호다. 문제는 갈등 그 자체가 아니라 리더가 갈등을 다루는 방식에 있다. 갈등을 억누르는 조직에서는 반드시 두 가지 부작용이 나타난다. 첫째, 정말 중요한 핵심 이슈가 공식적인 회의 테이블에서 사라진다. 둘째, 갈등은 사라지는 대신 비공식적인 공간으로 이동하여 독성 강한 불만으로 증폭된다. 리더가 "요즘 우리 팀 분위기가 참 좋다"고 착각하는 사이, 구성원들은 메신저와 뒷담화를 통해 조직의 신뢰를 무너뜨린다. 갈등이 자산이 되는 리더십은 갈등을 제거하는 것이 아니라, 갈등이 어떤 구조에서 발생했는지를 설계자의 관점에서 추적하는 데서 시작된다.

가장 먼저 선행되어야 할 변화는 갈등을 '개인의 성격 문제'로 치부하는 습관을 버리는 것이다. 우리는 흔히 "A 사원이 너무 예민해서", "B 팀장이 소통 능력이 부족해서"라고 갈등의 원인을 특정 개인의 결함으로 돌린다. 이렇게 개인을 범인으로 지목하는 순간, 조직은 아무것도 배우지 못한 채 비난의 굴레에 갇히게 된다. 사람을 바꾼다 해도 갈등을 유발한 시스템적 구조가 그대로라면, 그 자리에 누가 오든 비슷한 갈등은 필연적으로 반복된다. 갈등을 자산으로 만드는 리더는 "누가 잘못했는가?"라는 질문을 던지지 않는다. 대신 "어떤 구조적 결함이 사람들을 이렇게 행동하게 만들었는가?"를 묻는다. 이 질문의 전환이 이루어질 때 갈등은 비로소 시스템을 진단하는 귀한 데이터가 된다.

성숙한 조직은 성과뿐만 아니라 갈등의 맥락도 기록한다. 대다수 조직이 프로젝트의 결과물은 문서로 남기면서도, 그 과정에서 발생한 충돌과 이견은 기억의 뒤안길로 흘려보낸다. 그러나 기록되지 않은 갈등은 감정의 찌꺼기만 남긴 채 사라지지만, 기록된 갈등은 조직의 약점을 보여 주는 지도가 된다. 어떤 직무 사이에서 긴장이 반복되는지, 어느 단계에서 의사 결정이 병목 현상을 일으키는지 '갈등 로그'를 통해 분석하면, 그것이 개인의 인성 문제가 아니라 역할 설계나 정보 공유 프로세스의 문제였음이 명확히 드러난다. 갈등이 데이터로 관리될 때, 리더는 즉흥적인 중재자가 아닌 정교한 시스템 재설계자로 거듭날 수 있다.

많은 리더가 자신을 옳고 그름을 가리는 판사로 착각하지만, 갈등 조정자의 진정한 역할은 재설계에 있다. 한쪽의 손을 들어 주는 판결은 반드시 다른 쪽의 침묵과 원망을 낳는다. 리더는 "누가 틀렸나?"를 결정하는 사람이 아니라, "이 구조에서 사람들이 왜 이렇게 충돌할 수밖에 없

세대 갈등은 구조의 문제다

었는가?"를 해석하여 다음에는 같은 문제가 발생하지 않도록 환경을 바꾸는 사람이어야 한다. 의사 결정 기준이 모호했다면 이를 명문화하고, 권한이 겹쳤다면 책임 범위를 재조정하는 것, 이것이 갈등을 조직의 성장을 위한 투자로 전환하는 리더십의 본질이다.

기성세대 리더에게는 통제를 줄이고 구조를 설계하는 전환이 필요하다. 지시와 감독으로 갈등을 억누르면 사람들은 표면적으로만 복종할 뿐이다. 반대로 MZ 리더에게는 공감을 줄이고 책임을 설계하는 전환이 필요하다. 공감은 훌륭한 출발점이지만, 공감에만 매몰되어 결정을 미루고 기준을 흐리는 리더십은 조직을 표류하게 만든다. 갈등을 두려워하지 않고 시스템적으로 관리하는 리더가 이끄는 조직은 시간이 흐를수록 정교해지고 단단해진다. 갈등은 제거해야 할 잡음이 아니라, 더 나은 조직으로 나아가기 위해 반드시 통과해야 할 필수적인 신호이기 때문이다.

▶ Case Study1: 개인의 비난을 멈추고 시스템의 결함을 수정한 팀

상황

마케팅 팀과 영업 팀이 프로모션 전략을 두고 회의 때마다 격렬하게 충돌하여 업무가 마비된 상황

판사형 리더의 개입(잘잘못 가리기)

리더:　　"자꾸 싸우지 마세요. 마케팅 팀은 영업 팀 현장 목소리 좀 듣고, 영업 팀은 마케팅 가이드 좀 따르세요. 서로 조금씩 양보하면 되잖아요. 자, 이번엔 그냥 마케팅 안대로 갑시다."

영업 팀: (속마음) '결국 마케팅 편만 드네. 현장은 하나도 모르면서…'

결과: 표면적으로는 싸움이 멈춘 듯 보이나, 영업 팀의 협조 거부로
          프로모션 성과는 최악을 기록함.

설계자형 리더의 개입(구조적 원인 진단 및 재설계)

리더: "두 팀의 충돌이 반복되는 이유는 각 팀이 추구하는 성과 지
          표가 서로 다르기 때문입니다(구조적 해석). 마케팅은 '브랜
          드 노출량'을, 영업은 '즉각적인 매출'을 우선순위에 두다 보니
          의견이 엇갈리는 것이 당연합니다."

리더: "누가 맞고 틀리고의 문제가 아닙니다. 이제부터 프로모션 기
          획 단계에 양 팀의 공통 지표인 '고객 전환율'을 50% 비중으로
          삽입하겠습니다(지표 재설계). 또한 의사 결정 권한은 단계
          별로 분리하여 기획은 마케팅이, 실행 전술은 영업이 결정하
          되 상호 승인하는 프로세스를 공식화합시다(역할 분리)."

결과: 팀원들은 서로를 공격하는 대신, 공통의 목표인 '전환율'을 높
          이기 위해 데이터를 기반으로 협력하기 시작함.

Case 분석

리더는 갈등을 팀원들의 '소통 부족'이나 '성격 차이'로 보지 않았다.
대신 서로 충돌할 수밖에 없는 '평가 지표의 모순'을 갈등의 원인으로 지
목했다. 사람을 설득하는 대신 사람들이 다르게 움직일 수밖에 없도록
성과 지표와 프로세스를 재설계하자, 갈등은 자연스럽게 생산적인 논
의로 전환되었다.

                                        세대 갈등은 구조의 문제다

▶ Case Study2: '개인의 성실함'이 아닌 '정보의 가시성'을 설계한 팀

상황

　업무 요청을 누락하거나 진행 상황 공유가 늦어 서로 "전달받았다", "못 받았다"로 매번 감정싸움을 벌이는 디자인 팀과 기획 팀

판사형 리더의 개입(주의력 강조와 훈계)

리더:　　　"도대체 몇 번을 말해야 합니까? 기획 팀은 요청할 때 확실히 말하고, 디자인 팀은 메모 좀 하세요. 다들 정신 똑바로 차리고 일하면 이런 일 안 생기잖아요. 이번 실수는 그냥 넘어가지만 다음부턴 시말서 쓸 줄 아세요."

팀원들:　　(속마음) '바빠 죽겠는데 메신저로 툭 던져놓고 나중에 딴소리야. 나만 기억력 나쁜 사람 만드네.'

결과:　　　서로에 대한 불신만 커지고, 실수를 감추기 위해 메신저 캡처본을 증거로 수집하는 등 비생산적인 방어 기제만 강화됨.

설계자형 리더의 개입(소통 경로의 단일화 및 시스템 구축)

리더:　　　"우리의 소통이 어긋나는 이유는 개인의 주의력이 부족해서가 아니라, 메신저, 구두, 이메일 등 소통 창구가 너무 분산되어 있기 때문입니다(구조적 해석). 기억력에 의존하는 방식은 업무량이 늘어날 때 반드시 무너지게 되어 있습니다."

리더:　　　"앞으로 모든 업무 요청은 '공유 업무(?) 보드'에 업무요청을 하는 방식으로 통일합니다(경로 단일화). '보드에 없는 일은 존재하지 않는 일'로 간주하겠습니다. 진행 상태는 '대기-작업

중-검토-완료'로 4단계 시각화하고, 각 단계가 바뀔 때만 알림
이 가도록 설정합시다(가시성 확보)."

결과: "전달받았냐"는 질문이 사라지고, 누구나 보드만 보면 전체
흐름을 알게 됨. 기획자와 디자이너는 서로를 비난하는 대신
'업무요청의 우선순위'를 조정하는 데 집중함.

Case 분석

리더는 갈등의 원인을 직원들의 '태도'나 '기억력' 탓으로 돌리지 않았
다. 대신 무질서하게 섞여 있던 '소통의 인프라'를 갈등의 주범으로 지목
했다. "정신 차려라"라는 공허한 외침 대신, '보드에 적지 않으면 업무로
인정하지 않는다'는 강력한 시스템 규칙을 세웠다.

사람을 바꾸려 하지 않고 정보가 흐르는 '길(Path)'을 다시 깔아 주자,
팀원들은 더 이상 기억력을 증명하기 위해 싸울 필요가 없게 되었다. 시
스템이 소통의 부하를 대신 짊어지게 된 사례다.

   세대 갈등은 구조의 문제다

세대는 변하지 않는다.
우리가 다리를 놓을 뿐이다.

책의 마지막 장을 덮는 이 순간에도 당신의 곁에는 여전히 이해하기 힘든 동료와 상사, 그리고 낯선 언어를 사용하는 후배들이 존재할 것이다. 우리가 냉정하게 직시해야 할 진실은 세대는 결코 바뀌지 않는다는 사실이다. 새로운 가치관을 무기로 무장한 세대는 끊임없이 등장할 것이며, 기성세대는 그들이 쌓아 온 경험의 요새 안에서 더욱 공고해질 것이다. 이 책이 갈등의 완전한 소멸을 약속하지 않는 이유는 명확하다. 갈등이 없는 조직이란 존재하지 않으며, 만약 존재한다면 그것은 성장이 멈춘 정적인 공간에 불과하기 때문이다.

우리는 흔히 갈등을 조직의 시스템이 고장 났다는 신호로 받아들인다. 그러나 관점을 조금만 바꾸면 갈등은 조직이 치열하게 살아 숨 쉬고 있다는 가장 강력한 증거가 된다. 서로 다른 생애 주기와 배경을 가진 이들이 하나의 목표를 향해 달릴 때 마찰음이 발생하는 것은 지극히 자연스러운 물리적 현상이다. 문제는 갈등 그 자체가 아니라 그 갈등을 수용하고 가공하는 우리 내부의 공정 과정이다. 똑같은 충돌이라도 어떤 조직에서는 서로를 향한 날 선 불신으로 남지만, 어떤 조직에서는 시스템의 결함을 찾아내는 귀한 학습의 데이터로 치환된다. 그 결정적인 차이를 만드는 것은 개인의 성격이라는 변수가 아니라, 우리가 공유하는 언어의 구조다.

우리가 이 거대한 세대의 흐름 속에서 실제로 통제하고 바꿀 수 있는 영역은 오직 하나뿐이다. 그것은 외부의 누군가를 뜯어고치는 오만이 아니라, 타인의 자극에 반응하는 나의 방식을 재설계하는 겸손한 시도다. 갈등이 불거질 때마다 본능적으로 상대를 비난하거나 외면하던 습관에서 벗어나, 그가 왜 저런 방식으로 세상을 해석하고 있는지 한 번 더 들여다보는 인식의 전환이 필요하다. 이러한 작은 선택의 변주가 쌓일 때, 관계의 화음은 완전히 다른 층위로 올라서게 된다.

이 책이 독자들에게 바라는 궁극적인 변화는 결코 거창한 혁신이 아니다. 모든 세대를 완벽히 이해하거나 성인군자가 되라는 요구도 아니다. 우리가 지향해야 할 첫 번째 변화는 판단의 속도를 의도적으로 늦추는 능력이다. 우리는 갈등 상황에서 너무나 쉽게 타인에게 낙인을 찍어 버린다. 하지만 그 낙인을 찍기 전 단 몇 초만이라도 멈춰 서서 그가 걸어온 경험의 궤적을 상상해 본다면, 공격적인 언어는 질문의 언어로 바뀔 수 있다. 두 번째는 말을 공학적으로 설계하는 능력이다. 공감은 감정의 영역이지만 소통은 기술의 영역이다. 같은 메시지라도 어떤 구조적 틀에 담아 전달하느냐에 따라 그것은 상대의 성장을 돕는 선물이 되기도 하고, 영혼을 파괴하는 흉기가 되기도 한다.

조직이라는 거대한 기계 장치를 움직이는 동력은 결국 개인이 내뱉는 한마디의 말에서 나온다. 조직 문화는 화려한 슬로건이나 두꺼운 보고서로 바뀌지 않는다. 한 사람이 조금 더 투명하게 자신의 의도를 밝

   세대 갈등은 구조의 문제다

히고, 상대의 말을 방어 기제 없이 경청하며, 책임의 경계를 명확히 설정할 때 비로소 그 팀의 공기는 바뀌기 시작한다. 당신이 누군가의 말을 불편하게 느낄수록 그 이면에 숨겨진 관계의 신호를 읽어 내려 노력한다면, 그 노력이 곧 조직의 보이지 않는 인프라가 된다.

이 책을 다 읽은 후에도 당신은 여전히 답답한 상황을 마주하게 될 것이다. 하지만 이제 당신은 갈등의 무게를 견디는 법을 알게 되었다. 갈등이 발생했을 때 그것을 개인의 인성 결함이 아닌 구조적 불일치로 인식하는 순간, 당신은 감정의 소용돌이에서 빠져나와 문제 해결의 주도권을 쥐게 된다. 세대를 잇는 다리는 거창한 담론이 아니라, 오늘 당신이 건넨 조금 더 친절한 설명과 조금 더 명확한 피드백에서 시작된다.

세대는 변하지 않지만 그 세대를 가로지르는 다리는 언제나 깨어 있는 한 사람의 언어에서 시작된다. 이 책은 세상을 바꿀 수는 없지만, 누군가를 대하는 당신의 태도를 바꿈으로써 당신이 속한 작은 세계의 공기를 바꿀 수 있다. 그 변화의 시작점이 바로 당신이기를 진심으로 바란다. 다리를 놓는 사람은 외롭지만, 그 다리를 통해 흐르는 신뢰와 성장은 결국 당신의 리더십을 가장 견고하게 증명해 줄 것이다.

세대 갈등은
구조의 문제다

초판 1쇄 발행 2026년 3월 27일

지은이	신장철
펴낸이	이기봉
편집	좋은땅 편집팀
펴낸곳	도서출판 좋은땅
주소	서울특별시 마포구 양화로12길 26 지월드빌딩 (서교동 395-7)
전화	02)374-8616~7
팩스	02)374-8614
이메일	gworldbook@naver.com
홈페이지	www.g-world.co.kr

ISBN 979-11-388-5651-5 (03190)